中国语言战略研究中心学术丛刊第一种
语言资源与语言规划丛书

徐大明　吴志杰　主编

语言规划与语言政策的驱动过程

[英] 丹尼斯·埃杰　著

吴志杰　译

姚小平　审订

南京大学"985工程"三期资助项目
教育部人文社会科学研究青年基金项目"语言资源与规划
理论的本土化"（12YJC740112）阶段性成果

外语教学与研究出版社
北京

京权图字：01-2012-8371

图书在版编目 (CIP) 数据

语言规划与语言政策的驱动过程 ／（英）埃杰（Ager, D.）著；吴志杰译. — 北京 ：外语教学与研究出版社，2012.12（2019.8 重印）
（语言资源与语言规划丛书 ／ 徐大明，吴志杰主编）
ISBN 978-7-5135-2662-3

Ⅰ．①语⋯ Ⅱ．①埃⋯ ②吴⋯ Ⅲ．①语言规划②语言政策 Ⅳ．①H002

中国版本图书馆 CIP 数据核字 (2012) 第 302313 号

出 版 人　徐建忠
责任编辑　王　琳
封面设计　高　蕾
装帧设计　吕　茜
出版发行　外语教学与研究出版社
社　　址　北京市西三环北路 19 号（100089）
网　　址　http://www.fltrp.com
印　　刷　北京盛通印刷股份有限公司
开　　本　730×980　1/16
印　　张　14
版　　次　2012 年 12 月第 1 版 2019 年 8 月第 3 次印刷
书　　号　ISBN 978-7-5135-2662-3
定　　价　36.00 元

购书咨询：(010) 88819926　电子邮箱：club@fltrp.com
外研书店：https://waiyants.tmall.com
凡印刷、装订质量问题，请联系我社印制部
联系电话：(010) 61207896　电子邮箱：zhijian@fltrp.com
凡侵权、盗版书籍线索，请联系我社法律事务部
举报电话：(010) 88817519　电子邮箱：banquan@fltrp.com
物料号：226620001

记载人类文明
沟通世界文化
外研社　www.fltrp.com

和谐语言生活 减缓语言冲突

——序"语言资源与语言规划丛书"

语言（也包括文字）职能主要分工具和文化两大范畴，且两范畴又都有显隐二态。就工具范畴看，语言作为显性的工具是用于交际，作为隐性的工具是用于思维。就文化范畴看，语言既是文化的重要组成部分，同时也是文化最为重要的承载者，这是语言的显性文化职能；语言的隐性文化职能是起到身份认同、情感依存的作用。

百余年来，中国因语言国情所定，一直侧重于从显性工具的角度规划语言，要者有四：其一，统一民族语言和国家语言，消减因方言、语言严重分歧带来的交际障碍。其二，进行汉字的整理与改革，为一些少数民族设计文字或进行文字改革；当年还为这些文字全力配置印刷设备，近几十年专心于进行面向计算机的国际编码，使中华语言文字进入电子时代。其三，探索汉语拼音的各种方法，最终制定了《汉语拼音方案》，使国家通用语言有了优越的拼写和注音工具。其四，大力开展外语教育，以期跨越国家发展中的外语鸿沟。这些语言规划，保证了国家政令畅通，为各民族、各地区甚至为海内外的相互交流提供了方便，为国家的信息化奠定了基础，为建设中华民族共有的精神家园做出了贡献。

这些语言规划主要是改善语言的工具职能，当然也兼及语言的文化职能，比如一些少数民族的语音、文字规范化工作等。当今之时，普通话作为国家通用语言，已经成为不胫而走的强势语言，全国已有百分之七十左右的人口能够使用；文化大发展大繁荣已是响彻大江南北的时代强音。当此之时，当此之世，语言规划也应当以时以势逐渐调适：国家通用语言文字的工作重心应由"大力推广"向"规范使用"转变；语言规划在继续关注语言工具职能的同时，要更多关注语言的文化职能。

规划语言的文化职能，首先要坚持"语言平等"的理念。语言平等是民族平等的宪法精神、人人平等的普世理念在语言政策、语言观念上的体现。要尊重各民族的语言文字、珍重各民族的方言，同时也要平心对待外国语言文字。

其次要具有"语言资源"意识。中华民族的语言文字（包括方言土语），贮存着中华民族的历史过程和"文化基因"，镌刻着"我是谁？我从哪里来？"的文化身世说明书，滋养着弥足珍贵的非物质文化遗产，必须科学卫护它，传承研究它，开发利用它。

再次要理性规划"语言功能"。由于历史上的多种原因，各语言的发育状态和能够发挥的语言职能是有差异的，比如，在使用人口多少、有无方言分歧、有无民族共同语、有无文字、拥有的文献资料、适用的社会领域等等方面，都各不相同或者大不相同。因此，应在"语言平等"理念基础上，根据语言的实际状态进行合理有序的语言功能规划，使各种语言及其方言在语言生活中各自发挥应当发挥的作用。

最后要遵循"自愿自责，国家扶助"的方针。民族区域自治制度是中国的基本政治制度之一，宪法规定"各民族都有使用和发展自己的语言文字的自由"，各民族如何规划自己的语言，民族自治地方如何规划自己的语言生活，应当按照本民族本地方的意愿进行决策，并为这些决策负责。当在进行和实施这些决策而需要国家帮助时，国家应依法提供智力、财力等方面的援助与扶持。

中国是多民族、多语言、多方言、多文字的国度，拥有丰富的语言文字资源，但也存在着或显或隐、或锐或缓的多种语言矛盾。对这些语言矛盾认识不足，处理不当，就可能激化矛盾，甚至发生语言冲突，语言财富变成"社会问题"。语言矛盾是社会矛盾的一种，也是表现社会矛盾的一种方式，甚至在某种情况下还是宜于表现社会矛盾的一种方式。近些年，中国的各项改革都进入"深水期"，语言矛盾易于由少增多、由隐转显、由缓变锐，许多社会矛盾也可能借由语言矛盾的方式表现出来，因此，中国也可能进入了语言矛盾容易激化甚至容易形成语言冲突的时期。

在这一新的历史时期，科学地进行语言规划，特别是重视对语言文化职能的规划，特别是重视从语言的隐性文化职能上进行语言规划，就显得尤其重要。这就需要深入了解语言国情，工作做到心中有数，规划做到实事求是；这就需要着力研究语言冲突的机理，透彻剖析国内外语言冲突的案例，制定预防、处理语言冲突的方略，建立解决语言矛盾、语言冲突的有效机制；这就需要密切关注语言舆情，了解社会的语言心理及舆论动向，见微知著，提高对语言冲突的防范应对能力。当然从根本上来说，还是要提高全社会的语言意识，树立科学的语言观，特别是树立科学的语言规范观和语言发展观，处理好中华各语言、各方言之间的关系，处理好本土汉语与域外汉语的关系，处理好母语与外语的关系，构建和谐的语言生活，并通过语言生活的和谐促进社会生活和谐。

中国的改革开放表现在方方面面，但更重要的是思想上、学术上的改革开放。语言规划是社会实践活动，同时又是一门科学。徐大明先生具有中外语言学背景，不仅自己学有专攻，而且数年来一直致力于中外的学术交流与合作，具有学力、眼力和行动力。他所主持的"语言资源与语言规划丛书"此时出版，恰得其时，相信能为新世纪的中国语言规划起到重要的学术借鉴作用。

李宇明

2012 年 12 月 12 日

序于北京惧闲聊斋

中文版前言

语言规划和语言政策是关乎全人类的要事。政府需要为多语社会的正常运转或高效运转等国家事务开发理想工具；区域和地方社区可能希望保留其文化遗产，创建书写体系，或者实现方言的标准化；个人的目标实际上是确保自己获得经济成功，或者掌握游说他人的能力。对于以上三大类的社会有机体而言，有一种能力构成了其社会运作能力的关键，这就是恰当规划语言行为从而宣扬自我个性并理解别人性格的能力。

对于不同国家语言规划和政策的运作方式，我们已经掌握了很多信息，并且还在继续深入了解。但在多数情况下，我们假设的前提依然是这些规划和政策行为只是偶发性的事件：基于某种偶然机制，政府制定了语言使用方面的法律法规，个体学习了某一种外语。即使学术界编写的某些发达语言的历史，似乎也认为该语言的现代形式只是不加干预而产生的自然结果。这本书旨在使用同样的信息去构建一个合理的新假设，从而提供一套系统解读和理解这些语言事实的新方法。

我们的新论点是，所有语言政策和规划并不是偶然事件的结果，而有其特定的原因。这些原因可能已经公开，也可能受到遮蔽：政府也许会解释为何教育中使用某一种语言或语言变体而不是另一种语言或语言变体；个人也许会意识到他们为何在不同场合会使用不同的言语方式，或者没有意识到这一现象；社区可能极力保留或排斥原来的语言，但通常不会明确说明为何他们选择某一种语言而不是另一种语言。我们此处考察了七种语言行动的原因，仅是抛砖引玉而已。

我们刻意区分开这七种因素。但在现实生活中，许多提议的或实施的语言规划举措都源于多重原因或复合动机。

然而，这些简单动机或复合动机要远比这里所说的复杂。动机的背后，与动机紧密联系的，还存在着态度，即：我们对待生活的态度，对待自我表述方式的态度，对待与他人交流方式的态度，对待谈论别人的方式的态度。并且，在更深的层次上，还存在着我们为自我生命旅程所设定的目标。本书所考察的正是这一针对语言使用的总体性驱动因素。动机、态度和目标这三者共同构成了驱动个体或政府采取特定语言使用规划措施的动力系统。

　　整个分析过程中，我们觉得有必要解释、评论某些支撑语言规划和语言政策领域的核心术语和观念。通过这种方式，本书可以成为语言规划和语言政策领域导论性质的书籍，让我们更好地认识不同国家越来越多的语言规划研究。但总体而言，本书的目的在于提供一个整体性理论框架，不仅让我们更好地理解不同国度语言规划和政策的具体事例及其研究，而且也为我们实施此类研究提供了依据。

　　本书所讨论的许多例子出于对欧洲语言现状的观察，但对欧洲以外的情况也有借鉴意义。我们着意强调了语言规划和语言政策的动力系统及其驱动过程的普遍性，因此也使用了非洲、印度及世界其他地区的案例。我希望本书能够引起中国读者的兴趣。

D.E. 埃杰

于 2012 年 10 月

目　录

引　言

20 世纪最后的 25 年见证了世界上许多重大政治变革。有些是激烈的、暴力的、血腥的，例如南斯拉夫的分裂。有些则不那么剧烈：捷克斯洛伐克分裂成两个国家[1]；英国权力下放造就了苏格兰议会（Scottish Parliament）和威尔士国民议会（Welsh Assembly）；一场旗鼓相当的投票表决差点让魁北克从加拿大分裂出去；德国统一[2]；欧盟通过正式机构把越来越多的国家组织在一起；澳大利亚土著居民的土地权在澳大利亚得到部分承认；从南半球到北半球、从东半球到西半球的移民增加，使得欧洲几个主要国家都出现了少数族裔和少数族群语言——尽管移民通常是不受欢迎的。

这些政局动荡多数伴以新立的严苛的语言政策，或者带来对旧的语言政策的重大改革。法国通过新法律，把使用某些英语词汇认定为刑事犯罪；比利时根据语言的分界线进行区域划分；教授罗姆语（Roma）的条例从斯洛伐克的法律中消失了；美国反拉美情绪导致了一些州宣布英语为其官方语言，并阻止讲其他语言的非法移民获取社会福利；同时，《欧洲区域或少数民族语言宪章》[3] 正得到越来越多政府的批准；对于苏格兰盖尔语（Gaelic）的资助显著增加；英国小学设置了所有学生必修的"识字课"；公务员和公民——后者有时成为民政服务的"顾客"——都求助法律保护他们使用某一语言而非另一语言的语言人权。

所有这些语言规划或语言政策事例的背后都存在动机的问题。为什么社区和政府希望影响语言行为（language behaviour）？政府语言政策难道仅仅是为精英分子寻求利益的自私行为吗？规划者和政策制定者究竟有何

1　捷克斯洛伐克是历史上的一个中欧国家（1918—1993），1993 年分裂成捷克共和国与斯洛伐克共和国两个国家。（本书的全部脚注均由译者所加，书中不另外注出，特此说明。）

2　第二次世界大战纳粹德国战败，德国分别被盟军和苏军占领，此后于 1949 年分别建立了德意志联邦共和国（即西德）和德意志民主共和国（即东德），德国正式分裂成两部分。1990 年，德意志民主共和国并入德意志联邦共和国，完成了德国的统一。

3　原文为《欧洲区域和少数民族语言宪章》（*European Charter for Regional and Minority Languages*），应该是《欧洲区域或少数民族语言宪章》（*European Charter for Regional or Minority Languages*），疑为作者笔误。

显性的或潜在的动机，去实施有可能利在千秋（如果真有裨益的话）的相关语言行动？公共政策的动机与种族、宗教和语言群体为自身语言行为确定的目标是否有联系？公共政策与规划，即群体为语言使用制订的周密计划，与个体管理自身语言行为的方式之间有相似性吗？如果有，又是什么呢？

在以前的研究中，我们调查了当代法国和英国的典型语言政策，其结论是：诸如身份认同、不安全感、对外形象塑造等动机对于两国都非常重要。(Ager，1996b；1999)重要的动机仅仅就这些吗？一些社区和国家语言规划的动机在多大程度上是那里的人民所特有的呢？正是为了探索此类问题，我们打算考察并比较个体的动机和语言行为，语言社区、种族和社会群体的动机和语言行为，以及政权独立的国家及其政府、党派的动机和语言行为。为了实现这一目标，我们有必要简明扼要地探讨一下相关语言和语言行为、语言规划、动机的知名理论的适用性。

语言和语言行为

语言可以脱离其使用者而作为抽象系统加以研究，就像电脑语言或者一套数学符号一样；也可以作为一套让人类在某一社会场景能够进行互动的书面或口头的符号系统加以研究。此处，我们感兴趣的是后一研究路径，研究人类行为的一种形式，采用诸如社会语言学或语言社会学中所列的研究途径（参见 Chambers，1995；Halliday，1978）。同时，我们有必要考察使用者本身是如何针对语言做出相关表现的，以及语言是如何被他们或其他人使用的。因此，除了把语言看作工具，看作人类交流时使用的一种手段之外，我们也将会把语言看作对象，看作人类、社区和国家对其产生观点和情感的对象。语言行为既指人们使用语言时的行为，也指人们针对其他人使用语言或某一交流系统的行为。

作为工具的语言

语言供人类在各种具体场合使用，具有表达（expression）、互动（interaction）和指涉（reference）三种基本功能，对此布拉格语言学派及其追随者早有论述（Bühler，1934；Halliday，1978：48）。言语和文字让个人和群体能够表述自我，抒发感情，表达思想。有时，他们这样做并不一定意识到他们的表述是否有受众；有时，他们也并未注意具体的场景和语境[1]。伟大的诗人和作家可能为后世而不是为当下的受众创作，有些人只顾自己表达，而不顾其他。语言的第二种功能让某个或某些"信息发出者"和"信息接受者"进行互动式交流。语言及其相关行为旨在影响受众，对会话者（interlocutor）进行劝说、提供信息、传达讯息或获取讯息。互动，就其定义而言，应是双向的。最明显的例子是对话式的口头交流，参与者面对面，根据反馈不断做出调整，共同建构正在言说的意义。语言的第三种功能让言说者和书写者可以指涉或者描述物体、个人、思想或者观念，不管这些是过去存在过的，还是目前存在的，或是将来某个时间有可能发生的。传记、科学记述、财务分析都是冷静不动情的指涉性语言使用的例子，至少从表面上是如此。

旨在某一特定"言语事件"（speech event）中交流的言说者或者信息发出者总是从自身或多或少地意识到的场景出发进行交流。信息发出者认识到并在其信息中或多或少有意利用环境特征（environmental characteristic），例如：时间、地势、场景，这些对信息的形式和内容都可能产生影响。信息发出者能够使用一整套交流机制（communicative mechanism），不仅包括语言，也包括副语言（paralinguistic）技巧，例如：声音变化(如呼吸、音质)、面部表情、体态语[2]、使用特定的字体或笔迹所产生的信息效果。信息发出者还可以使用多种可供选择的机制，即表达同一内容的其他方式，有时包括其他语言或语言变体（language variety）[3]；并且"知道"如何根据不同的场合调整这些方式。通常情况下（若交流的目的是为了互动，则一定如此），信息发出者能清楚地意识到预期的接受者及其语境。言语事件本身也是对某种刺激的回应，一旦被激发出来，其内容、言语行为（speech act）、个体讯息都会不断根据信息发出者自身的交流意图或目标得到调整，而交流意图与目标本身也会随着信息发出者对言语行为的语境、进程、成败及受众反馈（如果有的话）的不断分析判断而产生变化。

个体必须在一个特定社会中学会使用语言的这些功能。然后，当他们

---

1 作者在原书中使用了 setting、occasion、environment 等术语，这些词语意义相近，都能表示言语发生的背景或环境，但侧重点略有差别，其中 setting 更强调人为安排的布景或小环境，occasion 凸显社交的场合，通常与语言的得体性相联系，environment 一般泛指言语发生的大环境，尤指物理环境或自然环境。一般情况下，setting、occasion、environment 三个词语在本书中分别被译作场景、场合、语境。

2 体态语，即通过身体的动作来帮助表情达意，最常见的是手势。

3 语言变体通常包括标准语言和方言，因此比方言的涵盖面更广。

在特定场景下交流时，他们必须"规划"其语言使用，从而达到他们追求的效果。尽管用于规划的时间可能极其短暂，但语言使用决不仅仅是对语境的自动反应（automatic reaction）。任何父母，如果观察婴幼儿倾听、思考并用自己的交流方式遣词造句时，就能注意到婴幼儿不断进行的语言规划过程。成人会不断选择最适合其意图的语言元素，但也通常会试图"改进"其言语表述方式，"改进"他们在言语事件中的个体语言使用。由于种种原因，许多人也会学习外语，或者学习他们语言的另一种变体以期用于某些他们希望进入的场合，学习怎样说服别人，或者学习在公共场合演讲。此举的目的首先是习得（acquisition）或者提高自身的语言、副语言及社交的技能，从而具备交际能力即成功交流的能力。其次，成人也试图把语言作为一种武器，通过选择交流机制来反映自己的个性特征、影响他人、帮助他们更好地理解其环境。言说者所用的话语透露给我们很多关于其身份的信息。与此相似，政治家、公务员、推销员、律师都擅长对事实进行具有倾向性的诠释，擅长把他们的行为呈现在自己建构的话语中。上述意义中的语言行为规划就是把语言作为工具的行为规划，因此，研究特定类型话语使用的动机是合理的（参见 Fairclough，1989 等）。

作为对象的语言

在使用语言时，人们除了设法表达自我，影响他人，以及指涉可见、可感或不可触摸的物件和思想之外，还会既针对其他人的语言行为规划自己的言行，也偶尔规划他人的语言行为。婴幼儿很快学会通过微笑和咿呀学语取悦父母，也能够通过逗父母说话而让自己高兴；再大一些的孩子会让父母、哥哥和姐姐重复他们的话，让他们说某一件事而不是另一件。这就是孩子在操纵或规划父母的语言行为。和小孩一样，大人也通过规划影响别人使用的语言：他们鼓励言说者使用特定的说话方式，对希望听到的话语成分做出反应。作为政治活动的听众，他们通过鼓励或者强迫言说者表达某种而非其他政治情绪来建构政治集会或抗议游行之类政治事件的意义。成人还会试图"纠正"别人的言语模式（speech pattern），尤其是他们的子孙或者那些被认为在某些方面低于他们的人。许多人，尤其是掌权者，试图告诉其同胞怎样表达自己：使用什么词汇，采用哪种发言，接受或排斥哪些术语、语言或者语言变体。许多人还会试图更进一步规划交流系统本身。他们为自己的语言感到自豪，却由于种种原因贬低其他语言。很多人甚至坚持认为某一特定语言具有许多独一无二的特性：它是人类精神的最佳创造，它以一种独特的方式再现了人类的文化、智力和社会成就，因此应该在更大范围内得到保护或者使用。一般情况下，赞扬某种语言的人都会对该语言很了解，因为这通常就是他们的母语；对于操该语言的说话者，他们也表现出积极的一面。其他语言或者语言变体被谴责为"拖沓"、"除了能表达最基本的情绪外，其他什么都不能表达的野蛮人的杂音"、"仅仅是些咕哝的声音"等。典型的情况是：贬低某一语言或者语言变体的人尽管宣称对其知之甚少，但也倾向于让那些该语言的"可怜"的使用者放弃"坏"习惯而采用"得体"的语言。许多人因此试图影响语言行为，就好像语言行为在某种程度上和语言使用者相脱离一样。在上述意义上，规划语言行为就是把语言作为对象进行规划——尽管也有人常常认为语言行为与社会行为密不可分，并试图超越语言层面去影响社会行为。

语言规划

根据"语言行为"的第二种含义[1]，我们通常使用"语言规划"（language planning）或"语言政策"（language policy）这样的术语（参见 Kaplan and Baldauf，1997）。当描述社区或国家（而不是个人）的语言行为时，我们也常常使用"语言规划"或"语言政策"。因此，语言规划用来表示通过由宗教、种族或政治纽带维系的有组织的社区，有意识地尝试影响其成员日常所用语言或教育中所用语言的途径和方法，或者表示通过这样的社区影响学界、出版社或者媒体记者进行语言变革的途径和方式。语言政策是官方规划，并由政治当局执行，与其他公共政策具有显著的相似性。鉴于此，语言政策代表了政治权力的实施，也如其他政策一样，可能会成功地实施，也可能达不到预期目标。

语言规划通常可以划分为三个应用领域：地位规划（status planning）、本体规划（corpus planning）[2]和习得规划（acquisition planning）。地位规划改变语言或语言变体在社会中的地位及声望，通常通过改变群体或个体对所使用的语码（language code）的看法来实现，即"影响一个社区中多种语言的功能分配的特殊努力"。传统意义上的本体规划是社区对语言形式所作的规划，包括"文字化（graphization）、标准化（standardisation）、现

---

1   即语言作为对象。

2   又译作：本体政策。

代化（modernisation）及创新化（renovation）"，但有时也会分为现存语言的语码化（codification）及通过增加新词语、新风格和控制新词所实现的语言的完善化（elaboration）和现代化。习得规划影响"对第一语言（first language）、第二语言（second language）或外语的习得、再习得及语言维持（language maintenance）"（引自 Cooper, 1989）。

库珀（Cooper, 1989：89）设计的"测算方案"，使得对语言规划三种类型的分析一目了然，即：追踪八大因素。

> 什么样的**施为者**（actor），为了什么**目的**，在什么**条件**下，通过什么**途径**，经过什么**决策过程**（decision-making process）试图影响哪些人的什么**行为**？产生了什么样的**效果**？

通常情况下，根据与语言议题的相关性，施为者可分为三种类型：个体、社区和国家。尽管随着现代社会变得越来越复杂，许多组织并不能完全适用这一简洁的分类法。全球性的跨国组织运作时在很多方面就像一个政权；超国家组织，例如英联邦（Commonwealth）或者欧盟委员会（European Commission），都有自己的规划和政策部门。"规划"通常用来指我们上文中讨论过的两种"影响"：规划自己的语言使用，规划或操纵他人的语言使用。"政策"一词也同样宽泛地用于多种场合，尽管该词应该被严格地用于政府或国家的政治行为。在考察动机和动机过程时，我们主要把"规划"一词用于个人和社区的非官方影响，把"政策"一词用于官方影响；同时，我们将主要关注传统的三种施为者：个体、政治上附属的社区、在某种程度上对一个政治划分的社会具有政治控制的国家或政府。在实践中，针对作为工具或者对象的语言，这三种施为者的行为有何异同之处，这有待于我们作进一步的研究。

动机过程：目标（goal）、态度（attitude）和动机（motive）

我们研究动机过程时主要关注的是库珀所说的"目的"（end）。也有学者使用诸如"目标"（goal）、"意旨"（aim）、"意图"（purpose）等词汇。语言规划的动机并不总是清晰的，也不一定会公开表达，也不总是能被理解。有没有一套宏观的动机过程理论，可以用于人类及其群体以看清规划和行为的意图呢？心理学和社会心理学并不缺少关于动机过程的理论。这些理论大多试图理解人为什么作选择，大都旨在通过识别关键变量（key variable）降低人类生活境况的复杂性。近期的一份综述探讨了这一研究领域：

> 期待—价值理论（expectancy-value theory）预设了两个变量：任务成功的期待和赋予任务成功的价值。其分支理论包括：归因理论（attribution theory），即一个人如何分析过去的成就；自我效能理论（self-efficacy theory），即对自己执行任务的能力的判断；自我价值理论（self-worth theory），即人的首要之务是自我接纳及维持积极面子（positive face）[1]。
>
> 目标理论（goal theory）要求设定目标、追求目标；关键变量涉及目标的属性。
>
> 自决论（self-determination theory）认为，有动机的行为的本质是一种自治感（sense of autonomy）。
>
> 社会心理学的核心原则是态度对行为产生指令性的影响。
>
> 除了上述四大研究途径外，还有一些其他因素被认为对动机而言至关重要：本能、意志力、精神能量（psychical energy）、刺激、强化和人类的基本需求。（改编自 Dörnyei & Otto，1998：44）

尽管我们已考虑到许多理论在不同问题上的适用性并不相同，但还是发现有两个研究动机过程的途径看起来与语言规划直接相关，而且频频出现在语言规划的文献中。这两个研究途径就是目标理论和态度研究——后者是社会心理学的核心成分。

目标理论和需求的满足为研究语言行为（尤其是个体语言行为）的特定表现提供了最显而易见也是最直接的切入点。目标、目的或意图——可能叫法不一——可以是即时的、短期的或长期的。它们也可以是具体的、可辨的，也可以是模糊的、理想化的。因此，对不同类型目标的一种可能的区分方式就像下文所示，自此之后我们也将尽量坚持这些术语的差异，把"目标"一词留作描述总体意图或总体理论。

理想（ideal）（愿景 [vision]、用意 [intention]）是理想化的未来状态，不太可能实现，但作为规划最终导向的终点却必不可少。例如，所有冲突

1　积极面子即个人的正面形象或个性，包括希望这种自我形象受到赞许的愿望。

族群之间的和平与和谐，或者个人充分的幸福。

谋略（objective）（任务 [mission]、意图 [purpose]）是实现愿景的方式，或者至少是通向终点过程中一个可实现的"目的"。比方说，创建一个让任何民族社区都不会感受到威胁的和谐的民族国家，或者个人融入目标种族群体之中。这样的谋略，尽管可能实现，却不是那么容易达到。从本质上来讲，它是长期的、以未来为导向的，甚至当其已经实现时，也不特别明显。

指标（target）是实现谋略过程中的一个具体的、可实现的、可识别的点。指标的实现是可测量的，通常是可以量化的。例如，1999 年巴尔干地区两个种族群体终止敌对状态，2003 年法国教育体系引入新的外语课程设置。

请看下列动机，它们每一个都被用来解释一些个体在一种语言行为即外语学习中成功的原因（Young，1994）。这些动机并不是都能用目标理论很好地解释的：

- 同伴、父母的压力和期待，常出现在目标语群体给语言学习者提供帮助时，或者当竞争激励个体取得更大成绩时，抑或当父母鼓励年轻人掌握就业相关的技能时。
- 自我的成就和成功的经验：学得很好的语言学习者可能更有动力付出更大的努力；相反，没体验过成功的那些学生通常倾向于花更少的精力。
- 模仿：通常，个体仰慕一个领袖人物，就有望表现出相似的语言行为。
- 自尊：改善自我技能的愿望，想让自己看上去具有竞争力。
- 个性因素：例如，外向性（extroversion）能够对那些希望表现自己的专业水准的人产生积极的动力效用，而促进型焦虑（facilitating anxiety）可以让语言学习者产生动力，达到个人语言表现的更高水平。

这些动机中有一些看似更接近于需求而不是目标。马斯洛（Maslow，1954）提出了人类需求层次论（hierarchy of human needs），该理论从基本生理需要（如住房、食物和温暖）出发，然后到心理需要（如爱和归属感），再到高端层次的自尊、尊重和自我实现。[1] 他认为，所有的需求都对个体行为甚至群体行为产生明显的动机性的后果，在更高的需求层次上能转变为目标和目标实现的观念。语言交流在上述大多数需求和目标的满足过程中起到作用。例如，对爱的需求流露出一种不安全感。自我实现意味着个体或群体身份认同的观念变得十分重要。与此相似，精神的充实感依赖于个体所持的信念及其所追求的意识形态或信条。因此，目标理论让人关注工具性（instrumentality）、融合性（integration）、身份认同、意识形态和不安全感等动机。

社会心理学对态度的研究是怎样讲清动机过程问题的？需要注意的是，用于解释个体行为的态度理论与社会心理学领域的用于阐明群体动机的态度理论之间存在着差异。目标理论（包括已知需求的满足）显然对研究个体的语言行为具有重要作用，尤其是当把语言作为一种工具加以考虑时，但某一特定社区和国家的语言态度（language attitude）可能对于理解把语言作为对象进行规划时的群体动机十分重要。的确，对于不同类型语言行为的态度通常被视作理解社区语言政策的关键所在（参见Baker，1992）。态度也再现了设定特定理想、谋略和目标背后的情感因素（affective component），解释了为什么会采取某一特定的行动。在社会心理学中，态度被认为具有三个要素：关于某物或某人的知识、诸如喜欢或憎恨之类的情感、针对该物或该人时采取某种行动的倾向——尽管情感处于核心地位，并且在某些人看来也是唯一重要的因素。

本书中，我们的出发点是假设语言规划和政策行为中具有七类动机：身份认同、意识形态、形象建构、不安全感、不平等、融入群体、提升的工具性动机。这些动机最初来自对语言规划文献的考察，其出处可以简单总结如下：拉森—弗里曼和朗（Larsen-Freeman and Long，1991：172—193）描述了加德纳和兰伯特（Gardner and Lambert，1959）把语言学习的动机归为两大倾向，这在他们研究的具有两种官方语言的加拿大成人外语学习中尤其明显。基于对个体追求身份认同的分析，他们区分了融入性动机与工具性动机。前者究其实质是一种社交动机，促使个体为了能够融入某一特定社区而学习语言。后者实质上是经济性的，直接与职业和个人发展相关。

1　马斯洛的需求层次论主要包括（由低到高）生理需求、安全需求、归属与爱、尊重需求、自我实现五个层次。

瑞安和贾尔斯（Ryan and Giles，1982）提出了多数社区语言行为的两种主要"动力性态度"。他们把其称为地位（status）和凝聚（solidarity）[1]。寻求自己语言或语言变体甚或其他语言的地位提升，这似乎是许多旨在提高某一社区相对社会地位的活动的主要起因。提升地位与肯定特定社会群体的特殊身份认同相伴相生，事实上"地位"一词常被用来解释那些弱势社区寻求社会地位相对提高的动机。"凝聚"一词也常常被重新界定，用来指追求融入和同伴的感觉，因此是对社会不同群体和社区之间不平等的一种纠正。身份认同的动机归根究底是政治性的，实质是对不平等进行纠正的社会动机。这一动机，和为个人语言行为提出的工具性和融合性动机一样，将在下文讨论社区采取某些特定行动的原因时经常出现。

卡普兰和巴尔道夫（Kaplan and Baldauf，1997：61）在实践层面列出了一长串他们所说的正规语言规划的目标。这一清单主要从代表国家或社区进行语言规划的机构那里得来，包含了许多或具体或宽泛的目标。用本书的术语来看，有些属于理想（如语言改革）或者谋略（如风格简洁化）；有些是相当具体的指标（如拼写标准化）。还有一些，如语言维持、语言传播（language spread）、教育平等（educational equity）等，看似更接近我们此前提及的四种动机：工具性、融合性、身份认同、不平等。除此之外，作者（指卡普兰和巴尔道夫）还增加了一些：塑造良好形象、意识形态的问题（如社会公正 [social justice] 或主导性语言的维持）、不安全感的意识（如语言权利的问题）。他们并没有试图给这份列表设定层级或体系化，只是在纳尔（Nahir，1984）的基础上发展而来。实际上，有些目标看似我们所说的动机，有些看似我们所说的目标，还有一些看上去更像实现未明说的目标或满足更深层次的动机的策略，如语言纯洁化（language purification）、国际交流（语言的教授）。这些都基本可以看作是政治、经济或社会性质的目标。在考虑这份列表时，他们写了三条补充说明（Kaplan and Baldauf，1997：59）：

- 没有哪个语言规划具有单一的目标；
- 语言规划基于的目标可能是互相矛盾的；

1　专业术语"solidarity"在社会语言学中曾被翻译为"等同关系"、"同等关系"、"共聚量"、"团结"、"融洽"等，相对于"power"一词（常译为"权势"、"权势量"等）。此处翻译成"凝聚"，主要考虑到本书作者重新定义了该术语，并把其作为群体及社区语言规划和政策的动力性态度，此外该词语跟社会和社区也更容易搭配，符合汉语"社会凝聚力"的理念。

● 这些目标中很多是为了实现相当抽象的意图，且可能与全国性政策的目标相关。

表"引言". 1

	宏观层次	替代说法	例子
语言纯洁化	外部纯洁化		
	内部纯洁化		法语
语言复活		恢复	希伯来语（Hebrew）
		转型	
		重造	
		激活	
		逆转	
语言改革			土耳其语
语言标准化		拼写与文字的标准化	斯瓦希里语(Swahili)
语言传播			
词汇现代化		术语规划	瑞典语
术语统一		话语规划	
风格简洁化			
语际交流	全球语际交流		
	作为交际面广泛的语言[1]的英语		
	地区性语际交流	地区性认同	
	地区性交际面广泛的语言	民族认同	
	同语系语言间的语际交流		
语言维持	主流语言的维持		
	民族语言的维持		
辅助语码标准化			

1　此处原文是 LWC（language of wider communication），按照字母意义来译是"交际面广泛的语言"，跟后文所用的"lingua franca"（通用语）意义十分接近。

（续表）

	宏观层次	替代说法	例子
中间层次的规划[1]	行政：官员和职业人士的培训和资质认证		
	行政：行使的法律条文		
	法律界[2]		
	教育公平：教育学议题		
	教育公平：语言权利/认同		
	教育精英的塑造/控制		
	大众传播		
	教育公平：语言缺陷		
	社会公平：弱势语言的获取		
	语际翻译：职业、商业、法规等培训		

　　以上论述意在表明，动机是复杂的，它由三个主要方面组成：一是整体层面的语言规划和政策的七种动机；二是语言政策制定者（language policy-maker）或语言规划者（language planner）对某一特定语言或语言变体的态度；三是旨在实现的具体目标，甚或是希望满足的需求。在实现这些目标、满足这些需求时，我们可能也需考虑语言规划者和政策制定者所采用的策略，因为策略有可能改变目标。第一至六章探讨了许多语言规划与政策的案例，其目的是为了更详尽地审视这三大方面。第七至九章将再次讨论动机、态度和目标。总之，我们提出动机过程的三大成分包括：

表"引言". 2

动机	态度	目标
身份认同	对语言的认知	理想
意识形态	对语言所持的情感	谋略

1　此处原文是 meso level planning。meso 通常介于 micro（微观）和 macro（宏观）之间，因此也有人翻译成"中观"。考虑到此处没有"微观"和"宏观"与其对照，容易让人产生疑惑，故译成"中间"。

2　原文此处连续两行出现"法律界"的条目，疑为作者笔误。

（续表）

动机	态度	目标
形象	采取行动的愿望	指标
不安全		需求
不平等		生理性的
融合性		心理性的
工具性		实现目标的策略

第一章 认同

对政治的认同伴随着前所未有的暴力与恐怖，成为 20 世纪最后 25 年的显著特征。对政治的认同在种族民族主义（ethnic nationalism）[1]的回潮中所起的作用尤其恶劣。种族民族主义经常以语言或宗教为标志，已成为世界不同地区的许多谋杀、犯罪、袭击邻里甚至战争的根源。民族主义负面影响的案例在前南斯拉夫以及在苏联解体后的动乱中比比皆是——在这些地区，疆域界线的重新划分、法律对公民身份的重新限定、针对某些种族的袭击和武力驱逐等现象，与对移民的一贯排斥以及竭力把外国人排除在外的极端倾向相伴相生。仇外，通常是那些"自己人"身份认同的识别原则。对抗与冲突大概是民族主义的核心要素。但同时，民族主义及与此相关的维系各人类群体（包括种族）的纽带的发现与再发现，偶尔也会把人们团结起来，扭转几十年甚至几百年来互相诋毁与人权遭肆意践踏的局面，给受压迫者带来全新的自豪感与自信心。这种感情因素，这种集体的情感和诗意，在大大小小的地区、城邦、国家及世界许多地方都有了相当强的势力。

尽管我们讨论的认同动机并不完全借助并通过民族主义来实现，但认同动机显然在群体成立或维护国家（尤其是民族国家）的愿望中可以看得最清楚。在那些代表性的理论家——如克杜里（Kedourie，1961）、菲什曼（Fishman，1972）、安德森（Anderson，1983）、盖尔纳（Gellner，1983）、史密斯（Smith，1991）、威廉姆斯（Williams，C.H.，1994）——看来，哪些是民族主义的构成要素呢？空间与地域要素：一个限定范围的地理区域，从而确保这一人群与其他人类同胞区隔开来。时间要素举足轻重，因为从传统社会向现代社会的发展带来了生产和消费方式上的系列变化，这就使得更大的人类群体需要在新型的经济关系中协同工作。实际上，对于有些分析家而言，某些社会是否通过废弃封建制的社会组织形式而实现了现代化是确定其国家身份的唯一标准。文化要素也非常重要，因为某一群体的社会规范表达了该群体的习惯和传统（即他们的生活方式）。家庭模

1　种族民族主义以种族来定义民族，将民族看作一个有机实体，寻求建立单一种族的国家。

式、服饰、禁忌、烹饪方式、教育规范、礼貌范式都构成了一个特定社会的文化习俗。该群体的文学和音乐文化也是如此。他们的艺术创作决定了其对于伟大的独特见解，因而伟大的文学不一定是普世的。美国人列出的20世纪最佳百部作品肯定与英国人、法国人或巴西人列出来的迥然不同。语言是小型民族群体的核心要素，因为正是语言让该群体得以维系日常交流，表达愿望与需求，反映世界观的本质。宗教也经常是民族主义的一个要素，尤其当宗教和这个实际或潜在的国家共同拥有一段受压迫和迫害的历史的时候。通常，语言和宗教尤其容易成为民族主义的象征。对于许多人而言，共同的起源和共有的历史（神话）是民族之情与同胞之谊的主要组成部分，特别当其历史处于受压迫、受迫害的冲突阶段，且与自由和解放的时期构成鲜明对比之时。共同历史的一个内在组成部分就是一种获取或重获自由和事务控制权的愿望，因而政治经常与情感紧密相连。在很多情况下，民族主义和认同感的力量之源泉在于外来者的在场——为了反对"他们"出现了斗争，而"他们"的主宰地位或者潜在威胁使得集体抗争变得十分必要。种族关系的其他界线通过生理特征体现出差别，如肤色、鼻子的形状、头发的颜色，这些界线也同样举足轻重：事实上，对于某些人而言，正是外来者，而不是自己人，决定了谁是或者不是一个特定种族或民族的成员。在大多数理论家看来，种族凝聚感和民族凝聚感之间没有太多区别：两者都表征了对于某一已界定或可界定的人类群体的亲近与忠诚，尽管具体的维系纽带可能不一样。对民族主义的准确定义与对种族情感、民族情感及其同语言关系的精确界定将成为此后探讨的话题，而每一个新的例子只会让准确定义更加困难。

这一章将回顾世界上五个地区的语言政策，这些政策看似能在社区认同及语言和政治社区的关联的观念中找到其动因。每个例子都会说明认同定义的一个不同方面。我们首先讨论法国，因为1789年法国大革命和由此催生的民族国家理论后来影响了很多国家。阿尔及利亚在与前宗主国的斗争中建立了政权。加泰罗尼亚[1]正在西班牙建立一个政治和文化的自治区。印度语言政策展示了客观现实和时务所需对基于认同观念的政治理想的影响作用。威尔士及威尔士语的近期历史被用来探讨了认同界定中政治、文化、经济和语言的关系。

1　加泰罗尼亚（Catalonia）是西班牙东北部的一个地区。

领土完整：法国与地区语言（1539—1950）

一般认为，法国是首创"民族国家"（nation-state）概念的国家，也是一贯坚持地理、政治、社会、文化和语言的统一性政策的国家。作为政权组织的"国家"与通过契约把互相具有亲近感的人们凝聚在一起的"民族"，在法国观念中具有同样的价值和共同的起源。两者都根植于法国本土边境线构成的六边形的地理位置。[1] 这一六边形的心理形象通过在教育中和媒体上广泛应用该词（指"六边形"）烙在法国公民的心中，同时也通过在从官方出版物到奢侈品的多种物件上广泛使用该形象（通常由蓝、白、红三色构成）[2] 刻在法国公民的脑海中。从 16 世纪到 1950 年，正是这一完美的六边形的神话给法国政府采取的压迫地区语言（regional language）的语言政策提供了原动力（Girardet, 1983；Grillo, 1989；Ager, 1996b；Ager, 1999）。

法语的历史据说可追溯到公元 842 年。当时，查理大帝（Charlemagne）[3] 的两个孙子当着双方军队的面分别用"法语"和"德语"所作的《斯特拉斯堡誓言》（*Serments de Strasbourg*）确立了两种不用的"语言"。[4] 此时乃至其后的数个世纪，曾经的罗曼高卢语（Roman Gaul）[5] 包含了许多语言和方言。封建制强化了语言的地方性特征，而以巴黎为中心的中央集权王朝也觉得没有必要强调使用单一语言。如果的确存在这样单一语言的需求，如宗教仪式或征税，那么某种类型的拉丁语仍旧可以使用。尽管这种说法不甚精确（参见 Ager, 1996b；Ayres-Bennet, 1996；de Certeau et al., 1975；Lodge, 1993；Sanders, 1993；Walter, 1988），但通常认为，法国第一条旨在把一种形式的"全国性"语言凌驾于已具雏形的近代法国所说的许多地区语言和方言之上的语言立法，是 1539 年弗朗索瓦一世（François Premier）签署的《维莱—科特雷法令》（*Edicts of Villers-Cotterêts*）的第 110 和 111 条。这些法令也只是命令律师为了清晰表达决策

1　法国本土的地理形象略成一个六边形。

2　法国的国旗由蓝、白、红三色构成。法国人在国家地理形象上渲染蓝、白、红三色，也是对国家形象的一种巧妙的刻画形式。

3　Charlemagne 在中国大陆译为查理，在中国台湾则译为查理曼。

4　法国被日耳曼民族的一支法兰克人征服后使用日耳曼人的方言，后来受教会拉丁语的影响使用罗曼语（即古法语），但分为南、北两支方言系统。公元 842 年，查理大帝的两个孙子——秃头查理和日耳曼人路易——结盟，反对他们的哥哥洛泰尔，发表了《斯特拉斯堡誓言》，其中的法语文本被认为是古法语最古老的文献。

5　罗曼高卢语应为罗曼语，是法语的雏形。请参见前一脚注中有关罗曼语的解释。

的目的和意义，其文字表述应该"没有歧义和不确定性，无需翻译"，鉴于"此类情况通常由于决策中包含的拉丁语出现理解问题而造成的"，因此法律诉讼中只允许使用法语，不能使用其他语言。尽管其目的可能是为了消灭拉丁语，但结果也把所有其他语言排除在法律文字表述之外。没过多少年，正式的书面语言中已基本看不到地区语言的痕迹，甚至在当地人基本不懂且肯定不说巴黎法语的许多法国地区也是如此。

在1789年法国大革命之前的皇室统治时期，语言政策折射出削弱地方政权的政治目的，对地区语言的攻击并不仅仅表现在立法上。与此类似，如果贵族阶级无法自如地使用法语就会落于人后，此外宫廷文法学家拟定的诏令、士大夫聚会的沙龙，以及1635年建立的法兰西学院（the Academy）（其首部词典在1694年出版），都为巩固"皇家"法语的崇高地位做出了贡献。然而，直到法国大革命，这样的语言政策才被认同为属于民族国家的理念范畴。那一时期，整个国家许多地区都不懂法语，也基本不用法语，地区性的语言和方言才是通常的交流方式，其中许多都与巴黎国民议会的语言具有显著差别。商人们使用的是法国"土话"（patois），这一概念包括了诸如巴斯克语（Basque）、布列塔尼语（Breton）、加泰罗尼亚语（Catalan）、科西嘉语（Corsican）、德语（German）、奥克语（Occitan）[1]、佛兰芒语（Flemish）等语言，还包含北部法语和奥克语的多种地区和社会方言。除了出现直接影响皇家事务的情况之外，封建当局并不认为有必要为农民的交流方式操心。

1789年的法国大革命不再这样看待问题：住在法国的人民成为法国主权的主体，他们既具有公民的权利，也肩负着公民的责任，第一要务就是赞同建立民族国家。为了界定人权并把其作为普世价值，法国大革命摒弃了地方特殊性、社区及其语言。按其思路，大革命的好处和它所带来的自由应当惠及所有人，这些都需要用自由和启蒙的语言表达出来，而不该迷失在使用范围狭小的方言和反对自由的敌人所用的语言的晦涩与混乱之中。事实上，阿尔萨斯（Alsace）语言恐怖时期[2]的案例证明了以下观点的

1　又译作：奥克西坦语。

2　法国大革命之前，阿尔萨斯地区主要讲德语。大革命初期，法国政府颁布命令，要求该地区的人民只能使用法语，尽管很多人不会也从未用过法语。在某些案件中，违反法令的后果是判罚死刑。这一事件背后的逻辑是：作为自由的语言，法语必须强制实施，因为反对大革命的敌人可能会利用当地的德语方言让广大人民保持愚昧和落后的状态，法国只有通过法语的广泛使用才能够建立起来。这就是所谓的阿尔萨斯语言恐怖时期。（参见 D. E. Ager. *Language, Community and the State*. Intellect Books, 1997：40）对该事件更深刻的动机分析请见下文。

存在：外语（包括地区语言）必须被禁止，主要因为这些语言可能破坏法语所代表的一切。

与革命者的共和主义联系在一起的"民族国家"当时正遭受或可能遭到两方面的攻击：一方面来自担心共和主义将会破坏其皇权的邻国，另一方面则来自忠诚于教会或地方领袖并反对中央政权的国内地方势力。在某些边境地区，尤其在阿尔萨斯，当地语言接近邻国语言，边境线具有潜在的不稳定性。在其他地区，特别在布列塔尼（Brittany）和旺代（Vendée），当地的神父反对世俗社会的法国大革命，他们利用当地语言鼓励民众抵制大革命并率军发起叛乱。1794 年，法国政府的语言政策把布列塔尼语与封建主义和迷信思想联系起来，把德语与移民和仇恨法兰西共和国挂上了钩，把意大利语与反革命相联系，把巴斯克语与极端主义关联在一起。法语则被描述为"欧洲最精致的语言，并且是第一种充分表达了人权和公民权的语言"，因而有义务传递最精深的自由精神和政治思想。因此，只有围绕并通过法语的使用，地区势力才可能得到控制，国家领土才可能得到认同，从而不再遭受上述邻国及国内地方势力的破坏和攻击。其结果就是在法国多个地区（最明显的就是在阿尔萨斯）强制执行了语言恐怖政策，那些说其他语言的人或者不能理解革命政府法令的人都遭到了严惩。

然而，真正毁灭地区语言的是 19 世纪后期的教育政策。1881 年，小学教育变成了世俗化[1]的免费义务教育。从那时直至第二次世界大战以后，学校一直执行使用法语同时严禁使用地区语言的政策，讥笑甚至惩罚那些讲法语以外的其他语言的孩子，这些导致了地区语言和方言从公共生活空间的真正消失。尽管扭转这一趋势的尝试时有出现，例如 19 世纪大诗人弗雷德里克·米斯特拉尔（Frédéric Mistral）引领的普罗旺斯语（Provençal）[2]文学复兴运动、20 世纪 20 年代旨在实现阿尔萨斯自治的暴力政治抗议活动等，但这些基本上没有起到实际作用。20 世纪 40 年代，纳粹军队中布列塔尼语军营的建立也没有对地区运动的发展产生多大帮助。但这些事件显示，尽管地区语言可能已经从官方领域消失，但它们依然存在：在法国的一些地区，例如布列塔尼、阿尔萨斯以及法国南部的大片狭长地带，地区语言仍是一般双语家庭的第一语言。尽管地区运动在二战之后成

1　法国大革命爆发之前，法国学校教育基本上由天主教会控制。当时的初等教育由城乡文法学校实施，由专门的神职人员进行读、写、算、历法等方面的基础教学。

2　普罗旺斯语即奥克语。

为一股没有政治影响力的势力，但政治家们从未确信对国家产生威胁的地方残余势力已完全消失。1951 年，法国议会采纳了一项十分宽容的议案（《戴克索思议案》[*Loi Deixonne*]），允许学校教四种地区语言。也许是设计者的本意，抑或大家不感兴趣，这一议案又花了 18 年才真正得以实施。以地区运动为名的暴力抗议依然存在：1999 年 6 月，布列塔尼革命军（Armée Révolutionnaire Bretonne）在图卢兹（Toulouse）附近的桑特加贝勒（Cintegabelle）引爆了一枚炸弹，之所以选择这一地点，是因为这是若斯潘（Jospin）总理[1]的选举根据地；八个月之前，一起类似的爆炸事件发生在时任法国内政部长的谢维尼蒙（Chevènement）的选民基地。通过加强中央政府的控制从而确保抵消地区主义和地方分权运动需求的增长，这一举措导致了 1969 年戴高乐的辞职，但也成为了此后 1981 年入主法国政坛的密特朗政府的基本政策之一，该政府于 1983 年公开宣布不赋予作为地区独立象征的地区语言以更大的独立权，拒绝支持"分裂法国的行为"。法国政府直到 1999 年 5 月 7 日才签署《欧洲区域或少数民族语言宪章》[2]，且这一行为给法国宪法委员会（Constitutional Council）带来了难题。语言也是科西嘉局势[3]的中心问题之一，若斯潘在 2000 年试图通过修改宪法并赋予地区实质性的自治权来解决这一问题，但收效甚微。中心——边缘之战依然是今日法国政治的重要组成部分。

法国即使在六边形本土以外扩展领土时也一直采用同样的中央控制的语言政策。1880—1960 年是法国殖民的鼎盛时期，法国提供给部分非洲儿童的教育与提供给里尔（Lille）[4]儿童的教育是一模一样的：使用的教科书是一样的，文化参考书籍是一样的，对维护法国领土的强调和坚持也是一样的。实际上，宪法规定总统的职责之一就是维护领土完整。即使时至今日，虽然以前的法兰西帝国只剩下为数不多的海外省（overseas department）——被看作法兰西共和国立宪的组成部分——和海外领地

1　利昂内尔·若斯潘（1937— ），法国前总理。1997 年 6 月 1 日率领社会党赢得国民议会选举胜利。后在 2002 年大选中失利而退出政坛。

2　《欧洲区域或少数民族语言宪章》早在 1992 年就已出台，但法国政府直到 1999 年才签署，且不算正式发布。

3　自从 1769 年被法国占领后，两百多年来，科西嘉人的独立运动从未停止，政治暗杀事件层出不穷。无论哪一届法国政府，都为它伤透了脑筋。科西嘉人多使用科西嘉方言，科西嘉方言近似于意大利的托斯卡尼方言。

4　里尔为法国北部城市，临近比利时。

(overseas territory)，但它们都保留了使用法语进行教学的教育原则。从瓜德罗普（Guadeloupe）到塔希提（Tahiti）[1]，从法属圭亚那（French Guyana）到新喀里多尼亚（New Caledonia），共和国的语言都是法语，没有或者几乎没有任何允许维持和使用当地语言的法律条文。这一主张在1992年创建统一的新欧洲的过程中得到重申：法语是法兰西共和国的语言，尽管这一说法在遭到说法语的加拿大人、比利时人、瑞士人等明确反对时被改为"法兰西共和国的语言是法语"。

法国的民族主义和民族认同显然都建立在法国大革命的原则和共和制的理念之上。所有的法国政党都赞同勒南（Renan）[2]对于民族主义的定义：共和制是一个世俗的概念，它是所有公民的自愿联盟，是统一的、不可分割的，共和制的建基原则"自由、平等、博爱、人权、公民权"是放之四海而皆准的普世真理。然而，对于民族主义却暗含着两种不同的概念：一种是领土和居住地，即 jus soli[3]；另一种与此相对的是法裔种族和共同祖先的神话，即 jus sanguinis[4]。领土、中央政权、普世性是左翼势力的传统观点，而出身、种族性、特殊性则是右翼势力的传统观点。让问题更加复杂化的是法国的一种传统做法，即把民主的权力赐予某一厉害人物，如拿破仑、戴高乐等，从而把普世性、种族性、个人主义的力量凝聚在一起。无论如何，大多数法国人会同意，维持民族国家的唯一途径是融入共和国及其价值体系的同化过程；他们认为，盎格鲁—撒克逊的多元文化主义（multiculturalism）是种族主义的、易分裂的，应该加以反对。因此，法国的认同是统管一切的：一种语言、一种文化、一片领土、一种政治理念。它没有给其他认同的"特殊性"留有任何余地，不管是地区认同问题，还是移民认同问题，更不用提法语以外其他语言的认同问题——因为只有法语才是维护国家统一的语言。

法国、法国文化、法语的优越感，从态度上来讲，都依存于民族国家的创建之举，同时也维护了民族国家的建构。语言是民族国家的中心象

1　又译作：大溪地。

2　厄内斯特·勒南（Ernest Renan, 1823—1892），法国哲学家、历史学家和宗教学者。西方民族主义理论先驱者之一。

3　jus soli 是拉丁语，字面意思是 law of soil。法律中用其表示一个人出生时的国籍由出生地的领土所决定的原则。

4　jus sanguinis 也是拉丁语，字面意思是 law of blood。法律中用其表示一个人出生时的国籍按亲生父母的国籍确定的原则。

征，为了确保国家本身的延续，必须在生活的每个层面加以使用，还要使其比法国领土上的任何一种其他语言更优美、更有生命力、更具吸引力。

民族主义的意志：阿尔及利亚的阿拉伯语（1962—1990）

1962 年，阿尔及利亚经过艰苦卓绝的漫长战争，终于摆脱了法国的统治，取得了独立，阿尔及利亚共和国临时政府于 7 月 3 日胜利进驻阿尔及尔[1]（Stora，1994；Benrabah，1995）。到了 1963 年 9 月，阿尔及利亚宣布采取一党制，建立总统制政府，奉行社会主义制度和民族解放阵线（FLN：Front National de Libération）领导被写入了宪法。1989 年，其他政党的地位被合法化了。伊斯兰拯救阵线（FIS：Front Islamique du Salut）在 1990 年 6 月赢得了市政选举的胜利，并在 1991 年 12 月获得了议会的多数席位。1992 年 1 月，军队推翻了这一民主决议并夺取了政权。随后，自 1962 年以来一直流亡海外的穆罕默德·布迪亚夫（Mohammed Boudiaf）在 1992 年 1 月 14 日被任命为总统，6 月 29 日遭暗杀身亡。这 30 年（1962—1992）期间，有三位总统通过民族解放阵线及军队的帮助统治过阿尔及利亚：艾哈迈德·本·贝拉（Ahmed Ben Bella），1962—1965 年在位；胡瓦里·布迈丁（Houari Boumedienne），1965—1978 年在位；沙德利·本·杰迪德（Chadli Bendjedid），1978—1991 年在位。除此之外，还有回国任职的布迪亚夫。经过这一阶段，阿尔及利亚的人口从 1000 万增至 2700 万；四分之三的人口对法国的殖民统治已经没有任何印象；石油为该国带来了大量的收入，但随即又被花掉；伊斯兰教从一种遭到严格控制的宗教成长为一支强大的、独立的力量。

1963 年的宪法以及此后的宪法都强制规定古典阿拉伯语（Classical Arabic）为唯一的官方语言和国家语言。实际上，这一决定在民族解放阵线夺取政权之前就已做出。民族运动领袖梅萨利·哈吉（Messali Hadj）在 1949 年即宣布只遵从唯一的一个民族定义。这一定义建立在以下观念之上，即：阿尔及利亚只在阿拉伯人和伊斯兰教迁入之后才开始存在，阿尔及利亚的认同只能借此加以界定。与此相左的一种观念是让阿尔及利亚承认阿尔及利亚阿拉伯语（Algerian Arabic）[2]以及柏柏尔语（Berber

---

1　阿尔及尔（Algiers）是阿尔及利亚首都，位于阿尔及利亚北部沿海地区。
2　阿尔及利亚阿拉伯语是指阿拉伯语在阿尔及利亚的一种变体，属于一种地区语言，而不是泛指阿尔及利亚使用的任何一种阿拉伯语。

languages）¹和其他语言形态（包括法语），认为这些也参与构成了"阿尔及利亚人的阿尔及利亚"，但这种观念受到了谴责并被判作非法。

阿尔及利亚的语言政策在古典阿拉伯语的基础上界定认同并严守此线，但一直以来却公然无视阿尔及利亚语言使用的现实。这是殖民经历所烙上的悖论性的根本标记。当代阿尔及利亚饱受内战、暴行、恶意对抗之苦，其深重灾难可能不仅要归咎于殖民之后的经历，同时也是殖民本身带来的后果。阿尔及利亚人对殖民者充满仇恨，这让他们把殖民者驱逐出去，但仇恨也造成了一个呆板的、严苛的体制，导致后来无法应对人口爆炸问题、人们对殖民时期的记忆逐渐淡忘的问题、石油收入短缺问题以及无法满足人民改善生活的愿望的问题。无论如何，这 30 年执政体制的性质是军事统治、社会主义并致力于对殖民统治进行反正，但令人费解的是他们在许多方面依然维持着与法国人一样的思维模式，其中就包括坚信存在着唯一一种起到统一作用的语言，一种不能容忍社会和地区变异的高质量的、内在完美的语言。因为法国在 1938 年把古典阿拉伯语认定为一种外语，拒绝在阿尔及利亚使用，所以古典阿拉伯语在 1963 年才成为独立后的阿尔及利亚唯一的官方语言和国家语言。阿尔及利亚阿拉伯语和柏柏尔语因被法国人用来分裂和统治阿尔及利亚而遭受了指责。在公共生活（包括教育）中只被允许使用古典阿拉伯语的压力直到 1977 年才略有松动。当时局势变得明朗，由于操阿拉伯语的公务员和教师全面紧缺，大量埃及员工涌入阿尔及利亚，而这对于创建一个真正的阿尔及利亚民族国家而言无疑是自杀性的。

如今，阿尔及利亚成为世界上仅次于法国的说法语的第二大国家。但阿尔及利亚官方并没有承认法语的地位，也不参与国际法语运动。该国通过反对法语来界定自身的身份认同，但却使用了与殖民者一模一样的论证方式去贬低自己的阿拉伯语种（指阿尔及利亚阿拉伯语）、否认柏柏尔语的独立存在。民族解放阵线创建一个中央集权的统一的民族国家的意图建立在一种语言、一种宗教、一个政党的基础之上。阿尔及利亚语言和教育政策的其他方面也同样反映了这种单一语言、单一文化的认同观。实际

1　柏柏尔语是亚非语系（旧称闪—含语系）的一支。一般语言学家认为闪—含族或乍得语族是与柏柏尔语最近的。在北非有约 1400 万至 2500 万说柏柏尔语的人，主要集中在摩洛哥、阿尔及利亚、利比亚和突尼斯。

上，官方的马格里布[1]阿拉伯语（Maghreb Arabic）用法词典有时更青睐于使用古典阿拉伯语和埃及（中部）阿拉伯语的语言形式。学校使用的官方历史优先讲述的是阿拉伯语的影响而不是罗曼语的影响，尽管后者的遗迹在全国到处可见。拒绝接受法语、阿尔及利亚阿拉伯语、柏柏尔语，还意味着新闻界更倾向于使用英语词汇，意味着大学层次的科学教育更多地使用英语而不是法语，意味着英语作为优先的教育语言而被引进。事实上，英语在阿尔及利亚处境奇特，它既没有担当主宰语言的背景，也没有政治层面的历史，但却像在比利时等地方一样，成为一种能够处理事务的便利语言。

阿尔及利亚对于认同的态度建立在领土的政治统一上，而国内团体实际上基本没有对此表示质疑。除了排斥殖民者的语言之外，这种认同态度优先解决的是内部不同声音的冲突和对峙。认同的追寻之旅紧跟一种特定语言、一种特定宗教，把其作为文化重建的基石，旨在恢复因遭诋毁而被破坏的 1830 年之前存在的阿尔及利亚的生活方式、语言环境和社会结构。但是，产生这一决策的思维方式本身却囿于并反映了殖民者的思维方式：这一语言和文化政策只有在法国对于语言和文化在民族国家建构中的重要性和核心性的思维中才可以被理解。尽管把书面体的古典语言用于宗教和仪式之外的目的不太现实，但其象征意义确实至关重要。古典阿拉伯语可能被认为富含魅力、极具优越性；但在实际使用上，该语言可使用的领域非常有限。民族主义需要拿出行动来确保古典阿拉伯语的象征地位，而与此同时，真实的语言境况却几乎遭到官方的忽视。

地区自治：1978—1998 年间的加泰罗尼亚语

作为西班牙的一个地区，加泰罗尼亚在探讨认同问题时的种种表现尤其值得关注，因为它代表了一种典型情况，即操某种语言者在国家范围内构成一个完全意义上的少数群体，但在某个地区却是多数派。由于语言是加泰罗尼亚政治家们追求自治和独立的核心因素，因此该地区及其语言政策受到广泛研究（Massana，1992、1993；Hoffmann，1995；Guibernau，1997）（此处仅列出了早期的研究书目）。这样的情况并非加泰罗尼亚独有：大多数欧洲国家境内都有类似的少数民族地区或省份。如今，西班牙

1　马格里布是撒哈拉沙漠的北非地区，位于埃及与大西洋之间，包括利比亚、突尼斯、阿尔及利亚及摩洛哥。

政府承认了 17 个自治社区和卡斯蒂利亚语（Castilian）[1] 之外的三种语言：巴斯克语、加泰罗尼亚语和加里西亚语（Galician），此外有些出版物把瓦伦西瓦语（Valencian）[2] 视为有别于加泰罗尼亚语的独立语言。西班牙加泰罗尼亚以外的一些地区也说加泰罗尼亚语：尤其是在瓦伦西瓦（Valencia）和巴利阿里群岛（Balearic islands），另外，法国的一些地区也说加泰罗尼亚语，但我们此处的讨论主要集中在加泰罗尼亚。21 世纪初，该地区过半数的人口以加泰罗尼亚语为母语，而只有大概 10% 的人不会使用这种语言。

从 17 世纪开始，操卡斯蒂利亚语的西班牙国王们制定的政策主要是为了加强同化与中央集权化。尽管在加泰罗尼亚地区，加泰罗尼亚语一直是当地通常使用的语言，但各类公共文书必须至少有一个卡斯蒂利亚语版本。1914—1925 年，该地区作为独立行政区的地位得到承认。1923 年，尤其是普里莫·德里维拉将军（General Primo de Rivera）夺权以后，新政府认为加泰罗尼亚的地区主义有寻求地区政治独立的企图，因此重新启动并强化了此前的中央集权化政策。1931—1939 年，加泰罗尼亚地区实现了一定程度的政治自治：在自治区政府[3]内部，加泰罗尼亚语和卡斯蒂利亚语都可以作为官方语言使用。公民无论是和地方政府打交道，还是和中央政府打交道，都可以用这两种语言。地区政府用加泰罗尼亚语立法。但弗朗哥政权恢复了彻底的中央集权后，重新建立了卡斯蒂利亚语的统治地位，不容许存在任何形式的地区自治。

1978 年，新宪法的诞生宣告了弗朗哥对西班牙 40 年集权统治的结束。据估计，此时只有不超过 25% 的在校学生懂加泰罗尼亚语。新宪法规定卡斯蒂利亚语为西班牙官方语言，并要求所有西班牙人使用卡斯蒂利亚语，但同时宣布其他语言是各自治社区的官方语言。1979 年《加泰罗尼亚自治条例》（*Catalan Statute of Autonomy*）出台，紧接着是 1980 年的选举，约尔迪·普约尔（Jordi Pujol）率领的汇合党（CiU：Convergence and Unity Party）获胜，并在我们关注的这段时期持续执政。加泰罗尼亚的语

1　又译作：卡斯提尔语。即纯正西班牙语。

2　又译作：巴伦西亚语。瓦伦西瓦语也被语言学家用来指称巴伦西亚自治区中南部所说的加泰罗尼亚语的重要方言变体之一。

3　加泰罗尼亚的自治有悠久的历史渊源，近代第一届自治区政府建立于 1931 年，但西班牙内战后弗朗哥政府（1939—1975）废止了加泰罗尼亚的自治。在弗朗哥统治结束后，加泰罗尼亚自治区政府于 1977 年重新恢复。

言立法可追溯到 1983 年和 1994 年，目的在于支持加泰罗尼亚语的发展，从双语制发展到加泰罗尼亚语成为唯一的官方语言。在这种语境之下，成为"官方"语言意味着人们在大多数公共场合必须使用加泰罗尼亚语：人们有权使用这一语言，并且在 1994 之后，要求行政机构必须用同一种语言进行正式答复。然而，由于西班牙公民理论上应该会卡斯蒂利亚语，因此一些国家机构并非总是提供加泰罗尼亚语与卡斯蒂利亚语互译的口译员；同时，有些人把加泰罗尼亚视作只使用加泰罗尼亚语的单语种地区，而另一些人则希望除了加泰罗尼亚语，仍旧保留并继续使用卡斯蒂利亚语，双方冲突不断。尽管加泰罗尼亚 1994 年的《语言规范化法》(*Law of Linguistic Normalization*) 已经明确提出(其实，1983 年立法时也已经提及)，立法的目的是为了尽量弱化卡斯蒂利亚语的作用，但卡斯蒂利亚语作为西班牙国家官方语言的地位必须予以保留。这些法令都坚持：地区政府必须且只能使用加泰罗尼亚语；学校必须教授加泰罗尼亚语并将其作为教学语言，没有学习加泰罗尼亚语的学生离校时不予颁发证书。虽然家长无权要求教师完全使用一种语言，但教师必须具备双语[1]能力。截至 1998 年，已有多届学生实际接受了加泰罗尼亚语的单语教育，其后果已对劳动市场产生了影响。

　　加泰罗尼亚对待语言权利问题的方式实质上是以此来为该社区，即自治区政府，争取政治权利，而非为个人争取使用某种语言表达和服务的权利：区域原则至高无上。在此语境中，用于语言政策的"规范化"一词既指语言恢复 (language recovery)，也指语言传播：恢复加泰罗尼亚语在公众领域和公众事务中被使用的权利，帮助扩大该语言允许使用和规定使用的场合与范围。因此，这样的政策意味着不断斗争以获取更多权利：很难看出到何种程度才能满足这些运动分子，他们给人的感觉无疑是想要看到卡斯蒂利亚语的作用被减到最小。当然，他们有足够的理由以加泰罗尼亚语为傲：

- 从使用者的人数上来看（大约 1000 万），加泰罗尼亚语的流行程度在欧洲语言中排名第 19 位，使用加泰罗尼亚语的人口数量超过白俄罗斯语、丹麦语、挪威语、芬兰语、阿尔巴尼亚语等语言；
- 加泰罗尼亚语是该语言社区的主要语言；

1　双语指卡斯蒂利亚语和加泰罗尼亚语两种语言。

- 加泰罗尼亚是一个高度发达地区，人均收入水平很高；
- 加泰罗尼亚语有十分重要的文化历史；
- 加泰罗尼亚语是社会各个阶层都使用的语言，尤其值得注意的是，它是中产阶级进行社交和文化活动时偏好的语言工具；
- 从语言学角度来看，加泰罗尼亚语已经实现了语码化和标准化，且少有方言变异（dialectal variation）。

虽然加泰罗尼亚语在电视节目中得到广泛使用，但它尚未征服所有的公共和私人领域：纸质媒体、法律界、私营企业不必总是使用加泰罗尼亚语。事实上，1994 年规定了电台（播音的 50%，歌曲的 25%）、影院（新片的 50%）、私营企业（产品标签、广告和信息发布）必须达到使用加泰罗尼亚语的最低标准，这在当时引发了不小的反对之声，而选举也往往为语言问题所主导。

和阿尔及利亚的情况一样，语言的象征意义在加泰罗尼亚的认同问题中占核心地位。而这一具有象征意义的语言通过反对另一种语言建立了其主导地位。与阿尔及利亚情况不同的是，人们为加泰罗尼亚语这一广泛使用的日常生活语言感到自豪，这种自豪感起到了主要作用；并且，地方势力（即地方的政治力量）拒绝接受把加泰罗尼亚语诋毁为一种劣等语言的观念，而据说这正是卡斯蒂利亚语一直企图强加给人们的印象。这种自豪感的形成得益于两个要素：一是人们对加泰罗尼亚悠久的自治历史十分了解；二是各个社会阶层尤其是中产阶级都支持加泰罗尼亚语成为一种有声望且实用的语言。在弗朗哥统治下，地区语言受到极端压制，这导致了1978 年及以后对区域语言支持的回潮；地区政府及政界要人如 1974 年起担任汇合党领袖的约尔迪·普约尔在反对卡斯蒂利亚语一统天下的斗争中起到了领导作用。语言目标和社会政治追求紧密联系。但和法国、阿尔及利亚不同，这两个国家都体现了领土原则的主要地位，而在这个例子中，加泰罗尼亚语在加泰罗尼亚以外的地区被广泛使用，同时操卡斯蒂利亚语者也在加泰罗尼亚生活和工作。这里也不存在种族问题，因为移民使加泰罗尼亚地区存在以下情况：尽管或许 90% 的人懂加泰罗尼亚语，但有加泰罗尼亚血统的人不足五成。在汇合党的话语体系中，"谁是加泰罗尼亚人？"这一问题的答案是："任何在这一地区生活和工作并想成为加泰罗尼亚人的人。"（转引自 Guibernau，1997：91）或许正是由于该地区说加泰罗尼亚语的人口的双重身份，"少数"和"多数"这两个词极少提及；尽管操加泰罗尼亚语者是整个西班牙的少数群体，但他们在加泰罗尼亚则占多数，因此感觉自己和对手势均力敌。

加泰罗尼亚的认同有时间基础，加泰罗尼亚人在 1978 年就"重获"民主自由；加泰罗尼亚的认同基于所有人口的总体意愿而非单纯精英意志的体现；同时，加泰罗尼亚的认同以该地区说加泰罗尼亚语的大多数人口的切实存在为基础，而该地区也把自己定义为位于西班牙境内的加泰罗尼亚语语区之一；此外，这一认同也建基于普约尔及其政治运动对民族主义的独特阐释。而最后一项因素在某种程度上是诗意的、神秘的、乌托邦式的，把认同建立在"语言、文化、社会凝聚力，集体意识、共同追求和区域自豪感，反对融合和同化政策"的基础之上（转引自 Guibernau，1997：101）。然而，正如加泰罗尼亚《自治条例》所说的那样，加泰罗尼亚的认同存在于"和西班牙其他民族及地区自由团结的框架之中"。政治上，加泰罗尼亚追求的是自治而非独立。此话的确切含义会在实践中不断变化。然而，其追求的理想状态实质上是弱化中央机构权力的联邦制而不是一个凌驾于民族之上的西班牙政邦。

时势所需：印度的语言政策

印度的认同问题和我们之前研究过的认同案例大有不同（Brass，1994；Basu，1997；Kohli，1997）。印度的语言政策产生于种种激烈的争端，这些争端既针对能够代表整个国家的语言问题，同时也针对印度原有的 1625 种语言的合理地位问题，这些语言中的 33 种各自拥有超过 100 万的母语言说者。尽管语情复杂、人口众多，印度仍是世界上最大的民主政体。而且众所公认，印度虽然一直存在着社区冲突，但国家治理得并不逊色于世界其他任何地方，甚至更好。

独立战争期间，印度国民大会党（Congress Party）的领袖们认为印度会将印地语（Hindi）作为国家和官方语言。而在宣告独立 15 年之后，《宪法》[1] 也发出了这样的呼吁。印度斯坦语（Hindustani）是印地语和乌尔都语（Urdu）的统称，主要是一种口头语言，曾被圣雄甘地及印度国民大会党用于抵制殖民统治、实现民族解放的斗争。这一语言从过去到现在都极少用于文学和上层文化。印度教徒（Hindus）和穆斯林（Muslims）之间的宗教分歧导致了独立后的巴基斯坦采用乌尔都语和波斯—阿拉伯文书写体

1 　即《印度共和国宪法》，全称 *Constitution of the Republic of India*。

(Persian-Arabic script) 作为自己的国家语言，这一宗教分歧也意味着使用梵文（Devanagari）书写体的印地语更可能成为印度国家和官方语言的候选对象。然而，尽管大多数印度人说印地语并且该语言在印度北方使用广泛，倘若它被用作唯一的国家和官方语言，印地语就会成为进入公营部门（public sector）就业的通行证，而非印地语区各邦一致认为的，应该保留英语供邦际交流和官方使用。在激烈的冲突之后（泰米尔纳德邦 [Tamil Nada] 的冲突尤为激烈），最终的妥协结果——《官方语言法案》（*Official Languages Act*）的 1967 年修正版做出如下规定：

> 在国会中共同使用印地语和英语，中央和印地语区各邦之间交流时用印地语，中央和非印地语区各邦之间交流时用英语。（Brass，1994：166）

印度幅员辽阔，又有众多不同的群体和社区，若想通过印度行政服务局（Indian Administrative Service）维持政治以及行政管理的统一，唯一可行的解决办法是接受不可抗力的作用继续使用殖民管理者的语言：英语。但他们使用的英语是在日常使用中约定成俗的，而非经过法规政令改编过、修订过、变化了的版本。印度英语（Indian English）已经是英语的一种可辨识的变体，具备自身的特点，与其他变体如澳大利亚英语、美式英语甚至英式英语有所不同，将来还可能进一步变化。与阿尔及利亚对前殖民语言的抵制截然不同，印度英语在印度被广泛接受并成为一种骄傲的资本，尽管掌握这门语言目前还只是精英阶层的特权，并且从职场角度来看，懂得英语就有了通向财富的通行证。在某种程度上，印度的认同可以借英语这一非印度语言得到体现。事实上，印度人同海外（包括英国以及世界各地的）印度流散人口一直保持并加强着联系[1]，这意味着印度认同本身既被印度英语修正也修正着这一符号：我们只需阅读一下世界文学大家庭中印度作家的作品，就知道这是怎么一回事了。但同时，单单英语本身并非、也从来不可能是印度认同的基础。鉴于该国语言情况的复杂性，印度不得不使用其他的语言方案。

印地语是印度使用最广的语言，拥有 3 亿多使用者，其中至少有 2 亿人把它作为第一语言。该语言是印度北部的通用语（lingua franca）[2]，也是

---

1 印度人同海外印度流散人口一般通过印度英语保持联系。

2 又译作：中介语。通常是不同母语的说话者借以交流的（第三方）语言，常为英语或混合语。

北方和中部各邦的地区语言。但印地语不可能取代英语，部分原因在于印度教极端民族主义对既不共享语言也没有共同宗教信仰的人来说可能极具冒犯性，还有部分原因是南部和东部各邦依然反对建立在同化或者共同的复合民族主义基础上的印度认同。至少就当前而言，印度拥有印地语和英语两种官方语言，由于各地的教育系统都教授英语，所以印度公民预计至少掌握其中的一种语言，有时甚至是两种。

就诸多拥有数百万使用者、宣称有重要行政和管理用途以及文化和宗教作用的其他语言而言，时势所需也是制定其相关语言政策的主导因素之一。在尼赫鲁执政时期（1947—1964），印度各邦按照语言边界进行了重新划分，这样一来，某些邦的语言群体在很大程度上就有希望看到他们的语言成为该邦的官方语言。为了避免分裂和脱离中央政府，重组过程由四大原则指导：第一，中央政府非但不会承认提出分裂要求的群体，还会用武力进行镇压。基于这一原则，印度军队投入了许多次战斗，有时甚至是持久的战争，尤其在克什米尔（Kashmir）、阿萨姆（Assam）、旁遮普（Punjab）和东北地区。一旦他们放弃分裂的要求，中央政府就承认他们的地位甚至同意他们建邦，例如泰米尔纳德邦的泰米尔族（Tamil）。第二，不容许以宗教作为提出区域划分要求的基础。这可能是巴基斯坦从印度分离出去的后果之一，但也影响了锡克教徒（Sikh）提出的建立以锡克教徒为主的政治社区的要求。第三，中央政府只对具有大多数人支持的政治要求做出回应。事实上，中央只对周边地区那些显示出足够势力的运动做出反应。第四，某一特定地区的重组依赖于该语言群体所有人或至少是大部分人的行动。因此，马德拉斯邦（Madras）较早实现重组，因为该地区操泰卢固语（Telugu）和操泰米尔语的两大主要群体都有这一要求，而旁遮普和东北地区至今还没能完全按照语言分界线重组。因此，第二层次的语言政策保证了地区语言在按照语言分界线重组后的各邦成为官方语言。这些语言被列入了《宪法》的第八附则，按照以其为母语者的数量排序依次是印地语（包括数种"语言变体"，有些变体差别很大）、泰卢固语、孟加拉语（Bengali）、马拉地语（Marathi）、泰米尔语、乌尔都语、古吉拉特语（Gujarati）、坎纳达语（Kannada）、马拉雅拉马语（Malayalam）、奥里亚语（Oriya）、旁遮普语（Punjabi）、克什米尔语（Kashmiri）、信德语（Sindhi）、阿萨姆语（Assamese）、孔卡尼语（Konkani）以及梵语（Sanskrit）。其中信德语和梵语都具有官方地位，但信德语是如今位于巴基斯坦境内的信德省（Sindh）的语言，而梵语尽管依然用于高深的学术著作，但作为母语使用并不广泛。列入附则就意味着这些语言在教育中有被教授的权利，受到中央和各邦政府的保护，在中央政府发展委员会占有一席之地。也因为如此，以某种语言（未列入附则的）为母语的使用者们纷纷以把自己的母语列入条例作为追求目标（比如迈蒂利语 [Maithili]，有人把它作为印地语的方言之一，但提出把其列入宪法附则的人认为它是一种独立语言），不过这些人往往还没能攒够对中央政府施加压力的力量，而且邦政府一般出于花费考虑都会抵制这类要求。

如今，印地语是印度的两种官方语言之一，同时也是六个邦的官方语言，是印度国内外至少两亿人的第一语言（母语）。与印地语有着相近关系的乌尔都语则是印度两个邦的官方语言，也是巴基斯坦的官方语言。说乌尔都语的人口在世界上超过 2500 万。在印度和巴基斯坦两国，英语（印度的另一官方语言）都是在最高政治层面即国家管理机构的层面进行实际交流的工具，也是国家处理对外事务的媒介。这种局势不一定是两国的自愿选择，而纯粹是出于时势所迫。第二层次的语言政策也是如此：根据中央对地区要求的反应可见，是局势的需要让某些语言（而非所有印度语言）取得了官方地位。就语言政策而言，"3±1"的方案总结了所有公民面临的情况。在拉吉斯坦邦（Rajasthan），印地语是官方语言，其公民如果想要有更多的就业机会就还要学习英语；在泰米尔纳德邦，公民还要另外学习泰米尔语；而在卡纳塔卡邦（Karnataka），一个操迈蒂利语的人必须学习四种语言——迈蒂利语、印地语、英语及卡纳塔卡邦的官方语言坎纳达语。每个印度公民都需要掌握两到四门语言，而大多数人似乎都接受了这一政策。

那么，采纳前殖民管理者的语言这一事实以及一个多文化民主大国的复杂语情，对该国的政治和文化认同的本质产生了怎样的影响？就英语而言，这是对英语的占领和成功使用，这是对前殖民管理者的反败为胜并且利用其语言"战利品"，而这样的利用是阿尔及利亚坚决反对的。尽管印度英语为了能够在国际上使用而保留了足够的可理解性，但它和标准的英式英语或者美式英语在发音（尤其是语调方面）、句法以及词汇层面具有很大差别。印度英语是一种可辨识的不同语言，因此可以作为印度认同的一部分。

然而，作为一个稳固的多文化民主政体，印度不可避免地出现了并将继续发生种族和其他冲突。科利（Kohli，1997：328）认为印度的模式是"一支中央集权化、个人化的统治精英队伍对抗多个不同的反对派精英，他们利用了最容易利用的社区认同问题，并帮助将其转化为严格的种族和群体界线"。随着时间的流逝，那些要求建立达拉维斯坦邦（Dravidistan）、旁遮普邦或者卡利斯坦邦（Khalistan）的分裂主义运动会逐渐增强或者式微，这主要取决于中央政府和这些社区之间权力天平的变化使得他们提出的认同问题的分量增强抑或减弱。这种分析暗示了种族及语言冲突并非"必然是根深蒂固的分歧的表现"，而是取决于时势的变化："其策略和反攻策略可能趋向于理性主义分析的讨价还价模式。"其他政治分析家如巴苏（Basu）等赞成社区认同具有多种形态，但提出认同问题的总体地位首先取决于政府及政治领导人的行动，其次取决于该国其他种族和语言群体的存在和看法。而这些政治分析家也承认，这些行动和看法都会随时发生变化。在这里，一个重要的例子就是：国民大会党权力的集中化和个人化导致了这个政党不再是代表全印度的一支力量，而是最终走向了政治印度教主义甚至是军国印度教主义。至于第二点，印度东北地区的局势可以作为佐证：在这个地区，当阿萨姆领导人"将多民族的阿萨姆地区的区域认同等同于布拉马普特拉河谷（Brahmaputra valley）[1] 的阿萨姆语使用者的种族语言认同时，其他民族的反应是要求自治"（Basu，1997：393）。

综上，印度的经历极大地影响了该国的认同问题。尽管目前民族主义群体有增长的势头，但"3±1"的语言政策看上去相当稳定，这就意味着此种多语制会长期存在。印度总体的国家认同建基于"英语＋印地语"的模式，同时为数百万操其他语言的印度人留有余地，使他们同样对此种形式的国家—民族认同感到舒服自在，这一语言政策允许印度人用母语接受教育，同时也提供了印度联邦主要语言之外的其他语言的就业机会。然而，这些种族—语言群体认同以及这个多民族国家的认同事实上并不是一个确定的实体，既非一成不变也非事先注定；相反，认同是一个动态建构的过程，可能存在的刻意操纵对其建构更有实际作用。这是文化领域的既成事实，也是政治领域的关键因素，因为各种形式的政治分析告诉我们，权力斗争通常会利用一切可以利用的武器。群体认同是一种潜在的武器，但使用这种武器的实际效用总是取决于总体的政治环境。印度认同的语言因素具有一定稳定性，但也存在潜在的爆炸性。

1　雅鲁藏布江流入印度境内后称布拉马普特拉河。

政治、文化和经济: 1993 年《威尔士语言法例》(*Welsh Language Act*)[1]

1993 年，新的《威尔士语言法例》获得通过，该法例延续并扩展了 1967 年的同名法例。在此前的磋商中，反对之声大多来自于商业和经济部门，而矛头所指则是由教育家和知识分子参与的威尔士语言运动。而此时的英国保守党政府之所以要强化这一立法，主要是急于扭转该党在威尔士持续的糟糕表现：自第二次世界大战以来，该党在威尔士的得票率就从未高于 30%。因此，就我们讨论的认同问题而言，政策当局让步于自下而上的认同定义是希望能够将自身和社区感情联系在一起，并以此在该地区获取一定的信任度。否则，就像在苏格兰一样，该党在本地区的政治前途几乎不复存在。

对《威尔士语言法例》成因的这一解释很少得到承认。更加通常的做法是忽视英国政府的作用，按照构成该运动的不同态度群体来分析、追溯争取威尔士自治地位获得承认的威尔士运动的本质。构成威尔士运动的群体可以分为三类，可能反映的是三种类型的内部精英团体 (Kellas, 1991; Williams, C.H., 1994; Thomas, 1997)。排在第一位的是文化动因论持有者，他们强调威尔士过去的独立历史、文学和文化遗产以及一个不容忽视的事实——操威尔士语的人数占本国人的比例超过 20%，使得这一语言自然成为各种生活领域中都可以被接受的交流工具。第二个群体认为威尔士的处境代表了以英语为主宰的英国内部殖民主义，持此观点的分析家们指出英格兰和威尔士在经济上的中心—边缘不平等性，以及威尔士的采矿业、工业产品和伦敦的金融业、证券业[2]的对立。除了家庭使用之外，威尔士语很少在其他领域使用，因此缺乏优势和地位。但这种"中心—边缘、剥削者—被剥削者的殖民主义阐释模式表现出极具意识形态色彩的偏狭性"(Williams, C. H., 1994: 117)，把威尔士的经济实力以及很多威尔士人包括一名英国首相[3]都曾经且至今仍处于英国政治权力中心这一事实一起边缘化了。第三个态度群体持有一种类似于马克思主义的观点，他们认

1　又译作:《威尔士语言法案》或《威尔士语言法》。此处采用了威尔士中文官方网站的译法。

2　原文是 profit-taking，指短线投资人在行情上涨或是有可能反涨为跌时，出售证券以获取利润的行为，即靠买空卖空的差额而获利润，此处译为更为宽泛的"证券业"。作者有把伦敦空手道性质的金融业和证券业与威尔士的实业进行对比之意。

3　即劳合·乔治 (Lloyd George, 1863—1945)，威尔士人, 1916—1922 年出任英国首相。

为与种族或威尔士独特性（Welshness）相比较，威尔士人在阶级斗争中的角色更加重要、更有意义。这一观点是把所有反对中心的力量整合进全面冲突的模式，认为威尔士的光明出路只有在整个社会经济发生变化之后才会出现。采取革命行动（包括语言领域的行动）则是其不可避免的态度和立场。

毫无疑问，这些文化、语言、种族、经济、社会以及政治因素都存在于威尔士的民族主义运动之中，尤其是存在于 1925 年组建的威尔士民族党（Plaid Cymru）的纲领中。尽管威尔士民族党重视语言——该党认为，不控制政治机器，威尔士语就不可能成为从小学教育到大学教育的语言或者成为威尔士的官方语言。然而，与加泰罗尼亚语不同的是，操威尔士语的人群在本国政治领域占少数，虽然这一群体占总人口的 20% 以上，达到 50 万（1991 年的人口普查数据是 508，098 人），并在 1981 年到 1991年人口普查期间保持了这个地位；事实上，过去十年间，使用该语言的人口总数以及该语言在年轻人群中的使用比例都略有上升。威尔士民族党以及各种合法、非法的威尔士语言运动提出了一系列要求，如威尔士语和英语地位应该平等、在国家教育中教授威尔士语并用威尔士语进行教学、公民有获得威尔士语的政府服务的权利、在公营部门实现双语就业、建立使用威尔士语的媒体以及一个永久性的语言团体等。在一定程度上，这些都是 1967 年《威尔士语言法例》的组成部分，对 1993 年《威尔士语言法例》的制定有更明显的影响。

根据 1993 年《威尔士语言法例》，组建了一个委员会（威尔士语言委员会 [Welsh Language Board]），旨在：

> 推广和促进威尔士语的使用，指导公共机构制订项目计划，确保在威尔士的公共事业和司法管理中体现英语和威尔士语同等对待的原则，进一步制定关于威尔士语的条例……（《威尔士语言法例》，1993，c.38）

在此，采取的方式是首先将语言政策的决定权由国家下放到威尔士语言委员会，并由此下放到地方政府及其公共机构、卫生局和医疗信托基金，包括通过签订协议而关联的一些皇家代理机构（如国税局和社会保障局）。这种典型的英式实用主义做法意味着，语言运动家们可以就语言政策的细节同要落实这些政策的机构直接辩论；同时，这样的做法使得中央政府避免被拖入长期不停为这些细节而论战的泥潭。语言政策从而离开了宏大的政治声明、权利辩论的竞技场，进入了充满行政细节与漫长、琐碎的争辩的世俗世界。对一部分人来说，语言政策因此变得无比实际；另一些人则认为，这样的做法只意味着语言问题被边缘化，湮没在诸多细节中，并离开了政治领域。

威尔士语言运动家对《威尔士语言法例》不是特别赞赏（Wynne-Jones，1993）。他们的不满主要源于个人权利问题：

- 没有条款保障个人在公共机构使用威尔士语的权利；
- 使用威尔士语者不能提出双语陪审团的要求；
- 父母没有权利要求以威尔士语为媒介进行教育；
- 《威尔士语言法例》没有修订种族关系立法来允许雇主专门招聘威尔士语使用者；
- 没有赋予威尔士语完全的、官方的地位。

威尔士语言协会（Welsh Language Society）或许是最极端的压力集团，尽管该组织反对《威尔士语言法例》，但几乎没有得到什么支持。由 28 名成员机构组成的国家语言论坛（National Language Forum）虽然也反对这项立法，但更多地表示遗憾而非愤怒，并在实际上承认了它的存在。主流舆论观点倾向于实用主义路径，意在将立法落实到细节。

在认同问题上，威尔士和加泰罗尼亚的情况大不相同。在这里，"占主导性"的英语和威尔士语之间没有过多激烈的历史冲突和近期对抗，这一点与加泰罗尼亚语和卡斯蒂利亚语之间的斗争不一样。显然，尽管凯尔特语(Celtic)[1] 在威尔士以外的地方也有使用的人群，布列塔尼语也是如此，但使用威尔士语者仅限于威尔士及威尔士之外一些小的群体。因此，和其他国家和地区（如比利时、魁北克、阿尔萨斯）的情况不同，但和加泰罗尼亚一样，威尔士不能指望国外的主要文化中心。类似于法国操布列塔尼语和巴斯克语的人群，操威尔士语者大多是双语使用者，这种情况有利有弊：双语使他们能够用任何一种语言就业，但同时阻碍单纯威尔士语经济的形成和发展；双语使他们能够参与超越当地范围的更广的政治问题，但

1　凯尔特语（或凯尔特语族）是印欧语系许多语族中的一种。威尔士语即是一种与康沃尔语和布列塔尼语密切相关的凯尔特语。

同时也把在公共场所使用威尔士语变成了一种意识形态声明而不是实用的交流方式。从政治角度来看，加泰罗尼亚地区运动能保持 25 年的"统治"，这一点远非威尔士所能比。威尔士语的前途尚未可知，保护和维持该语言的机构处于主导地位，语言使用者们难以拒绝语言纯洁主义（linguistic purism），尽管使用威尔士语的电视和其他媒体也确实反映了该语言的实际应用而非理想用法。危险在于：语言压力集团的意识形态（不管是什么样的意识形态）会最终控制语言使用者。因此，不无讽刺意味的是，保守党影响力及其关于语言复兴运动的保守主义思维方式的消失或许会成为民主的威胁。如果语言维持的意识形态在本质上是左翼运动（威尔士的情况正是如此），那么，语言维持就变成了效忠左翼事业的标志，而右翼思想家们则自动处于对立位置而被排除在支持语言运动之外。换言之，一直以来，语言维持是公共机构、媒体以及文化精英的问题，处于日常琐碎生活核心地位的私营企业则感到无关痛痒。再换一种说法，语言维持是意识形态而非实际问题；个人可以口惠而实不至。与此相似，主导这个问题的是地方当局而非中央政权，因此处于前沿阵地的也只是地方利益："威尔士语游说团体……只是威尔士独有，在非威尔士语公众群体看来是一支有影响力的利益群体—— 一个'威尔士人小集团[1]'。"（Thomas，1997：326）移民或者说人口的自由流动成为另一个问题。语言运动家们显然希望操威尔士语的人都留在威尔士，同时竭力阻止非威尔士语使用者——尤其是那些有幼年子女且不准备支持用威尔士语进行教育的人——移居本地。然而，这种对自由移民的阻挡无疑是违背民主原则的。

从文化、传统以及文学角度对威尔士语和威尔士独特性的界定已经在某种程度上起到了应有的作用。威尔士语已经实现了制度化，尤其是在教育界和媒体领域，在这一点上威尔士第四电视频道（S4C）对威尔士语的扶持功不可没。威尔士语还有专项的语言扶持基金及推广机构——威尔士语言委员会。在这一语言政策所辖社区，语言运动家们能够利用"威尔士事务部"（Welsh Office），这一部门组建的目的在于给予他们一个公开的论坛。威尔士在未来如果成为双语之邦，则可能把威尔士语作为第一语言，或者至少建立全民"自然双语制"（natural bilingualism），但这些都取决于政治经济群体的发展变化。威尔士语言运动家已经充分认识到这一点，那

---

1 英文原文 taffia，原指产自西印度群岛的一种劣质甜酒，后引申为威尔士知名人士组成的裙带关系网或指威尔士人小集团，是一种幽默略带讽刺的说法。

些志在构建、改变威尔士认同的人也已充分意识到这一点。尽管威尔士的情况极不可能出现类似加泰罗尼亚的解决方案，但威尔士国民议会或许能够改变政治局面，这取决于中央政府和威尔士政府互动关系的发展以及政治意识形态和自治之间的关系。倘若非民主的可能性选项被排除，那么想要建立有生命力的威尔士语及威尔士语经济来取代那些帮助维持威尔士语的采矿业、钢铁业以及其他工业，就意味着既要对内创造令人满意的就业机会来留住现有的操威尔士语者，同时也要为操双语的白领打造一条满意的职业道路。前者借助内部投资的流水线工厂已经部分得以实现，这些工厂正在逐渐替代钢铁制造业和采矿业成为大规模就业渠道，尽管它们仍主要属于制造业，还要受货币汇率调整、各种补助以及跨国公司全球战略重心等因素的影响。在这里，认同问题再次转向公共服务的未来发展，因为除了部分极小规模的企业之外，私营企业不可避免地要面向全英、面向欧洲、面向世界。而英国的公共服务事业从其所掌握的资源和受到的限制两方面来看，都显得捉襟见肘、力不从心，这在近几年表现得尤为明显。《威尔士语言法例》所提供的额外资源自然有助于扶持语言，但具有讽刺意味的是，正是在这一点上，欧洲支持移民工人语言的总体原则变成了一种负担。的确，如果威尔士的劳动力不足以应付所有的工作，而导致来自欧盟内部或外部的人口的移入，欧盟成员国家应该提供母语维持计划。在某些工业区，提供这样的扶持可能是相当重的负担，因为这可能意味着拿出一部分原计划用来扶持威尔士语的资源来为现有的移民工人的孩子提供语言课程，而这些孩子可能说土耳其语、荷兰语、日语、意大利语或者希腊语。

对于此类语情，欧洲和国际的做法一直是推进语言权利的问题。这种做法要求个人及其所属社区的认同得到他所生活的更大社区的支持。于是，语言权利既是个人问题也是集体事业；该权利是不可剥夺的，在任何情况下都应当保障其得以行使。《世界语言权利宣言》（*Universal Declaration of Linguistic Rights*）草案的第 3 条对此有明确规定（Argemi, 1996）：

不可剥夺的个人权利包括：

● 被认同为某一语言社区成员的权利；

● 在私下和公开场合使用自己语言的权利；

● 和自己的母语语言社区成员联系和交往的权利；

● 维持和发展自己文化的权利。

语言群体的集体权利包括：
● 该群体的语言和文化被教授的权利；
● 获得文化服务的权利；
● 在传播媒介中保证该语言和文化的公平使用率的权利；
● 用该群体的语言在政府部门和社会经济关系中获得关注的权利。

这些权利也许不会妨碍该语言群体或个人与宿主语言社区（host language community）之间的互动或者阻碍他们融入宿主语言社区，也不会限制宿主语言社区及其成员在该语言社区领域内的公共场合完全使用该社区语言的权利。

《欧洲区域或少数民族语言宪章》采取了相同的立场，英国政府已经制订计划打算在一定时间内正式签署这一宪章，这还要看北爱尔兰争端的发展与解决情况。

那么，威尔士的案例对于界定作为语言政策动机的认同有何启发意义？借用菲什曼（1991）的术语，威尔士的情况显然属于"逆向语言转换"（reversing language shift）。这可能有三个方面的作用：第一，强调政策当局对少数群体提出的认同界定问题做出了回应，而回应并非以改变社会不平等或者矫正历史不公正待遇作为其背后的实质，而是以认可自己的认同界定逻辑的形式出现。这样的做法帮助保守党界定了英国的认同，表明英国并非铁板一块，不自封具有法国模式或者历史上西班牙模式的绝对主义。具有悖论意味的是，尽管当时的政府反对如 20 世纪 60 年代似的赶时髦地提出多元文化主义并试图确保对所有人进行标准语言（standard language）的教育，但事实上该政府却接受了多元文化主义的逻辑：联合王国这一政治社区由数个不同的社区组成，每个社区都有权界定自己的身份认同。中央政府的确认为，任何对地区、区域或者社区认同的界定都是该社区自己的事情。与此相似，绝大多数威尔士压力集团都承认他们是英国的一部分：他们当中的温和派要求的是平等有效性与双语制；同时，如果社区的部分成员希望单语制的话，他们也支持威尔士实行单语制，但并不把单语制作为唯一的终极目标。温和派既赞同少数族群的语言权利，也接受多数群体的语言权利。

第二，认同由多种因素混杂组成：文化、传统、语言因素固然重要，但经济因素则是必不可少的，因为它能确保族群被关注。正是这一因素使得威尔士的认同界定与加泰罗尼亚有本质的不同。如果没有令人满意的经济条件，认同就只是空想。同样，认同从根本上来说常常被视作政治问题：语言活动家的目的在于确保政治控制掌握在地区语言言说者的手中。然而，政治谋划不能仅只包括一个问题，而若把语言宣言转化为更广泛领域的政治声明，这种策略可能暗含隐患。威尔士语言协会 1992 年的宣言"勾画出一个计划，该计划远超出对语言机构和议会活动的特定要求。该宣言开始对自由经济政策进行整体批判，并且认为自由经济政策在本质上是对威尔士语社区的威胁"（Thomas，1997：341）。民族主义是一个政治概念，但如果把它作为一个更大计划的一部分，则无论是社会主义、法西斯主义还是其他，都会破坏与之达成的政治共识。

第三，必须向人们展示认同的优势。如果用威尔士语进行的教育只会导致仅会一种语言的年轻人无法就业的话，那么这样的教育就毫无坚持的必要。负责公共沟通的部门必须为能够用当地语言向人们展示认同的好处而做好准备，并且必须证明他们有充足的资源、适当的体系以维持这样的能力。单单是政治家和知识分子能够用该语言作演讲是毫无意义的，更重要的是社会各个阶层的人们都能用该语言提交纳税申报单、写支票、支取福利报酬。如果没有自下而上的优势体现，没有所有社会阶层能够共享的认同，那么语言政策就只是一个空洞的、象征性的手势，一个知识分子的游戏。至于这是出于政治考虑、社会考虑还是经济考虑，尚存争论。关键点在于，民族主义以及作为民族主义及语言政策动机的认同具有多面性。

作为语言政策动机的认同

认同及其作为集体主义的强烈表现形式——民族主义——是语言运动的主要动机。但是"认同"一词涵盖了多种不同的现实形态，反映出许多目标和态度。第一，我们发现某些民族主义与民族建构有紧密联系，如今通常与维护民族经济和领土完整，防范全球化，以及商务和传媒国际化的侵袭联系在一起。其典型特征之一是全民族性的运动：让人们了解民族认同问题并用动态建构的理念把他们团结起来，形成一股观念上的驱动力。认同问题的典型特征之二是许多民族对其他民族的敌对情绪。这种仇外可能起源于历史上曾经的统治地位，或者来源于过去的被殖民史，或者来自于强大邻邦的威胁。第二，民族主义负载着权利的理念，既包括集体的权利，也包括个体的权利，不仅仅涉及语言权利，也涵盖政治和经济权利。不无讽刺的是，有人可能会说集体的权利通常凌驾于个人的权利之上，在中央政府的观念中如此，在区域和少数民族语言运动中也是如此。集体的教育权利是其最主要的方面，在教育中个人可能希望孩子的教育用某一特定语言进行，但集体（国家多数派或者地区多数派及国家少数派）可能妨碍这样的权利的行使，强制推行集体至上的观念。正是在这点上产生了一个问题：我们究竟在考虑谁的民族主义？通常，民族主义运动者属于精英阶层，在智力和文化行业拥有稳定的职业。民族主义的动机是确保他们获得以前在更大范围的社区无法获取的权力的一种手段。对于一个公民而言，"做自己家的主人"（法语：maîtres chez nous）[1] 可能仅仅意味着换了主人，而不是民主地位的提升。第三，民族主义和认同本身并不是政治观念：右翼和左翼的政策、意识形态、政党都从民族主义中汲取力量。有些民族主义者在成为地区运动分子之前是马克思主义者。有些形态的民族主义坚持国家至上，坚持认为出身（尤其是民族起源）具有神秘力量，坚信诸如宗教、历史传统、共同语言等假想的、神秘的社区符号，几乎接近法西斯主义。其他形态的民族主义，至少表面上推行自由、平等、博爱是所有人类不可剥夺权利的普世观念，但同时却根据自身经济发展的需要界定自身的身份认同，并根据实用性修改自己的集体情感观念。这一点尤其适用于民族还没成为国家的情况，以及自治但尚未独立的情况。

　　显然，语言政策的动因包括人们对认同问题所持的态度及认同最深刻的表现形态即"民族国家"的目标。但是，不管我们此处所作的关于民族主义的分析是基于精英理论、理性主义方法论或者领导艺术解读，它们都表明认同的文化、经济和政治三个层面相互关联。文化民族主义如果缺失了经济因素，通常只能沦为抒情的、神话性质的民俗。没有抒情成分，没有集体共同的神话，民族主义通常只是经济保护主义的另一种说法。但是，如果没有政治和权力斗争，不管是群体之间或是个人之间的斗争，那么认同仅仅是一种背景和装饰。认同也是动态的。政治调适理念，即"协和式民主"（consociational democracy），成为社区之间或其领导之间权力斗争中认同问题的一个重要构成要素。正如科利（1997：343）所说："领导人，尤其是国家领导人，但也包括种族运动的领袖，若一味坚持不妥协

1　魁北克是加拿大的一个省份，官方语言为法语。1960 年，魁北克自由党提出要让魁北克人"做自己家的主人"这一竞选口号，并在省选举中获胜，之后实行了被称为"寂静革命"的一系列改革措施。

的路线，就会把正常的权力争斗引向一条毁灭之路。"认同对于一个政治社区而言非常重要：语言通常被认为是一个政治社区的象征，因此政治社区本身的认同也是存在于此语言中并通过其创建起来。政治社区也试图控制这种语言的使用。然而，认同问题导致的语言冲突可以和解，也可能成为爆发点，这主要取决于相关社区与其所认为的对手之间的互动。民族主义的态度通常认为自己的语言优越于其他语言，因而更具魅力。有时，他们也承认自己的语言缺乏生命力，且不是在所有生活领域（而该语言理应占据所有这些领域）中都能得到使用。民族主义者通常是语言运动家，而大多数语言运动家也是广义上的民族主义者。

认同动机催生的语言政策的目标可能是一种朝向民族主义理想的简单同化过程，就像法国模式那样。这样的政策有可能取得成功，但就像在法国那样，这需要数个世纪对对手或少数族群进行残酷统治才能取得成效，才能实现这一罕见的理想状态——事实上的单语制民族国家。领土越大，实现这种理想就越困难。语言政策可以通过排斥一种与殖民统治相联系的语言而把另一种语言树立为民族国家的象征，就像阿尔及利亚的例子。这样的政策有可能起作用，但付出的经济代价可能是巨大的。更巧妙的做法是，前殖民地可以把殖民者的语言为我所用，通过改造以前的统治语言重新建构自己的身份认同，就像印度那样。然而多语制国家的现实情况显示，政治力量仍旧是实现群体认同背后的驱动力。在加泰罗尼亚，尽管某一语言在地区层面和国家层面都存在着同样强大的对手，但通过首先扶持几个有限的教育目标，然后追求更大范围的自治目标，最终可能就是实现独立的理想，使一项旨在语言恢复和语言传播的语言政策在时间、不止一代人的持续施压、情感神话的巧妙运用的共同作用下成为现实。然而，尽管印度依然存在冲突，但其在多个层面巧妙交织多种认同的基础上制定稳定的语言政策的经验，却展示了认同动因的又一种形式：它不一定仅仅建立在反对某一前殖民力量或某一语言群体的基础之上，而是置身于多元文化的博弈与合作之中。威尔士的情况再次表明认同本质中文化、政治和经济因素不可避免的共存状态。文化认同的诗意的、情感的、神话性质的吸引力需要政治权力将其付诸实施，而相关政策若想长久，也必须证明其经济优势。

第二章　意识形态

在英国，关于标准语问题的争论已经持续了几个世纪（Crowley，1989；Milroy & Milroy，1985；Bailey，1991；Honey，1997）。争论的焦点是确定何为标准语的系统化形式，尤其是教育中是否应把标准语作为学校教学的甚至是唯一的语言。这一争论一再表现出人们语言观念的混乱程度，也彰显了不同群体在不同时期对教育中的语言政策所持动机的本质。20世纪80年代，保守党成功改革了英国教育的常规做法，从而确保了中央对学校教育性质有了更大程度的掌控，也建立了一套评价教育产出（educational output）的新程序，而标准语的议题也成为保守党这一举措的重要组成部分。这一举措中与标准语相关的部分所提出的具体目标，与保守党的意识形态相一致，旨在把标准语纳入传统课程大纲，保证所有儿童接受标准英语（standard English）的教育，并且确保标准语的社会价值和经济价值都得到充分认识。

英国1988—1995年期间的标准英语

激进的保守党右派的主要政治意识形态让爱德华·希思（Edward Heath）[1]失去了保守党领袖的位置，却也让该党赢得了1979年的大选。这一政治意识形态植根于民众对变化的渴求——尤其是对国家职能转变的渴求——以及用激进的改革实现变化的需要。从"正面"效应来看，该思想流派提出了基于竞争、效率、利益和个人主义的一整套连贯的政治哲学。当时英国思想界的关键人物是基斯·约瑟夫（Keith Joseph），而政策执行的关键是在选举中接连获胜并先后担任保守党领袖和英国首相之职的撒切尔夫人（也就是后来的撒切尔阁下）[2]。自由市场思想家如哈耶克（Friedrich Hayek）的意识形态影响相当深远（Marsh & Rhodes，1992）。从"负面"

1　爱德华·希思（1916—2005），英国政治家，为保守党左翼人士。1965—1975年间出任保守党领袖，1970—1974年间出任英国首相。

2　在中国，一般不区分"撒切尔夫人"和"撒切尔阁下"，基本都翻译成"撒切尔夫人"。

效应来看，新右派[1]意识形态给人以好战、与对手势不两立的印象。这一意识形态挑战了社团主义（corporatism）、集团利益（organized interests）、主流势力等，尤其挑战了专家、传统思维方式、"乃至社会的观念"（Smith，1993：83）。对凯恩斯主义（Keynesianism）和充分就业（full employment）思想的排斥以及削弱国家职能、减少税收等目标直接危及了一些利益集团尤其是工会的势力。由于新右派倡导的价值观念推崇个人主义、重视自由市场和相关价值观念，所以国家在他们那里被视为至少是中立的、至多是决策者的工具和仆人。政府的角色就是制定政策以实现其意识形态的目标。国家的行政和管理职能将通过一切商业性质和准商业性质职能的私有化而尽可能减少。因此，政府出售了煤气、电、水等公用设施的所有权。政府对政策网络的参与加强了，或者说政府直接把政策网络（policy network）[2]取缔了。党派组织之外对政策的辩论和商讨减少了。经济政策优先考虑自由市场，尽可能少地限制资本主义。社会政策由政府决定，重点考虑"消费者"，而那些"供应商"如教师、社会工作者、工会等则被排斥在外，不参加社会政策的制定。这一意识形态的目的是抵制社会主义（无论是哪种意义上的社会主义）、削减或消除国家对社会福利的参与、改变人们的思维方式，从而使个人直面自己的责任（Marsh & Rhodes，1992）。

当时，主导保守党思潮的是那些"智库"和内部施压集团，包括从托利党议员中的"绝不回头"派（'No Turning Back' group）到一些有更长历史的团体，如保守党政治中心（Conservative Political Centre）、政策研究中心（CPS：Centre for Policy Studies，1974 年由基斯·约瑟夫和玛格丽特·撒切尔共同组建）、经济事务研究院（Institute of Economic Affairs）以及国家教育标准委员会（National Council for Educational Standards）。这些团体发行了相当数量的手册、传单和研究报告以期影响政府的想法。该时期语言问题涉及的专家包括 J. 霍尼博士（Dr. J. Honey）、希拉·劳勒博士（Dr. Sheila Lawlor）、约翰·马仁邦博士（Dr. John Marenbon）以及奥利弗·莱

1　新右派的宗旨在于重新界定关于国家、市场与政治体制之间的关系。从 20 世纪 70 年代开始，新右派以撒切尔夫人为首的保守党翼给英国的改革提供了关键的理论基础和意识形态上的动力。新右派提出以货币主义代替凯恩斯主义，反对国家过分干预经济，恢复市场机制，鼓励竞争，以便实现自由市场同自由的社会秩序联系在一起的目标。然而，要实现这一目标，则要依靠国家的权威。通过强大而有效的政府，来解脱社会民主和福利国家缠绕在自由经济上的束缚。

2　政策网络有纵向结构和横向结构两种，纵向结构是指地方、区域和国家各级政府部门的不同层次之间的关系，而横向结构是指同级别组织结构之间所形成的关系。

特文（Oliver Letwin），他们都撰写了手册、信件或文章来讨论标准语问题。

英语在全国中学课程设置中的位置以及英语和民族身份认同的关系问题成为新教育政策的关键组成部分。全国性课程设置这一概念本身对英国政府而言是一个新的出发点。课程设置曾经是一个"神秘园"，仅受控于当地政府、各个校长以及学生们通过普级（Ordinary Level）或高级（Advanced Level）普通教育证书考试（General Certificate of Education）[1] 的需要，普通教育证书考试开始于第二次世界大战之后不久。要想获得证书，学生必须通过至少一门科目（没有上限）的考试，对于科目组合则没有任何特殊要求。鉴于此，语言政策问题应该被作为 1979 年之后的教育政策（被全面而激进地重组）的一部分来看待（Knight，1990；Baker，1993；Lawton，1994）。

一位绝非保守党之友的学者劳顿（Lawton，1994：146）指出了在教育政策变化中隐含的六点"价值取向"：

  ——渴望有更多的选择；

  ——希望回归传统的课程设置和教学方法；

  ——希望减少专家和教育理论的影响；

  ——呼吁家长参与选择以鼓励市场的影响力；

  ——希望削减教育支出；

  ——加强权力集中（同时削减地方教育局的权力或影响）。

对教育的这些思想倾向在 1964—1970 年间的保守党"在野"期间得到发展，1979—1986 年达到鼎盛，被劳顿称之为"对教育的攻击"。教育供应商被看作"一个社会主义者、官僚、规划者和教育官员的邪恶联盟，通过向学校施加意识形态影响违逆学生和家长的心愿行事"（Knight，1990：155）。在 1994 年吉利恩·谢泼德（Gillian Shephard）被任命为教育事务大臣之前，把"教育既得利益者"——包括公务员（"本文化的卫道士"）和督察员（"文化祭司"）——作为敌人的观念，是保守党教育政策和态度

1　普通教育证书考试（GCE）是使用英语教育系统国家的考试制度，1951 年起主要在英格兰、威尔士和北爱尔兰实行，后推广到英国各殖民地，一般来说一年两次。在 GCE 制度中，高中毕业生（16 岁）参加普通程度考试（GCE O-Level），大学预科毕业生（18 岁）参加高级程度考试（GCE A-Level）。1988 年，英国的 GCE O-Level 考试被新的普通中等教育证书（GCSE: General Certificate of Secondary Education）所取代。

的一贯特征。这一心态也是教育部教育稽查体系逐渐式微的原因之一，该体系曾是教育部赖以获知教育系统工作动态的消息来源，实质上也是服务于公务员的信息网络。稽查功能通过教育标准办公室（OFSTED：Office for Standards in Education）而得以明显强化。他们通过公共渠道曝光英国教育中的低标准，后来被人称为"点名羞辱"。

1986—1989 年曾任教育与科学部部长的肯尼斯·贝克（Kenneth Baker）推行了《1988 年教育改革法》，将保守党新右派的自由市场价值观和个人主义价值观大部分付诸实施，例如，法案削减了地方教育局的功能，使学校能够选择"退出"[1]；同时实行开放入学制度，赋予家长为孩子"自由"选择学校的权利。该法案推行全国课程设置（National Curriculum），针对既定的标准进行测试，旨在提供给家长质量衡量标准来进行市场选择。然而，《1988 年教育改革法》也导致了权力的集中，在此意义上违背了新右派哲学的一些关键信条。法案强制实施范围极广的全国课程设置，然而自由市场主义的理想状态是使全国管理最小化；法案试图提出全民高质量教育的要求，而不是认同自由选择意味着不同标准；法案加强了中央对高等教育的财政和学术控制，取消了大学的自治，使它们听命于部长们的政治意志。

玛格丽特·撒切尔对教育改革也施加过很大影响。有记录显示她曾表示对课程设置的计划内容感到失望，尤其是历史和英语。她主张这两门课程都应该实行传统教学：历史课对她而言重点是熟记日期和事件；至于英语课，她青睐的内容是灌输给学生标准英语的知识及"传统的语法学习和背诵法"。

如此一来，保守党的信念和价值观，某些内部施压集团的提议，加之撒切尔夫人的个人喜好，都直接影响了 20 世纪 80 年代和 90 年代英国的教育和语言政策以及围绕这些政策进行的论争。从 1979 年到 1994 年间，除了 1982 年、1985 年和 1991 年之外，每年英国政府都会出台一套主要的教育法案。语言问题普遍成为讨论的前沿阵地："在关键的历史时刻，语言成为对峙和辩论的焦点，成为政治观点交锋的场所。"（Crowley，1989：258）尽管反对之声大多来自教育者尤其是教师，但这些论争很快在基调和内容方面都具备了政治色彩，被"抬上了"政治论坛。专职的、

1　即学校可以摆脱地方政府的影响，直接得到中央政府的完全资助；也可以脱离地方政府的直接财政控制，而由校长掌握财政权。

学院派的语言学家们试图保持冷静和客观，但他们发现，学术事实被论战双方用作了弹药武器互相攻击。有些专家被收编入改革支持者或反对者的队伍，其中成为反对者的居多。其他人试图发挥自己的学术作用和公民身份职能，例如，1982年《观察家报》（*The Observer*）登载了一篇文章，文章作者慨叹，自1960年以来，公众的文化水平呈下降趋势，作者还把"废除语法"与道德标准的普遍滑坡联系在一起。学院派语言学家米尔洛依（Milroy）夫妇试图对这篇文章做出"理性"的回应，他们指出文中提到的"语法"所指的内容十分含糊，作者所质疑的文化水平下降是否确有其事尚待商榷。他们发现作者混淆了"语法"和"有效写作"这两个概念，认为那些想要掌握标准英语、想要"跟得上"的孩子不得不"选择地位、放弃阶级情谊"，抛开社区给予他们的社会认同。但他们同时承认，这个问题是社会性的，所以归根究底是政治问题而非语言问题。（Milroy & Milroy，1985：50）

《金曼报告》（*Kingman Report*）

《1988年教育改革法》要求国务大臣制定政令以确定全国课程设置的内容。该法案是在金曼委员会[1]1988年3月发布报告之后出台的。金曼委员会组建于1987年（尽管国务大臣在1986年11月7日就宣布组建这一委员会），旨在推荐一种英语语言的理论模型作为教师培训和专业讨论的基础。《金曼报告》在前言中总结了该报告产生的根源："时间和资源有限、职业教育和师资培训不足以及对孩子学习本质的误解，造成了对语言教学重要领域的忽视，以至于损害了孩子的文字能力，这成为了一种普遍的社会焦虑。"（Kingman，1988：1）当时教育领域流行的各种"创新"理论和假设也就是《金曼报告》要深入探查的教育理论，包括：孩子应该只接触各种语言变体，而不必有意识地掌握语言结构的知识，教授语言结构（即"语法"）的尝试也无益于培养有效运用语言的能力，还有很多社会群体不能接受被强加以一种专制的标准语言的做法等。政策研究中心在一本小册子里，明确提出一个观点，即认为这些创新理论导致了英国孩子语言能力的低下（Marenbon，1987）。不过此前这样的观点就已经成为保守党思想体系的组成部分。

---

1 以主持人约翰·金曼（John Kingman）的名字命名。约翰·金曼爵士，英国数学家，布里斯托尔大学副校长。

金曼将《报告》定位于为解决他所认为的同一问题所作的系列尝试之一：1975 年的布洛克委员会[1]的报告，1976 年时任首相（工党）詹姆斯·卡拉汉（James Callaghan）在牛津的拉斯金学院所作的演说，1984 年的《"最佳学校"白皮书》，女王钦点的教育督察所撰写的"课程设置事宜文稿"，以及对这些的回应等。布洛克委员会的报告的提议"未能实施……其研究成果未能有力贯彻或落实到细节"。卡拉汉的演说使人们开始重视教育应"满足当代社会以及全国性、国际性经济竞争需求"的需要。"课程设置事宜文稿"指出教师普遍反对"语法分析"，建议深入调查以"确立计划最终决定课程设置"。

作为一名坚定地反对右翼政治党派的人士，托尔夫森（Tollefson，1991：58—78）认为，《金曼报告》及其对标准英语的强调很好地说明了语言规划固有的意识形态性质：

> 将标准英语认同为民族及英国公民身份，就假定了标准语言变体[2]即为"正规"……《金曼报告》否认该标准的产生实际上是此种语言使用者占统治地位的结果……也未申明，这种政策不可避免地使家乡语言是标准英语的孩子占了优势，而使外来移民及操用非标准英语变体的本族人处于劣势。该政策带有明显的意识形态烙印，其作用在于维持和保护标准英语使用者对教育体系的霸权统治。

金曼委员会提出的建议被普遍认为是"枯燥乏味"的，而且委员会提出的英语模型更多具有"语言学性质"而非"教育学性质"。在这一点上，委员会主要考虑了教育界之外的人士希望语言训练的设计针对日后生活所需的英语语言的要求，而不是迎合教师和教师培训者们想要孩子在智力、社交、人格及美学修养等多方面发展的愿望。然而，报告的第二章用了七个段落分析学校教授英语的目的以及英语在学校的作用，其中只有两段归于经济目的。其中一段说是"应对生活中一些单调乏味的生活细节如退税、抵押还款、保险索赔等的需要"；另一段在描述"语言能力是胜任任何工作的基础"时，对政治家们如何利用语言表达激情却一笔带过。该委员会

---

1   以主持人阿伦·布洛克（Allen Bullock）的名字命名。阿伦·布洛克，英国现代史学家，牛津大学副校长。他曾在 20 世纪 70 年代提出两篇针对识字和工业民主的《布洛克报告》（*Bullock Report*）。

2   此处，作者把标准英语看作英语的语言变体之一，下文的非标准英语也被看作英语的不同变体。

并没提议不教授方言和其他语言变体，也不提倡不理解交际、不理解语言就去教"语法"，他们认为掌握标准语言是一种权利而不是一项强制措施。报告甚至接受了专业语言学家的观点，认为"所有语言都是有规律的交际系统，没有一种语言具备语言学意义上的优越性"（第 43 页）。

事实上，《金曼报告》自由、多元的基调受到反对派工党的欢迎，被工党视为反政府的胜利成果。在工党看来，保守党的政治意识形态基于民族身份认同问题和由此而来的标准语言的教学、基于右翼坚持维护传统单语的中产阶级的核心地位的信念，反对左翼对多元文化主义、地区和社会多样性的支持。

另一位反对派人士费尔克拉夫（Fairclough）撰写《语言和权力》一书时，《金曼报告》还没有面世。费尔克拉夫（1989）在该书最后一节专门评价了研究计划的整体设计，并认为这些极具工具性。费尔克拉夫基于一种为教育设计的语言模型，提出将"批评语言意识"（Critical Language Awareness）纳入学校的教学科目。工具性教育（即"训练"）主要关注：

> 知识和技能的传输，不去质疑知识和技能的内容本身，也忽视其社会根源。一个可与之类比的概念就是文学教育（经常由同样一批人提出），这样的文学教育的主要任务是传输主流文化价值观念，向学生讲授那些传统智慧认为的"伟大的文学"。（第 238 页）

相比之下，费尔克拉夫认为教育的目的在于"培养孩子对环境的批评意识以及批评的自我意识，培养他们塑造、变革周遭社会环境的能力"。因此，学校的批判语言意识课程是解放孩子、放权给孩子的宏大计划的一部分，使孩子们能够"推进现存话语秩序的转型"（第 243 页）。费尔克拉夫声称，自己是"一个社会主义者，不看重所在社会中的社会关系，致力于解放受社会关系压迫的人们"（第 5 页）。

当然，多数关注学校教育的英国语言学家更倾向于采取不那么明显的政治立场，这一点从教育语言学委员会（Committee for Linguistics in Education）、全国教育语言大会（National Congress on Languages in Education）等全国性组织的论文和讨论中可见一斑。他们认为，学校的课程应该选自文化，旨在帮助学生们理解社会规范和实践。有些学者坚称他们的目的是鼓励孩子们独立思考，而思考的结果就意味着必定会质疑社会现状，但令人深感痛心的是，如果教师引导学生关注此类意识形态问题，就会被责难为有政治偏见或进行政治教化。另外一些学者认为，自己所做的仅是教会孩子们一些方法，使他们更好地理解自身所处的文化，给予他们一些工具来分析那些据称"中立"的报告和各种语言形式，从而阐释现实的社会建构性质。很多专业的语言工作者似乎相当幼稚，不知道这样的自由倾向经常被误解，且不可避免地导致和当局的冲突。实际上另外一些机构如全国英语教师协会（National Association of Teachers of English），公然宣称完全反对政府提出的教育改革建议。

《全国语言课程设置读本》（*LINC Reader*）

《金曼报告》未能完成保守党政府的语言规划任务。国务大臣只接受了它的第 17 条提议，即"由国家设计、管理、资助的计划项目应该……为研究院所……和学校的部分职工提供培训"。三年里，政府斥资 1520 万英镑购买培训材料和进行培训。然而，当工作组的一群语言学家和教育工作者把这一切准备就绪，上呈 1989 年新上任的国务大臣时，国务大臣竟把这些从公开发行的计划中撤出。不过，由于教师们的强烈要求，这些材料被逐渐以活页"非正式出版物"的形式专供他们参阅，同时还附有一条"健康提示"性质的声明："应政府大臣和教育科学部官员要求，全国语言课程设置委员会（LINC：Language in the National Curriculum）将这些材料仅提供给教师作培训使用。"（1991）尽管如此，还是有大约三万份材料通过培训以及与英国广播公司（BBC）合作的节目得以传播和使用。

从《全国语言课程设置读本》的培训材料中节选的下列段落可以用作例子，从两方面说明语言学家、英语专家和政府之间的斗争。工作组相信，他们拥有阐释和调整金曼模式（Kingman model）的自由，也能够公开在政府的政策文件中表述他们与国务大臣和保守党就课堂教学（"课堂分析"与"传输式方法"）的必要性问题的不同意见。我们几乎可以把前言看作是不同政见的宣言：

全国语言课程设置工作组在做小学和中学阶段的课程设置时，遵循以下语言知识（KAL：Knowledge About Language）的主要原则：

1. 决不重蹈结构主义、脱离语境进行课堂语言分析的覆辙，也不使用支撑这一教学模式的有缺陷的教学法。

2. 语言学习应该以学生能够做到的为起点，以学生语言方面的正面经验为起点，以所有学生都拥有的大量隐性语言知识的素材为起点。

3. 一般情况下，语言实践积累的丰富经验应该是对语言**有意识的**反思和分析的先导。语言研究能够影响语言实践，但学习有关语言的知识与学习怎样使用语言之间的相互关系不是线性的，而是回环式的、周期性的、互相提供信息的关系。

4. 提供语言态度的根源、语言的使用与误用以及如何运用语言操纵或限制某人等方面的明确信息，能够使学生**获得**看透语言的**能力**，了解语言如何调整修正信息、编码意识形态的方式。

5. 在合适的情况下，元语言 (metalanguage) 应该被引入教学，用于帮助讨论和思考语言。而且，应该允许学生在需要时、在特定的语境中接触和使用专业术语。

6. 语言知识的教学方法论应该能够促进体验性的、探索性的和反思性的语言接触；传输式的教学方法一般来说不适合学校的语言学习。

一位国务大臣曾经强烈批评创新教师理论的培训者所讲的"时髦理论"，不过或许那时候他还没有对此伤透脑筋，但他很快就获知：

全国语言课程设置工作组将金曼的语言模式重新组合，旨在强调《金曼报告》的第三、四部分——语言发展和语言变异，从而比金曼更加强调不同社会、不同文化背景之下的**语言变异**。事实上，对语言变异的关注是全国语言课程设置项目的指导原则和潜在动机。

对社会、文化和文本变异的考虑并不排斥对语言形式（包含在金曼语言模式的第一部分中）的关注。但是，这些语言形式不能孤立地进行考察，而应该结合其功能变异来研究。

全国语言课程设置工作组的语言研究方法受到功能语言学理论的影响。在将近 30 年的时间里，此理论的主要倡导者是迈克尔·韩礼德（Michael Halliday）教授，全国语言课程设置提出的模式很大程度上受益于韩礼德的研究……

功能语言学理论是对 70 年代语言发展方面主流理论的自然补充，这些理论主要由詹姆斯·布里顿（James Britton）教授和其他遵循类似研究原则的语言学专家发展而来……在《布洛克报告》中得到了集中体现。

《全国语言课程设置读本》援引了那些在"时髦的 60 年代"作研究的

专家们——特别是劳勒博士和马仁邦博士——的观点和研究成果，这些观点被那些试图改革英国教育的压力团体和个人所厌弃，加之工作组拒绝重点关注标准语言的形式问题，读本内容不为时任的国务大臣所接受也在情理之中了。

全国课程设置政令

《金曼报告》之后，英国政府颁布了全国（英语）课程设置政令，其制定时间比数学课程设置和科学课程设置晚了一年，之所以推迟是为了给曼彻斯特大学布莱恩·考克斯（Brian Cox）教授所领导的一个委员会编写报告争取时间（Cox，1989）。布莱恩·考克斯教授是《1969—1970年黑皮书》（*the 1969 and 1970 Black Papers*）[1]的作者之一，也是20世纪80年代最具影响力的保守教育政策制定组的成员之一。语言学家和教育家们对考克斯委员会的报告在总体上是肯定的。这份报告受欢迎的原因是多方面的，最主要的一个原因可能是课程设置在其中被表述为可供教师阐释的建议，而不是不给他们操作自由的指令。从考克斯后来的评述中可以断定这并非当时政府官员们的本意。据说，考克斯觉得贝克先生[2]非常不喜欢该报告。贝克先生想要的是一份简短的报告，重点强调语法、拼写和标点，便于父母们阅读（考克斯和他的团队更希望通过报告友善地游说教育界执行其建议）。其他部长对这份报告也同样不满。委员会坚持认为儿童的方言应该被尊重，其中一位部长觉得这一点"令人讨厌"。撒切尔夫人本人表面上只对报告其中的一处不满意，要求做出改动：在写作部分的"应会"目标中，考克斯原来写的是"在合适时使用标准英语"，首相要求删除"在合适时"。

考克斯委员会报告中的建议被加进了官方的全国英语课程设置。1992年，对其中的一些内容，有人提出了改动的建议，国务大臣为此召集了一次评审会，特别征集关于标准英语的"意见"：

> 更强调词汇……（和）能够吐词清晰的讲话的重要性……
>
> ……小说阅读课程的学习在于是否对关键的第三阶段和第四阶

1　黑皮书是一系列关于教育的宣传册。之所以称为"黑皮书"，是为了与政府的"白皮书"相对，表达与当时英国现行教育体系不一致的观点。

2　此处的"贝克先生"是指肯尼斯·贝克，时任英国保守党的教育与科学部部长。

段设计得当，从而确保对小说这一重要的文学传统进行研读：例如，确定一批精简的 20 世纪以前的重点作家名单，要求包含他们作品的选段。

重视基本写作技巧、语法知识和拼写是新右派用来强烈表达其主张的议题。

1993 年 4 月，"英语政令"的修改稿面世。这一修改稿接受了很多新右派的批评意见，使得课程设置朝着 20 世纪 80 年代保守派中思想更激进的人士所期望的方向发展。然而，接下来的正式磋商发生在全国课程设置委员会任命了新主席荣·迪林爵士（Sir Ron Dearing）的背景之下，新任命的目的是为了缓和教育界的不满和修改所有的全国课程设置政令。因此，1993 年政令事实上并未得到实施，就被 1994 年政令取而代之了。

1990 年和 1993 年的政令版本都比以往的更加"政治化"：更换文学作品选文以强化传统的文学"经典"；很大程度上坚持传统的语法和语言学习方法；强调正确性而不是想象力；加强标准英语的地位；基本不支持方言的教学，完全不扶持弱势语言的语言维持。政治干预导致了 1993 年的修订，其干预程度之深可以从布莱恩·考克斯教授的批评之激烈中窥见一斑——他在 1993 年的一个电视节目中猛烈抨击了全国课程设置委员会及其主席（一位"石油公司的高管"）、国务大臣和整个保守党。

从教育语言学委员会（CLIE，属于英国应用语言学学会 [BAAL] 和大不列颠语言学学会 [LAGB] 的共建机构）分析 1993 年政令的节选内容中可以看出，语言学家对 1993 年政令中对考克斯报告的改变十分担心，他们认定，这一政令将很难执行：

1. 修订远远偏离了其计划研究目标……跟考克斯报告不一样，它在结构和内容上缺少明确的根据。

2. 由于删除或大幅削减了有关语言、媒体研究、戏剧、信息技术等知识的内容，且未能认识到我们社会中多语言、多文化的一面，该次修订版提供的是一个狭隘的、贫乏的课程设置。

……

4. 由于在应会目标 3（写作）中增加了拼写和书法，现行课程设置的结构遭到破坏，使得这些技能在评价儿童写作成绩中被赋予了过大的权重。

5. 要求教师教学生从五岁开始说标准英语，并在第一关键阶段(7岁)结束时以标准英语的规范评价他们的口头语言。这意味着小学生在他们能够流利阅读和书写之前就被要求说标准英语，但是对那些在家说非标准英语的儿童来说，掌握标准英语语体的最佳方式是大量阅读和写作。

……

7. (ii) 在第一关键阶段结束时说标准英语的要求并没有考虑到那些来自不使用或不接受标准英语的家庭和社区的学生在采用一种不同语体时所遇到的困难。(Perera, 1993: 25)

1994 年，全国课程设置委员会与学校考试和评价专家委员会（Schools Examinations and Assessment Authority）合并为学校课程设置和评价专家委员会（SCAA: Schools Curriculum and Assessment Authority）并产生了新的领导尼古拉斯·泰特（Nicholas Tate）。在接受全面评价的情况下，催生了 1994 年 3 月的修改建议初稿和 1994 年 10 月的最终版本。终稿在 1994 年 11 月被国务大臣接受，并被期望在五年之内不再调整课程设置。这一版本（NCO，1994）弱化或删除了许多有争议的内容，甚至是 1993 年政令版本——这一版本经协商已在此前出版——中的内容。例如，在论及标准英语时，1993 年政令在开篇时写道：

2. 英语作为政府、商业、各行各业和大众交流的语言的重要性意味着，为了能够自信地参加公众活动、文化生活和工作，所有学生都需要能够流利、准确地说、写和读标准英语。

在下面对标准英语的定义中，谈到了其他方言：

英格兰及威尔士方言和语言的丰富性能够增加学生的语言知识，增强他们的语言领悟力。我们的目标应该是让年轻人获取在场合需要时能够使用标准英语的能力——不管是书面表达，还是听与说。有必要鼓励学生提高其口头和书面表达的技能：让他们的语言"适合"场景。

1994 年政令进一步修改了这一条：

2. 为了能够自信地参加公众活动、文化生活和工作，所有学生都需要能够流利、准确地说、写和读标准英语。因此，所有学生都应有权享有充分机会帮助他们发展使用标准英语的能力。方言和语言的丰富性能够大幅增加学生的标准英语知识，增强他们对标准英语的领悟力。适当情况下，应鼓励学生运用其他语言的领悟力和技能帮助其学习英语。

尽管前后的变化对于未涉身其中的人而言可能是隐微的，但对于相关者而言，这样的变动是有意义的：没有提及"商业"和"获取"；使用了诸如"有权享有"这样的词汇；把"增加"改为了"大幅增加"；修改后的整体结构意味着 1994 年政令更易于在一段时期内被接受。事实上，教师对于考试的抵制活动终于在 1995 年 1 月由工会正式取消。

意识形态作为语言政策的动机

无论是全国课程设置，还是其被采纳与否以及具体内容背后的政治谋略，其根源都是一种政治意识形态，一种在政府目标中给予明确阐述和公开表达的政治意识形态。就语言而言，其目标是确保教授所有儿童标准英语，同时把他们的社会方言或英语以外的其他语言排除在主流教育之外。因此，总体的动机是贯彻其政治谋略，旨在建立某一特定类型的社会。和其他任何意识形态一样，该观点的持有者忽视了其他的观点。故意置之不理的两个具体观念是：第一，语言多样性及其适合使用的语域的问题；第二，语言的学和教在教育中的作用——尽管第二个问题可能是出于不知道如何用适合年轻人的教育方式去呈现课程设置的政治目标。

本章所讨论的政治家与语言学家的观点分歧至少可以归结为三个方面。首先，双方对语言事实的掌握程度存在差异，如什么是标准英语，什么是语法，什么是方言。其次，双方的差别进一步表现在其展示的情感（某些时候甚至是激情）上。通常而言，学院派的语言学家力求不为感情所左右（尽管许多语言学家和学者在热烈的争论中很快就不再冷静），而政治家则会故意煽动情绪。再次，差异在于双方各自对政治干预的认可程度。大多数学院派的语言学家乐于让教师作决策，而政治家通常喜欢对教育管理部门直接发号施令，有时甚至因此变成政治控制欲超强的怪物。

鉴于这些态度上的极大差异，语言学家和政治家之间出现冲突不足为奇。政治家们似乎为完全不知语言多样性和标准语言的性质而感到自豪。在这段英国教育史里，政治家们对语言问题进行直接干预这一行为意味着，尽管教育中的语言政策是前一意识形态目标的简单后果，但是其动机看起来则是建立在故意对问题的许多相关知识置若罔闻的基础之上。我们不能仅仅批评参与这场聋人对话的政治家：他们的对手也同样执意忽视正常选举产生的政府的观点，忽略他们的理由，或者无视政治生活的事实。

若拥有更多英语方言方面的知识，既包括地区方言，也包括社会方言，就有可能防止下述观念的流行——正是英格兰南部的英语被强加在约克郡和苏格兰儿童的身上。若拥有更多英语社会方言的知识，就可能不会误认为中产阶级正试图把其讲话方式强加于工人阶级身上。若更深切地认识到伯恩斯坦（Bernstein）所说的中产阶级的复杂语码不能脱离相伴相生的社会观念而抽象地被教授这一事实，那就可能不会误认为其目标是强迫出身贫寒的少儿用标准发音（Received Pronunciation）表达自我从而接纳右翼意识形态。的确，若更多地了解学龄儿童的能力、背景和出生地的实际范围，就可能不会误认为伦敦的政策制定者有意阻止许多儿童获得能力提升和取得进步。事实上，直到开始使用赢得权利的语言这一说法时，直到标准英语的教学被宣传为帮助儿童获取包括就业在内的社会优势时，政府才开始赢得部分支持率。

无论是支持者还是反对者，双方都表现了同样程度的无知。很显然，作为本行业代表的语言学家和教师也不是站在能代表行业内部一致的、经过论证的立场上。例如，教育语言学委员会从众多行业协会中选拔了代表，主要关注"英语和语言教学尽可能多的方方面面"。然而，教育语言学委员会未能成功地团结整个行业，教英语的老师、把英语作为第二语言进行教授的老师、教母语的老师以及教外国语言的老师之间经常互相误解。英国语言和语言学领域的特征是协会和利益群体过多，它们之间因缺乏一贯的语言观而无法联合起来，因此不可能提出内在统一的英国语言政策。20 世纪 80 年代后期的情况直接同内在统一的澳大利亚语言行业与压力团体形成了鲜明的对比。澳大利亚语言行业与压力团体的共同行动、对政治环境的明确领悟以及陈述问题的一致的方式，最终促成了 1987 年的澳大利亚国家语言法案的出台。

在英国，全国课程设置的研制通常在没有大量专家（此次事件中也包括语言学家）参与的情况下就向前推进，在许多领域只是听命于内部施压集团、顾问和一些很有主见的个人，在当时行业争端的背景下遭到愤怒的教师队伍的强烈反对。十分明显，建设性的争议和辩论从未出现，有时取而代之的是肆意的漠视。这一点在英语提案中尤其明显，该提案包含了双语儿童的章节（例如：Cox，1989），但却遭到一些教育家的攻击，指责其没有提供"移民"语言维持方面的政策提案。然而，这既不是考克斯委员会的目的，也不是他们的职责范围。与此类似，《全国英语课程设置读本》的材料只字不提外国语言的学习，而它对"传输式的教学方法不适用"的坚持却与外语学习的需求明显矛盾。即使在多元语言主义（multilingualism）的章节，也没有理解语言维持和外国语学习的关系——语言维持主要建立在已经会讲的语言的知识之上，而外国语学习需要习得所有东西。全国外语课程设置政令也同样忽视了英语课程设置政令，表现在诸如理解方言的存在问题上，或表现在希望系统理解外国社会的问题上。

作为语言规划的动机，意识形态并未因此成为盲目追求教育信条的政治家们的特权。可以肯定的是，20 世纪 80 年代初，保守教育思想家的意识形态、观念和价值观让他们无法看到对语言特性全面、准确的描绘，也无视语言变体的范围及其社会功能。但是，类似的意识形态偏见也意味着许多教育家和语言学家还没做好准备去接受不同于自己观点的、对语言的社会作用的认识。无视社会凝聚力的问题以及单一语言对此的重要性，偏颇地认为唯有认可多样性才能保证社会群体和少数族群的尊严得到充分承认，这些无疑会导致学术界固守"多元文化主义氛围中才能培养儿童的个体创造力"这一观念而不接受其他任何观念。此外，意识形态的先入之见也局限了那些只关注某一议题的活动家，使他们倾向于忽视并责难或许更适合不同任务的学习方法。

第三章　形象

　　英国文化委员会（British Council）和美国政府为推动英语作为国际交流的手段做出了种种努力，这些在很多文献上都留下了记录（Phillipson，1992；Ager，1996b）。而法国的海外文化推广政策之一则是结合当地利益建立网上学校和网络（语言）课程，这一网络和法语联盟（Alliance Francaise）的巴黎分部保持联系，受到法国政府的大力资助（Ager，1999）。这类举措可以被看作是正面的，纯粹是文化援助和文化外交的一部分（日本外务省，1999），但也可以被视为负面的殖民主义的表现或者更糟（Phillipson，1992）。文化外交经常包括此类语言政策，其目的旨在构建和管理国家形象，以确保本国的历史、传统、文化产品、宗教以及礼仪习俗受到其他国家的好评。这一动机本身无可厚非，事实上，欧洲文化合作联合会（European Convention on Cultural Cooperation）要求各国扶持本国在其他成员国的语言和文化项目，同时承诺对他国在自己领土上的此类活动提供便利。虽然如此[1]，政府的此类文化推广行为总是似乎在寻求经济、商业、外交和文化方面的利益。

　　在本土之外推广英语与推广其他语言不同。英语在各个领域的国际交流中被广泛使用并占主导地位，尤其是在体育和金融领域，以至于英美两国可以靠海外英语教学赚钱，而其他国家则要自己掏腰包鼓励讲其他语言的人来学习他们的语言。莱廷（Laitin，1997：288）曾经一针见血地指出："人们愿意自己支付高额的成本去学习英语，但要想让他们学法语或德语则必须给他们点甜头。经济账之天平的偏向早已注定。"遗憾的是，（英美国家）新闻业的沙文主义者们论及此话题时，不时表露出对学英语的外国佬[2]的同情，而对其他各国政府为在国际范围内保护或支持本国语言做出的努力则表示鄙夷，同时还暗自庆幸英语目前的绝对优越地位。此类恐外心态和有其他语言背景的决策者的思想相去不远，后者一方面谴责英语支持者那种高人一等的态度，另一方面却寻找各种理由为本国语言的传播开

1　指看起来这些国家的海外文化推广是公益性的、互利互惠的。

2　原文是 Johnny Foreigner，直译过来是"外国人强尼"，（尤指英国人）用此语调侃学英语的外国人。

道，比如认为本族语相对于英语有不可否认的内在优越性，而且本族语作为国际交流媒介语言拥有不容置疑的经济或者文化优势，抑或认为本族语较之表达贫乏的英语通用语表意更加丰富、表述更加精细。

我们首先要研究的两个案例是德语和日语，尤其是这两种语言在最近十年左右的情况。1939—1945 年间的战争距离现在已经十分久远了，1945 年战败之后想要改善国家形象的动机可能在当年对德日两个国家来说非常重要，但现在早已为其他考虑所取代。两国当前的做法是怎样的？他们现在如何看待文化外交和语言政策？本章的第三个案例将考察欧盟在创建过程中制定的语言政策的相关方面。这个案例中，既然欧盟是正在兴建中的新的政治实体（political entity），它制定的政策至少表面上应该获得人们认可，并确保非欧洲人对欧盟留有良好的印象。那么欧盟究竟制定了怎样的文化政策？这些政策又是怎么体现出"欧洲化"的？

语言传播：以德语为例

德语不仅只是一个国家的语言。它既是德国、奥地利、列支敦士登（Liechtenstein）的官方语言，也是瑞士和卢森堡的官方语言之一，同时还是比利时和意大利的地区语言之一。此外，在法国的某些地区、东欧（尤其是匈牙利和罗马尼亚）以及诸如巴西、阿根廷、美国这样的移民国家，德语也被一些获得认可的少数族群广泛使用。作为一种多中心的语言（pluricentric language），德语不存在单一文化中心，其历史、象征性意义和实际应用价值在不同国家有很大差异（Ammon, 1945）。在纳粹当权期间，语言政策在德国是德意志帝国身份塑造的核心部分，同仇外的国家社会主义（National Socialism）紧密联系，随着帝国的扩张在海外大力推行。最明显的表现是在此期间的语言改革，此项改革以消除借用的外来词汇、保证使用"本族"语为目的，改革的对象既包括印刷品又包括手写稿。1945 年之后很长一段时间，在德国之外的国家使用德语都会遭人憎恶，尤其是在此前德语流行的东欧和中欧地区，因为德语象征着纳粹主宰欧洲的政策。后来由于政治原因，这种憎恶情绪有所缓和，因为同样使用德语的东德在政治上来讲是位于"铁幕"（Iron Curtain）[1] 之内的，所以不能把德语作

1　"铁幕"一词来自 1964 年英国前首相丘吉尔的《铁幕演说》："从波罗的海边的斯德丁（什切青）到亚得里亚海边的里雅斯特，一幅横贯欧洲大陆的铁幕已经拉下。这张铁幕后面坐落着所有中欧、东欧古老国家的首都……这些著名的都市和周围的人口全都位于苏联势力范围之内……"

为西方帝国主义的象征而一概加以排斥。俄语一度被极力推行，想要填补空缺而成为替代德语的"官方"语言和教育语言，但很快也因类似原因受到排斥。德语并非联合国官方语言。在很长一段时间里，对语言政策不作优先考虑，而东德则略微重视一些。自 20 世纪 50 年代末起，尤其是 1990 年东西德统一之后，其他国家对会被德国政治（而非经济）占领的担心逐渐消退。德国官方在海外推行德语所花费的金钱相当可观。通过比较不同语种的投资力度可以在一定程度上理解这一花费的实质：英国文化委员会18 个月内在东欧支出 600 万美元以推广英语，西班牙政府每年在全球范围内斥资 7000 万美元以推广西班牙语，1992 年德国政府单是在中欧、东欧和东南欧就花费了 2200 万美元（Clyne，1995：11）以推广德语。

歌德学院（Goethe Institut）是西德在海外推广德语的主要渠道："旨在推广德语、促进国际文化合作。"与英国文化委员会类似，该学院除了担负文化使节的角色之外，还直接承担语言教学任务，负责聘请教师、课程管理员和课程规划师。从形式上看，这个在 76 个国家拥有 135 家分支机构的组织是独立的、非营利的。学院的办公室得到政府的大力资助，从而成为书籍、光盘、音频资料和电脑软件的储备站，而所有的活动一般都是免费的。

在学界同样广为人知的是德意志学术交流中心（DAAD：Deutscher Akademischer Austauschdienst），它同样鼓励从事德语工作和广义德国研究的人员进行学术交流。德意志学术交流中心挑选了 500 名讲师在各院校工作，在某些国家还为这些人提供薪金补助，使他们的收入能达到德国学术体系（German academic system）的正常水平。这两个机构紧跟德国政府工作重点的步伐变化，比如在 1990 年后都将资源转向了中欧和东欧。除了这些官方组织之外，大众基金会（Volkswagen Foundation）和其他私人组织也长期为与德国相关的海外文化活动提供资金及其他帮助。1990 年，一所大型德国研究院在英国伯明翰成立，其目的就是推进该地区的德国研究。

德国政府的海外德语政策不仅只是文化外交和善意援助工作。事实上，德语受到很多政府部门的政治保护和支持。形式上包括我们所见到的在文化领域举办的特殊活动，同时也包括一些旨在确保大家记住德语在欧洲各机构中官方语言地位的象征性举措。1994 年，法国曾试图限制各欧洲组织的工作语言。对此，德国联邦参议院（Bundesrat）马上做出反应，号召众位部长努力保障德语的持续优势地位，甚至建议欧盟扩大后只采用三种工作语言：英语、法语和德语。（关于联邦参议院对德语长期的支持作用，参见 Quell，1997：74）来自议会的此类压力一直在德国政府中占重要地位：1999 年 7 月各国工业部部长在芬兰的奥卢（Oulu）举行非正式峰会，讨论欧洲的高科技问题。这是芬兰人接任欧盟轮值主席后召开的第一次会议，但遭到了德国工业部部长和奥地利工业部部长的联合抵制，原因在于德语被排除在本次会议的工作语言之外。德奥两国采取这样的态度，可能是受到法国坚持要求欧洲各机构使用法语一事的触动，并且这种希望德语成为欧洲组织工作语言的愿望，随着欧盟新成员的不断加入和位于布鲁塞尔的欧盟行政机构的扩大而日益强化。当然，德国的做法无论如何也比不上法国政府的张狂。尽管如此，德国人还是继续坚持着这样的态度（以期能改变自己本族语的地位）。

德国正积极地建构并维系良好的海外形象，德国民众也对此普遍认可并努力响应。1990 年之后，虽然政府的关注点转移到了两大新工作重点上，即前东德及德裔回归移民（Aussiedler）融入新德国和欧盟的建立问题，但支持文化交流、促进世界理解德语语言和德国文化思想依然是德国的一项相当重要的政策。虽然各个讲德语的国家之间有不少非正式的接触，也做了一些加强联合行动的尝试，比如最近比较引人注意的是关于改革德语拼写的提议（Clyne，1995：180—185），但没有哪个核心语言机构有足够的权威来制定德语的语言政策，也不能为德语在非德语国家的传播提供国际支持。或许正是由于德语的多中心特质，德国想要树立一个自己中意的海外形象并非易事。

这样看来，德语究竟面临怎样的境况？对世界来说，它可能扮演三个不同角色：作为德语国家的象征；作为一种国际交流的语言；作为一种文化的语言。最后一个角色对于任何语言来说都很重要，尽管德语文学无疑很有价值，但我们无意在此衡量它对于人类的内在价值。到目前为止，第一语言为德语的欧盟公民人数最多，大大超过 6000 万说英语或法语的人。德语曾经是从巴尔干到波罗的海整个东欧地区学校主要教授的第一外语，但这样的主导地位无疑从 1945 年后就逐渐式微，1990 年东欧剧变[1]之后，德语的主导地位逐渐被英语取代。作为一种国际交流语言，德语为很多使用其他语言的言说者起着重要的媒介作用。对于荷兰人来说尤其如此——在荷兰和比利时之外的人对荷兰语知之甚少；在中欧也一样，那里说匈牙

---

1 原文为"东欧共产主义政权变更"，此处翻译沿用中国国内常见说法。

利语的人因交流需要必须学习其他语言。因此，德语是相当重要的通用语，至少它具备这样的潜质，并且，由于德国现在是欧盟主要的经济和金融马达，德语甚至会发挥更大的重要作用。但或许已经太晚了，因为英语和美语已经成为国际交流的主要语言。

日语的海外传播

日本人对自己的语言有时候似乎既感到自豪也感到惊讶。从古至今，该语言都被认为远胜其他的人类交流方式，但同时，除了纯日本血统者以外，其他人又似乎不可能学会，只能对它的美感、复杂性、精妙及魅力略知一二。16 世纪，当欧洲人第一次接触到日语的书写文字时，他们的第一反应是认同其复杂性但不觉得它有魅力，反而认为日语是魔鬼创造出来以抵制基督教传播的。从 1639 年到 1853 年，日本向外国人关闭国门，与这一举措并行的是一道禁止日本人出国旅行的政令。闭国守岛是日本对外界做出的反应。1853 年之后，日本不仅赶上了西方，在很多人看来，甚至和西方同样"先进"了。日本也变成了殖民宗主国，占领了朝鲜半岛；同时快速实现向工业国家的转型，为后来成为世界第二大经济体奠定了基础。政治上，它开始要求在世界民族之林中占一席之地，起初想要修改之前被迫同其他国家签订的不平等条约，后来又通过军事占领控制了大部分太平洋沿岸地区（Pacific Rim）。如今的世界各地，当地人能越来越多地见到日本游客和日本旅游团。日本人积极走出国门，加上日本以出口为导向、依赖制造业的经济格局，日本军人的海外执勤，以及日本人对其他民族更多的了解，使得孤立与国际化的双重传统在日本一直处于核心地位。尽管日本的产品远销海外，但日本这个国家还没有进入国际旅游路线，学日语、懂日语的人群并不广泛，该国的外交家也不是重要的国际人物，这个国家仍显得偏远，这个民族仍显得孤寂。

在日本，有关书面语的语言政策至今仍带有民族主义、保守主义的观点，这些观点试图保留日语复杂的两套音节表（假名）、越来越多的汉语表意文字（汉字，这些文字一般对应一种以上的日语发音）、拼音文字（即罗马字）以及数量渐增的西方外来词（比如英语词汇，大都只用罗马字拼写）。追求效率的反对势力则希望直接用罗马字代替复杂的日文体系以缓解文字给教育和工业发展带来的困局，虽然这种改革在第二次世界大战后差点就实现了，但现在看来已不可能。这一军国主义与民主体制、现代

化与保守主义之间的论战自 1868 年起就在各个领域掀起风暴，波及各种
政策的制定、对政府职责和行政机构作用的界定以及日本的书法传统，在
此，我们无意探讨其间的复杂性和政治性（但可参见 Gottlieb，1995）。正
是 1945 年日本战败并被占领[1] 及此后的经济崛起和走向国际化的需要，使
得关于语言态度为日本国际地位带来的后果的争论更加激烈。到 1970 年，
日本的国民生产总值使其成为世界第二大经济体，同年，大阪举行了旨
在展示日本经济发展成就的世界博览会。但从国际角度来看，日本资历尚
浅，需要借助美国的保护来躲避无情的冷战，所以当美国承认中国的地位
并对日本产品征收进口关税时，日本感到震惊，因为美国并未事先知会日
本。[2] 日本感到需要拓宽国际交往，同时告诉世界，日本能提供的不仅只有
资金、汽车和电脑。

　　1973 年的石油危机意味着此后的十年间，日本无论如何也达不到
1972 年的产出水平。而十年后的日本，对不稳定的中东地区和重工业的
依赖都明显减少。到 90 年代，日本官方已经更加清楚地认识到，世界
不仅只由可供开发的市场组成，日本本身能够通过增进他国对日本文明
和语言的理解而受益。"日本人不由自主地关注其他国家对自己的认识。
随着日本经济和社会的成熟发展，'国际化'成为很多人追求的迷梦。"
(Reischauer & Jansen，1995：37) 1999 年日本外务省出版了一本书，前言
部分有助于我们在其追求更大程度国际化的基本政策中捕捉到这种感情：

　　　　之所以选择"国际贡献"作为本书的主题，是因为随着日本在国
　　际社会中的地位日益重要，日本对国际社会的贡献受到日本和其他国
　　家越来越多的关注。我们经常听到类似"日本只出钱不出人"或者"日
　　本的国际贡献没有总体原则"的批评之声。
　　　　——外务省海外公共关系处（Overseas Public Relations Division）
　　　　处长 Nimi Jun（参见日本外务省，1999：6）

　　这本书的要旨一方面在于阐明日本对其他国家提供的援助以正视听，

1　第二次世界大战之后，根据协议，由美国全权负责日本的重建。自 1945 年 9 月 2 日到 1946 年 12 月
31 日，这段时期在日本被看作是美军占领期。

2　指 1971 年，美国派基辛格秘密访华，改善中美关系，却让一直对中国采取强硬政策的日本政府大为
尴尬。同年 8 月，美国发布新的经济政策，宣布对一切外国进口商品征收 10% 的附加税，并停止把美元
自由兑换成黄金。这一举措使日本经济受到严重冲击。

另一方面试图向日本民众以及外国人揭示日本的国际贡献的性质及其必要性。像其他国家一样，这样的做法仍可客观地描绘为自我中心的行为：

> 作为一个有着巨大经济潜力的国家，日本不可能无视国际社会或是希望独自繁荣。国际社会对日本的要求是更加积极地引领国际事务、采取负责的行为支持和帮助国际社会解决面临的诸多问题。这会在全球范围内结交更多的朋友，他们能够理解和支持日本的思维方式，最终会有利于日本自己的民族利益，即日本人民的福祉。（日本外务省，1999：103）

据这本书所载，日本的国际贡献并不小：1996 年，日本提供的海外发展援助为 94.39 亿美元，是单个国家中提供援助数额最大的，并且此前已经连续六年处于贡献最大的地位。但必须看到，其中很大比例（58.6%）属于日元贷款而非无偿的支援，而日本的自由信贷利率是 81.4%，远高于法国（50.9%）、英国（45.8%）和美国（37.4%），只达到国民生产总值的 0.2% 而不是国际通行的 0.7% 的目标。

日本目前的宪法一直没有任何变化，还是 1946 年由美国占领军强制实施的那个版本。该宪法的目的在于确保日本永不再尝试通过侵略性的军国主义政策建立"大东亚共荣圈"。由于被占领和此后的一系列事件，日本的政治家们对内专注发展经济、对外和美国保持外交与经济关系，以至于在外交政策上几乎不考虑美国之外的其他国家。日本只采取了非常谨慎的外交开拓政策，尤其是在亚洲。也许正是这个原因，日本的青年对自己国家的历史相当无知：日本的学校从不谈论日本在南京、伪满洲国扮演的角色，也不解释广岛和长崎为什么会被投原子弹。日韩虽然正式建交，但关系却一直并不友好。有时，日本游客为自己在亚洲旅行时受到的冷遇感到震惊，因为他们不知道日本在 20 世纪 40 年代早期那场战争中的行为是何种性质、有何影响。同样的原因使得日本年轻人与其他国家的同龄人之间的交流非常有限，在美国只有 4 万日本学生，只有极少数的日裔与非日裔人口通婚，在日本的外国游客或留学生数量很少。尽管日本政府也有推动海外日语学习项目的计划，但这项计划在活跃程度及支持力度上和"日本交换与教学项目"（JET：Japan Exchange and Teaching Programme）无法比肩，后者旨在邀请年轻人到日本去做英语教师。

造成这种局面的原因可能是日本的二战战败经历以及后来取得巨大成

功的国家经济发展至上的政策。但这背后隐含的心态则植根于日本的历史（Cortazzi，1993）。日本有很多流行的说法：毒品、艾滋病、非法甚至合法移民都被认为是外国的疾病。吃肉、喝牛奶长大的外国人和鱼米养大的日本人在身体味道方面不同（尽管这对于年轻一代而言已不准确，因为他们和其他国家的年轻人一样喜欢吃汉堡）。由于对他国普遍无知，总是感到要靠苦干和出口才能存活（因为日本本身自然资源相当有限），因此导致了日本人对其他国家及其公民缺乏信任甚至非常厌恶。在日本，外国人很少见；而生活在日本的异乡人（多为韩裔），其中有些是战时作为强制劳工被迫来到日本的，其他则是雇员，大多受雇于日本公司。日本人对自己的生活方式、文化传统甚至饮食方式引以为傲，有时甚至到了诋毁其他国家文化产品的地步。和世界的其他地方一样，民族主义受到国民的支持，这从 1999 年石原慎太郎当选东京都知事可见一斑，尽管这次投票除了是对极端民族主义情绪的支持之外，也是一次对政治腐败的抗议。甚至在日常生活中，日本人普遍感觉只能和日本人谈论他者，因为世界上没有其他人在听日本人说话；即使其他人在听，他们也不能听懂"内部"事务。就连日本当代政界要员有时也显示出对他国的极度无知，或至少是在描绘他国时缺乏技巧，有时到了令人震惊的地步：

> 中曾根首相号召每个日本人至少购买 100 美元的外国产品（他破坏了自己对国际化做出的最大努力）。这一号召暗示美国人无论如何不可能在竞争中取得成功，因为日本人远比美国人受到更好的教育、更加有才智。他试图做出"解释"（但对美国人的侮辱更甚），说美国人本身智力并不低下，但人口中有这么多黑人、拉美裔和其他少数族裔，这就使得美国和单一民族的日本相比处于天然的不利境地。（Tames, 1993：215）

　　尽管如此，日本有一个旨在海外进行文化推广和语言传播的项目。前面提到的外务省的小册子默认了对这方面的需求，而日本官方也制订了改善国际关系的计划。日本国际交流基金会（Japan Foundation）是推行这一计划的主要执行者。基金会开展了一系列的活动，包括向海外输送日语教师、在各个层面上支持他国的日语学习活动、在国内外建立日语研究中心。1989 年在琦玉县浦和市建立了日本语言学院（Japanese Language Institute），作为很多国家日语教师的培训中心，1997 年另一家日本语言学院在大阪附近的关西成立。基金会每年向海外的个人和组织颁发各种奖项和特殊奖，作为对增进日本和他国相互理解的褒奖。1998 年的发奖名单选自 167 项提名：两个单项奖分别颁发给了一位美国荣誉退休的教授和一位日本作曲家；三项特殊奖分别发给了一位法国艺术顾问兼旅游组织者、釜山韩日文化交流协会（Pusan Korea-Japan Cultural Exchange Association）、三得利基金会（Suntory Foundation）。（《日本国际交流基金会简讯》，26：3）日本国际交流基金会成立于 1972 年，其使命是：

> 有效开展国际文化交流活动，借此推进世界文化发展和增进全人类的福祉，加深他国对日本的了解，增进国与国之间的互相理解，促进世界各国人民之间的友好亲善。（《日本国际交流基金会条例》第 1 条）

该基金以 50 亿日元的捐助款起家，截止到 1998 年，通过年度拨款、本金利息以及个人和团体捐赠的形式，基金的资金总额已达到 1062 亿日元。基金的活动包括日本研究、语言教育以及艺术、出版、运动、传媒及（广义上的）文化等方面的双向国际交流。日本国际交流基金会并非致力于此类活动的唯一机构。日本外务省本身也偶尔开展一些活动，如组织欧洲 18—32 岁的青年参加随笔写作比赛，获胜者有机会到日本参观学习，例如，1999 年 4 月比赛的主题是"日英关系：如何进一步发展完善？"此外，像大和基金（Daiwa Foundation）这样的民间组织也会向一些学术机构提供资助来推进日本研究。

但总体来看，日本官方鼓励研究日本和日语的政策相对谨慎保守而非积极大胆。日本希望在海外塑造的自我形象似乎更多是基于插花、书法之类无争议的艺术。外务省 1999 年所撰的小册子里呈现的文化外交也是谨慎小心且有自谦倾向的，以至于文化外交的意图几乎看不出来：

> 海外人士观看了此类日本文化的演出和展览之后，大多会有正面评价，同时对日本更加熟悉。作为加强和他国友谊的方式，这样审慎但稳定的在海外介绍日本文化的活动应该继续。（日本外务省，1999：185）

这种自谦心态以及内省和外视杂混的心理没能逃过那些资深日本观察家的眼睛。有些评论家认为这样的考虑起因于日本对自我认同的永久关注：

和学校里教授外语的情形不无类似，没有足够多的有影响力的人关注此事（文化外交）。日本这个国家表面上看国际化程度惊人，但在国际大都市的光环之下却是一个孤立、内视的国度。这从根本上说是一个心理问题，也可能是当今日本人最重要的特点。(Reischauer & Jansen, 1995：394)

欧洲语言政策：官员的工作、关贸总协定与媒体、食品标签

欧洲一体化对不同的人有不同的含义。对于第二次世界大战后设计出欧洲层面联合行动这一想法的政治家来说，一体化的概念体现在两个层面：经济和政治。最实用的考虑是避免德国对法国支付战争赔款（战争赔款也是二战的根源之一），通过制定共同农业政策（Common Agricultural Policy）实现工业对农业支付补贴。与此相关的还有加强煤炭和钢铁业联合行动以及发展原子能的需要。而二战后一个相当高层次（但同样实际）的需要就是避免另一场法国和德国互相为敌的欧洲战争，这一目标要求两国在政治上联合。后来，建立一个欧洲组织以对抗美国这个实力渐增的工业和经济大国的愿望，以及对法国法郎和德国马克保持同步的需要导致了单一市场、欧盟以及共同货币的诞生。一些领导人——如戴高乐和阿登纳（Adenauer）、密特朗和科尔——之间私交甚好，他们的个人友谊也为这一进程奠定了坚固的基石。欧洲一体化最主要的动机是政治的而非文化的，是精英政治而非民主选择，是出于商业性质而非经济考虑。迄今，欧洲一体化实质是基于欧盟委员会的实行技术专家治国（technocratic）方式的行政化管理进程，其运作方式以法国的国家机器为原型，受益者主要是一些大规模农业综合企业、某些类型的工业以及金融业。民主机构建立的缓慢进程以及欧洲议会（European Parliament）的有限权力均足以说明目前欧洲一体化的侧重仍在以上提及的那些方面。

随着欧洲共同体（即现在的欧盟）的发展，形象问题成为阻碍欧洲一体化使各国公民日趋紧密的困难之一。如何向欧洲公民投射一个他们对此买账、对此理解和支持的形象？考虑到欧洲各民族不同的语言、历史和传统，如何能够让他们以一种可持续的方式更好地理解彼此？甚至只是在欧洲机构这个层面上，如何能够保证整个事业在应对 11 种官方语言（这当然意味着 110 组两种语言之间的翻译）的重负之下不被压垮？将来又如何

通过保障共同的语言学习，来继续帮助欧洲人民互相理解？是不是到了建构、打造或者修正欧洲形象的时候？共同的语言政策对此又会产生何种影响？对于一体化了的欧洲，尤其当它将要成为一个事实上的民族国家时，在多大程度上需要一门共同语言？两大多元文化的民主联邦模式（即美国和印度）在这个问题上又有多大适用性？起初，答案似乎是所有欧洲人需要一种共同语言，至少所有的行政机构首先需要一种共同语言。后来，欧盟的创建者似乎已经决定改善欧洲形象的最佳方式是保持语言多样性。设立单一欧洲语言的政策，如果这一语言不是英语的话，在实际操作中必然失败。如果这一语言政策专门倡议英语，肯定得不到说法语者的外交支持，而大多数其他人也最多对此表示礼貌性的赞同。如果这一政策只是继续此前法语的主导地位，显然不能满足北欧的需求，且只能导致欧洲在整个世界中被孤立起来。其他语言各有所长，但没有一种单一的语言能够解决这个问题。欧洲的语言政策主要针对欧盟内部而非外部事务，在一定程度上反思了三个问题：官员们应该使用哪种语言？如何在最大程度上保留欧洲的文化认同？如何解决安全和商务这些实际、简单又直接的问题？

官员的工作

1939—1945 年战争之后，在欧洲层面运作的大部分机构（后逐渐被认为是欧洲的机构）使用法语作为他们的管理语言和工作语言。然而，到了 1997 年，大多数机构面临着一个困境：除非他们只处理欧洲事务，否则，他们的外部联系通常都是用英语操作的。这不单单发生在与美国及其他英语国家打交道时，而且在与亚洲、远东以及近东、俄罗斯打交道时也是如此。即便他们只处理欧盟内部事务，由于每个国家的代表使用自己的本族语，这就有可能造成 110 组成对的语言之间的翻译，他们发现在这样的情况下基本不可能有效地工作。如果每个国际机构的工作人员都采纳 1998 年法国政府通告要求法国人采取的态度，也就是即便没有翻译也要用本族语表达意见，那么整个机构的工作可能已经完全瘫痪。

这些行政机构实际使用语言的情况吸引了众多学者前来研究，也受到各国政府的紧密关注。例如，每年都有一份法语全球处境年度报告提交给"法语国家国际组织指导委员会"（Haut Conseil de la Francophonie），委员会主席由法国总统担任。在 1995—1996 年度报告中提及了 1994 年的法国提案，当时为了在日益扩大的欧洲共同体中追求效率，法国提出把工作语

言从 11 种限制为 5 种。这项提案

　　引发了其他国家尖锐的回应，尤其是希腊、荷兰、丹麦和葡萄牙。1995 年 1 月 19 日欧洲议会通过了一项决议，强调"任何限制语言使用的提案只会拉大欧洲公民和欧洲机构之间的距离"。(Etat, 1995—1996：99)

法国很快放弃了这项提议，转而宣称对多元主义和语言多样化感兴趣。与此不无相似，当德国大使 1992 年在伦敦被问及德国政府对于德语作为工作语言的兴趣时，他立刻声明："我们并未寻求德语的这一地位。"（报道见 Quell，1997：72）。

　　奎尔（Quell，1997）调查了 1993 年 274 位欧盟委员会受训员工的工作语言选择和语言偏好情况。这项调查显示了这一群未来的欧盟官员在实际工作中使用各种语言的时间百分比：

表 3.1 语言使用的百分比

使用类型	英语	法语	德语	西班牙语	意大利语	丹麦语	希腊语	荷兰语	葡萄牙语
口头	47.1	38.3	5	3.2	2.9	1.3	0.3	1.1	0.8
对内书面	49.1	45.4	2.1	1.2	0.6	0.1	0.5	0.4	0.5
对外书面	54.6	35.4	4.8	1.2	1.7	0.6	0.5	0.4	0.4

（来源：Quell，1997：63）

　　这些数据在两方面令人吃惊：首先，虽然英语在欧盟对外交流中显然占主导地位，在对内交流时地位却明显低一些，尽管这些对内的书面交流应当在许多职能部门和不同理事会之间广泛使用。其次，其他语种也都被用作内部口头交流的语言。这在某种程度上可能是由于受调查者被要求不要提供他们使用的主要语言而是汇报他们使用的所有语言，而很多非正式交流显然是用受训人的本族语进行的。此外，在口头交流中，听者"界定明确且就在身边"，如果受训者会用听者的语言，该语言就会成为交流的首选。尽管这群受训者不会对欧盟委员会的语言政策有直接的影响，但奎尔还是在调查中询问了他们心中所期望的语言制度。这群人对双语方案

（two-language solution）（即英语和法语）的偏爱值得参考，尤其考虑到印度的语言状况已清楚地显示了国家行政机构对政策的影响力。这是受调查者中占 38% 的人所青睐的解决方案，下一种选择（有 24% 的人支持）是三语方案（tri-lingual solution），即英语、法语、德语，而倾向于只用英语的只有 17%。倾向选择英语的北欧人员和倾向选择法语的南欧人员之间有明显的分歧，不过值得注意的是，还有 18% 的人希望没有任何语言限制，愿意继续把所有的语言作为工作语言使用。

　　欧洲议会针对语言问题采取了不同的解决方法。在工作组中，英语和法语是常态工作语言，很少甚至完全不提供翻译。在辩论中，每位成员可以采用本族语，此时提供翻译（成本很高：11 种语言需要至少 33 名口译员，每三人一个口译工作间，这样还不能应对所有成对的语言之间的翻译）。但正是在议会中，发言者感到民族感情高涨、民族自豪感油然而生，这就要求语言使用的目标不仅要让别人听懂自己，也要最大限度地表达自我。其他的欧洲组织也得出了类似的结论。

　　总体而言，欧盟采取限制性语言政策的可能性很小，不太可能将工作语言的种类减至最少或者使用双语方案，就像上述欧盟委员会受训者所倾向选择的那样。毕竟，没有一个具有足够民主合法性的中央权力机制来强制执行类似美国或印度采用的语言政策。欧洲议会不是欧洲政府，欧盟委员会也不是一个有足够权力来充当主权国家政策制定者的欧洲行政机构。除非欧洲总理级峰会能够说服他们的国家更大程度地让权给欧盟委员会（实际上是说服他们自己这样做），直到那时，这一敏感问题才可能找到解决之道。同时，"市场的逻辑很清楚：英语已经成为欧盟的通用语。然而，出于政治原因，这一社会现实一直没有得到官方承认"（Laitin，1997：289）。至于官员们的工作问题，虽然法国一直认为任命一个说法语的欧盟委员会主席将会确保法语的主导地位，但工作环境的现实情况是：没有英语，官员们将不知所措。

关贸总协定和媒体

　　在乌拉圭回合谈判结束之前，也就是 1993 年 12 月之前，关贸总协定规范着国际商务交流活动。在此之后，总协定转变为世界贸易组织，其管理范围更广，旨在更加长久地促进自由贸易——按照最主要经济体美国的理解。正是在乌拉圭回合谈判期间产生了"文化产品例外"（cultural exclusion）这一概念。产生这种政策的原动力来自一些预见到自己前景黯淡的产业。美国电影制造业有一个巨大的国内市场，几乎每个电影制作商都能获取令人满意的利润。电视网络是影视产品贪婪的消费者，美国国内市场需要的影视材料数量之大足以使海量的影视产品能够收回制作成本，然后以最低价格向海外出口和销售。如果欧洲的电视网络和电影销售公司需要影视材料，那美国就有足够多的、价格相当低的产品供其选择。但无法回避的是，在欧洲国家制作类似或更高质量的产品需要很高的成本。销售网络的逻辑很简单，因此可以预见意大利、法国、德国、英国的电影产业面临不可逃避的毁灭命运。1993 年谈判提出的解决方案基于法国从美国进口产品的防卫性保护主义措施，允许继续补贴本国产品并将成品出口。文化产品被最终排除在完全自由贸易的条款之外。

　　虽然这并非一个专门的语言政策的实例，但"文化产品例外"这一概念自然受到欧洲国家语言及其相关文化的影响，并反过来对其产生影响。如果美国产品被买进来，即便加上了许多人反感的成本低廉的配音，美国的文化常模（cultural norm）也终将会取代欧洲的文化常模。文化的迪斯尼化（Disneyfication）会紧随食物的麦当劳化（Macdonaldisation）而来。由于小说的基本故事情节在很大程度上具有普适性，所以后果非常严重：牛仔电影在世界多数文化中都具有吸引力，以孩子为中心的星际大战幻想也是如此。正是由于廉价的美国电影产品既好又流行（而不是因为它不好），所以它对欧洲的差异和多样性造成了威胁。和其他商品一样，如果某一影视材料展示时用到的语言种类能够减少，成本就可以降低。统一和简化的压力很大，因而出口文化产品的全球性公司所采取的语言政策就是一切都用英语处理。它们的动机就是操纵英语的形象，使其能被接受：文化产品本身已经有足够的普适性去被接受。

　　欧洲在文化和语言政策方面想要保持多元和差异的动机源自复杂的考虑，其中有相当多的不安全感，甚至是恐惧，为除英语之外其他语言的未来担心，还有想要确保美式英语的负面形象以及与此相关的保障欧洲语言正面形象的愿望。问题多多，这其中一个不小的问题就是：英语本身也是一种欧洲语言，而这一事实偶尔会被评论家们忽视。此外还有明显的经济动机：很多国家都想极力支持一个有生命力的国内产业并培育其出口能力。在欧洲范围内，对欧洲形象的渴望要求这一形象有别于美国——如果欧洲真想建立自己的独立身份的话。欧洲在文化领域（包括语言）制定并推广一项形象政策的压力不仅来源于在欧洲大陆之外塑造和推介一个欧洲形象的需求，也来源于在所有欧洲国家打造和推广一个欧洲形象的需要。任何此类项目都有其难以克服的内在困难，若想获得支持，可能存在着不可逾越的障碍。法国总统希拉克在欧洲扩大问题中遭遇的挫折，以及他 2000 年提议法国和德国成立一个配备秘书处的内部小组来做出决策以代表"真正"的欧洲等等，都反映了这样的困难。

食品标签

欧洲一体化有一个全欧盟范围的农业和食品描述及标签政策，这也是欧洲一体化的目的之一。各方都认同的一套标签方式是进行跨国贸易、引入共同的市场和安全政策、成功打假反劣的前提条件。然而，让各食品制造商和加工商就食品标准及食品描述达成一致意见，这无疑是一件非常困难的事。在标准化进程的早期，法国和德国多多少少能够强加一些他们的意愿。在英国、丹麦和爱尔兰加入欧盟之后，很明显大家最多只能希望和谐相处，而一些非常基本的食品标签问题变成了难题。其中三个就是香肠、冰激凌和巧克力的认定问题。这些之所以会成为问题，是因为这些产品流通广泛，而不同国家的制作方法不尽相同，此外相关词汇可以很容易出现不同的翻译。全欧范围的食品政策的要求显然不同于某个国家对其国内市场精细分类的产品的要求。例如，长期以来，德国对啤酒的制造和储存都有严格的控制，如果德国的制造商被允许向欧洲的标准倾斜，德国民众会认为这会不可避免地影响啤酒的纯度和口味。最终的让步令人不安：由于越来越大的压力要求参照最低的共同标准，香肠、巧克力和冰激凌已经并将继续朝向缺乏个性的国际化产品发展。

一般来说，德国和法国采用严格的控制措施确保香肠由猪肉制成，而英国允许大量掺入谷类和其他原料的"东西"也可以使用这个名称。冰激凌可能最初实质上是冷冻奶油。但很久以前，英国就开始用蔬菜和非乳类固体制作冰激凌，原料中不包含奶油。法国和意大利谨慎地保护着"冷冻奶油"（frozen cream 和 créme glacée）的名称，用别的词汇（gelato 和 glace）命名那些不那么纯的产品，他们希望所有欧洲制造商都采用这种区分方式。巧克力也存在类似的问题：比利时生产的巧克力中可可颗粒的比例使巧克力的口味偏苦却很独特。在英国，可添加的物质包括固体牛乳颗粒、增甜剂及植物油脂，但最终的成品更受欢迎，口味和"真正的"巧克力非常不同。这并不奇怪，对于食品标签的争执让批量生产商和小规模的手工艺人处于对立面，其中涉及的传统主义者和保守主义者既包括那些不想改变自己食物的人，也包括那些认为批量生产意味着品质不佳的人，后者因此希望维持舒适的生活方式，这样的生活在当代社会只有精英能够负担得起。在这些争执中，可以看出语言政策不仅仅关乎语言本身。

国家形态的欧洲

站在韦伯[1]的角度，欧洲语言理性化的实例是否意味着欧洲已经接近成为一个自为的国家？毫无疑问，共同货币的发展、行政工作机制的趋同、欧洲企业和机构的建立、欧洲议会的诞生以及旗帜等欧洲标志的出现，这些都表明实现欧洲一体化并建立国家的条件已接近成熟。语言理性化政策（language rationalisation policy）理所当然要随之出现。事实上，如果政治家们从一开始就将发展共同文化以及共同语言策略作为出发点，而不是为了行政或者经济目的，欧洲或许会比现在建设得更好。若语言政策旨在创造一个人们都能够认同的欧洲形象，那么只有两种可能的结果：重复法国、英国或德国的单语方案，在欧洲层面上接受或强制推行一种共同语言；或者，向后殖民时期印度的多元语言政策靠近。莱廷（1997：286）认为，很多后殖民社会并非转向单语制，"通常的途径是走向某种形式的制度化多语制（institutionalized multilingualism）"。莱廷在区域运动的优点之上，提出了自己的观点，即在欧洲范围内实施 2+1 或者 2-1 的语言政策：其中一种语言是作为通用语的英语，另一种是国家语言，第三种是区域语言。一些公民只需要学习英语（在英国和爱尔兰）；大多数公民为了习得英语需要学习两种语言（在德国、法国和荷兰）；还有一部分公民需要学习三种语言（如加泰罗尼亚）。他认为这是最可能实现也是最稳定的立场。

这一区域型解决方案得到了欧盟委员会的支持，该委员会一直试图通过发展区域力量来应对来自各国政府的阻力。区域委员会（Committee of the Regions）在 1996 年取得了类似经济和社会委员会（Economic and Social Council）的地位，它在德国各邦、比利时的两个部分、法国各个行政区、西班牙和意大利一些省设立了基地，实力明显增强。目前，区域开支占欧盟总预算的三分之一。

尽管莱廷的提议简洁清晰，但不可否认，该领域大多数提出建议的专

1　指马克斯·韦伯（Max Weber, 1864—1920），德国政治经济学家和社会学家。他将国家定义为一个"拥有合法使用暴力的垄断地位"的实体，这个定义对于西方现代政治学的发展影响很大。

家所设想的计划主要是建议将自己偏好的语言作为欧洲通用语，从而取代英语来扮演这个必要的角色。这些提议并非全都是严肃认真的，包括法语（Truchot，1991：提出法语是唯一一种在所有教育系统中都存在的语言）、德语（Leitner，1991：提到在欧洲说德语的人最多）等。中部意大利语至少有一个主要支持者（Posner，1994：强调意大利语是最正宗的罗曼语，简单易学，其语言变体容易被接受）。但这些提议中也涉及拉丁语（Salagnac，1995）和世界语（Erasmus，1994：认为用一种非国家语言作为交流的媒介具有优势）。总的结论似乎是，一种政策要想得到支持，就要遵循民族国家的历史并寻求单语解决方案。但没有哪个专家打算提出最显而易见的解决方案，即采用英语作为通用语。

当然，部长理事会（Council of Ministers）的政治家们不断承受来自国内的压力，所以坚持倡议把自己国家的语言作为通用语，而欧盟委员会的委员们也感到了类似的压力，尽管欧盟委员会应该是一个更有可能寻找到欧洲语言解决方案的地方，因为欧盟委员会按理是个欧洲层面的机构，其对欧洲的忠诚理应超越国界，这一点和多国参加的理事会很不相同。欧盟委员会及下设各处的内部机构按道理也应该寻求一个欧洲层面的解决方案，尽管我们已经看到这种解决方案似乎是不可抗力的后果。在机构层面上，这个问题所带来的困难并不大于各个民族国家所遇到的难题。但众所周知，欧洲各国对于本国面对的问题都已经做出了反应。

对大多数欧洲国家来说，反对"英语"解决方案的一个主要原因是，英语同时也是美利坚合众国的语言。如果英语不是美国人使用的语言，如果法国没有放弃对加拿大的统治、没有出售路易斯安那，那么法语很有可能会是现在的世界主流语言。英语就会成为欧洲语言的竞争者之一，尽管德语很可能会成为默认的选项。但同样，因为法语可能成为美国的语言，问题依然存在，只是换了标签。欧洲各国还是会反对一种非欧洲国家的语言占据统治地位。

作为语言政策动机的形象

形象的正确定义是身份认同的表征以及对身份认同的有选择的投射。个人、公司或者国家的形象本应仅仅是外界对它的看法。尽管各个机构可以打造自己的身份认同，但从逻辑上来说，它们应该很难控制自己在外界眼中是什么样子，因此，我们理应考察的是一个独立的动机，即身份认同。但形象的问题并不这么简单。个人、公司和国家都试图操纵自己的形象，以便使外界对于"他们是什么"、"他们是谁"的问题形成对他们尽可能有利的看法。营销、广告和促销都取决于保持身份认同的同时改进形象。而附加值（added value）的概念更多依赖于营造有价值的印象而不是创造实际价值，也正因如此，时尚决定着某种款式的服装比另一种价格高出很多，尽管它们的生产成本可能一样。

因此，语言政策的官方制定者总是尽量为它们的"产品"创建最有利的印象，而这样做的第一步就是尽可能广泛地传播关于自己语言和文化的知识。那些非英语国家都动用了相当可观的人力和物力。在这些例子中，与形象动机紧密关联的是一种不安全感，或者至少是认为实际的国家身份认同和它们的外交官认为应该具有的国家身份认同之间有差距。日本和德国都认为，无论从其文化、传统和历史来说，或者从其经济实力而言，自己应该在世界上占据优势地位，而不是像现在这样。它们的语言政策和文化外交一样，旨在矫正这一印象。然而，那些英语国家已经从"英语是世界语言"这一现实中获得了相当多的经济优势。它们继续在语言出口方面投资，以确保净差额一直保持大额顺差。它们的投资与其说是出于不安全感，倒不如说是纯粹经济考虑：出口英语利润丰厚。尽管大多数英语国家使用的是一种被广泛理解的语言，并且它们大多利用了英语被广泛理解的特征，但它们同时强调该国语言变体的独特性。此处的政策是利用国际可理解性，因为这一特性要求普遍性和牺牲个性，但同时通过坚持差异和特殊性来培养某一国家或群体的个性特征。英国人声称他们创造了这一语言并且拥有莎士比亚和弥尔顿；美国则说自己所倡导的文化是 20 世纪的文化；与此同时，澳大利亚、新西兰、印度以及南非都争相确立自己的特征以及自己对世界语言的贡献。和经济动因相联系的是创建并维持一个正面形象的需求。

就联邦政府、多国政邦或者像欧洲这样的超国家发展模式而言，单语方案作为语言政策的出路是根本站不住脚的。欧洲各个国家的态度表明外交家们一心推行自己的语言而不准备接受任何一种语言（即便是一种欧洲语言）作为所有欧洲语言的代表。聪明的外交官接受各种语言的平等价值、个体活力和魅力。因而，欧洲深度一体化的支持者所要的政策是通过寻找新的欧洲标志和忽略语言问题来吸引尽可能多的人支持欧盟这一新的政治实体——他们唯一不忽略的是些微不足道的语言问题。欧洲的基本政策是接受多样性：实际上就是忽略语言问题。但接受多样性意味着承受其后果，这包括口译和笔译工作量的增加、对有限的几种语言的实际依赖以及回避语言话题。在这种情况下，动机似乎更接近我们将在第六章探讨的工具主义。但目前，让我们来进一步考虑一下不安全的问题。

第四章　不安全感

这一章探讨以不安全感为动因的语言政策。中欧的吉卜赛人长时期以来被看作外来户，这种游牧式的、无社会组织性的、甚或反社会性的群体经常在安定、规范、严格管理的政治实体中引起恐慌。部分原因可能只源自对未知事物的恐惧，但同时也是担忧这类群体让社会凝聚力化为泡影，让社会规则在管理公民时显得有心无力。在法国，当科学、技术和社会变革带来新观念时，新的词汇和术语通常都是从美国英语中引进的。一些政治家及其他一些人惧怕这些语言的入侵可能会危害法国文化、法国生活方式、法国科学甚至法国这个国家。

中欧语言政策：吉卜赛人恐惧症？

1989 年发生了"天鹅绒革命"（Velvet Revolution）[1]，苏联的加盟共和国家纷纷从联盟中脱离出来。四年之后的 1993 年，捷克共和国和斯洛伐克共和国在"天鹅绒分离"（Velvet Divorce）中宣告诞生。吉卜赛人（这些地区通常称其为"罗姆人"[Roma]）[2] 在这两个国家的地位发生了很大的变化，主要由于两个新共和国发布了公民身份声明。大概至少有 25 万吉卜赛人住在斯洛伐克共和国，10 万吉卜赛人住在捷克共和国。匈牙利大概有50 万或更多的吉卜赛人，他们也由于新的民族主义运动而历经磨难。在所有这三个国家中，与公民身份相关的法律宣布了一门官方语言，对语言少数群体（包括吉卜赛语群体）的处置方案在总体上显示出有意把其排除在享受社会保障的公民范围之外。面对这些少数群体时产生的不安全感可能是一个诱发因素。

确定一个人是或者不是吉卜赛人其实并不容易。除了家族和部落的划

1　指捷克斯洛伐克于 1989 年 11 月（东欧剧变时期）发生的民主化革命。因没有经过大规模的暴力冲突就实现了政权更迭，如天鹅绒般平和柔滑，故得名。

2　Gypsy（吉卜赛人）一词在西方文化中逐渐带有贬义，因此吉卜赛人本身更倾向于别人称之为 Roma。一般而言，Roma 一词也翻译成"吉卜赛人"，此处翻译成"罗姆人"，以示与 Gypsy 一词的区别。此外，吉卜赛语也有相似的两种表达法：Gypsy 与 Romany。前者偏贬义，后者偏中性。本书作者在指称吉卜赛人时大多使用 Gypsy 一词，而多用 Romany 代指吉卜赛语。

分之外，许多流动群体有时被贴上吉卜赛人的标签，有时又不是如此。统计流动人口的准确数字有着其内在困难。许多以前的游牧群体定居了下来，有些在这一进程中不再希望和其他吉卜赛人扯上关系。有些吉卜赛人已被同化，而另一些则没有被同化；有些吉卜赛人是穆斯林，有些信基督教，还有一些不公开承认任何宗教信仰。他们的语言也不是很明确：吉卜赛语有很多方言，有些受到罗马尼亚语的显著影响，有些则从周边语言中借用了许多词汇和表达法。目前，要创造一种被广泛理解的标准吉卜赛语看似不太可能。问题更加糟糕的是，吉卜赛语社区并无权威政治组织，因而政府通常很难决定和谁能说得上话，而这些社区本身基本不和其他人交往，回避政府当局，极少参与国家或当地政府的事务。

为什么吉卜赛人被认为构成了威胁？就其本质而言，他们毕竟是没有特权的群体：贫穷是他们的传统；游牧式的漂流是他们的愿望，而不仅仅是一种需要；他们得到的社会福利几乎为零，包括教育、社会保障、政治权利、土地和金融等方面。欧洲具有排斥吉卜赛人进入有组织的、规范化的社会的历史：吉卜赛人在欧洲遭遇征税、迫害、监禁和屠杀。他们是旅行中的手工艺人，但却不允许远走，并在名义上被划为统治者的奴隶。缺乏永久性的居留地与独特的经济角色也让他们偶尔变得十分有用——假如他们比较顺从的话。当他们缓慢地向北、向西迁徙时，尤其在 19 世纪奥斯曼帝国（Ottoman Empire）[1] 垮台之后，吉卜赛人的日子一般要比以前从印度次大陆缓慢迁移时差一些。在 20 世纪，虽然中世纪的野蛮时代已相隔遥远，但吉卜赛人依旧受到迫害。犹太人和吉卜赛人是纳粹挑选出来作为消灭对象的两个"种族"，许多人都被送进了集中营。在 1939—1945 年的战争之后，大规模的人口移动影响到匈牙利、捷克斯洛伐克及整个中欧的吉卜赛人。然而，社会主义政权在 1950—1990 年期间对吉卜赛人实施了既有利又有害的政策：有利是因为吉卜赛人不时得到承认并享受到少数民族的待遇；有害是因为社会主义在总体上希望避免社会上的特殊化问题及特殊对待，此外，社会和福利政策一点也不具有连续性：

　　　　捷克的政策较多变化，其类型特征可以归纳为"屈尊纡贵"与

1　　奥斯曼帝国（1299—1922）是突厥人所建立的一个横跨亚、非、欧地区的帝国，奉伊斯兰教为国教，建国者为奥斯曼一世。鼎盛时期帝国势力达亚、非、欧三大洲，控制了南欧、巴尔干半岛、中东及北非的大部分领土，西达直布罗陀海峡，东抵里海及波斯湾，北及奥地利和斯洛文尼亚，南及苏丹与也门。

"不耐烦"相结合,"家长作风"与"专制暴政"相结合,善意的不作为与激进解决策略的竭力推进相结合……1958 年……当局得出结论,吉卜赛人的群体认同必须完全毁掉才有可能向前进步。(Fraser, 1995:277)

"疏散和转移"的政策旨在让吉卜赛人从斯洛伐克的集中居住地移居到西部。这触发了"大规模的丑陋种族歧视的出现"。政府当局重新把同化作为唯一的解决策略,在整体上放弃了用吉卜赛语教学的计划。在匈牙利,用吉卜赛语教学在更大的范围内得到了鼓励,在社会主义统治后期许多计划付诸实践。苏联政权的解体通常带来更自由的人口移动;游牧生活在一定程度上又出现了,但同时种族仇恨也跟着再现了。数个世纪以来多种政策带来的结果是,除了明显的区分(部落、家族、是否讲吉卜赛语),吉卜赛人按照以下标准分成了三类:一类人住在城镇上且较大程度被同化;一类人住在村庄里,经常紧挨着大多数人口居住,但没有被同化;一类人住在特殊的吉卜赛安置区,在那里贫困、失业、缺乏教育等问题最为严重(Vasecka,1999)。

就语言相关的政策而言,少数民族恐惧症这一动机是三个国家立法背后的主要原因。在斯洛伐克,22% 的人口由获得承认的少数民族组成,很多语言政策针对吉卜赛人但同样也针对匈牙利人;在捷克,很多语言政策适用于吉卜赛人,但也适用于说德语的人;在匈牙利,很多语言政策针对说吉卜赛语的人,但也适用于许多其他弱势语言群体。在捷克斯洛伐克分裂成捷克共和国与斯洛伐克共和国时,两个国家的国籍法规定,1994 年以后每个公民要么拥有捷克国籍、要么拥有斯洛伐克国籍。许多在捷克共和国的吉卜赛人发现自己被划归为斯洛伐克人,因为他们在近期向西迁移了,或者被向西迁移了,或者因为他们不能够提供充分证明自己身份的文件(Siklova & Miklusakova, 1998)。"第二十二条军规"的困境也存在于此:某人若想获得捷克公民身份,必须拿到一个放弃斯洛伐克公民身份的文件。但放弃公民身份的结果是此人成为无国籍人士,因此不能获取捷克公民身份的证明材料!这一混乱情况带来的结果就是,在该国的许多吉卜赛人无权享受福利,不能合法工作,随时可能被驱逐出境。1997 的下半年,一大批对这一境况绝望的吉卜赛人试图移民英国或加拿大。由于加拿大政府采用了新的签证要求,捷克共和国和斯洛伐克共和国都重新评估了自己的少数民族政策;1998 年的报告建议采取一系列的措施以改进吉卜赛人的处境，包括开展特殊教育计划和增加法律条文，以避免儿童因说吉卜赛语、不说捷克语而被送进特殊学校。

吉卜赛儿童仅构成所有学生总数的 5% 多一点，但却几乎占特殊学校学生的 96% (Guardian，1999.6.17)。从形式上来看，特殊学校的入学测试是开学时学生必须参加的一项心理和智力测试（经测试，未"通过"的儿童即符合特殊学校的入校标准）。尽管政府坚持认为特殊学校入学的最终标准是父母的愿望，未经父母同意孩子不能被送到这里接受教育，这一测试却成为判断儿童是否应该进入特殊学校的标准。吉卜赛代表则认为，75% 的吉卜赛儿童没有"通过"这一测试，是因为文化和语言原因而不是智力原因。1999 年，多家人权组织共同组织了一次关于测试的法律诉讼，呈交给了捷克共和国宪法法院，宣称在一起涉及 12 个 9—13 岁儿童的案件中出现了种族歧视。这一案例由来自保加利亚、匈牙利、罗马尼亚和斯洛伐克的观察家跟踪观察，如获成功，其结果有望敦促这些国家重新审视自己的相关法律条文。

1995 年《斯洛伐克国家语言法》(*Slovak State Language Law*) 规定，斯洛伐克语是用于国家行政和教育的唯一语言。直到 1997 年，宪法法院才判定这一法律条文是违宪的，但该法的目标在其序文中已明确表达：斯洛伐克语

> 是斯洛伐克国家最重要的特征，是斯洛伐克共和国政权最为珍贵的文化遗产和表达形式，是其公民的通用交流方式。(Times Higher Education Supplement, 1996.1.19)

反对这一立法的是斯洛伐克的匈牙利少数民族，尽管《斯洛伐克国家语言法》的目标之一也是考虑到，在捷克斯洛伐克时期，斯洛伐克语长期被作为少数民族语言对待，旨在提高斯洛伐克语相对于捷克语的地位（尽管两种语言基本没有多大差别）。斯洛伐克的观点是，少数民族的忧虑在另一部立法中得到充分关注，尽管：

> 这一反弱势语言立法的原因之一看来是斯洛伐克人害怕匈牙利语在那些匈牙利曾统治数个世纪的地区的影响日益壮大。根据文化部长邬达克 (Hudec) 的观点，斯洛伐克语必须在上述地区加以保护，从后方推到前沿。(Contact Bulletin, 13：1, 5)

在匈牙利，少数民族方面的法律规定，只有能证明在匈牙利领土上生活了至少 100 年且其成员属于匈牙利公民的群体才能得到承认。从 1995 年起，选举产生的委员会已经就位，1997 年的提案建议增加议会的少数民族代表，但这只有到新世纪（21 世纪）之初才可能实现。

法语新词

与所有其他语言一样，法语经常需要创造新的词汇、术语和表达法来应对社会、政治、经济、科学、文化尤其是技术领域的革新。近年来，美国技术创新的影响力如此之大，以至于新发明和新流程（尤其在通信技术方面）快速产生之后，美国人创造的术语就被很多语言采用，且完全与美语中的指称一致。然而，法国是一个具有悠久独立传统的国家，有着非常发达的工业基地，还自命是世界级的泰斗国家。对来自像法国这类国家的政治家而言，完全保留来自美语的原有词汇是不能想象的。他们经常担心，如果保留了术语，那么后果只能是在工业、金融、技术甚至文化上受美国控制。论及法语新词问题，特别是近年来英语化（Anglicism）词汇的问题时，必须区分哪些是借用、语义变化（semantic change）、仿造、翻译等正常的语言发展，哪些是法国政治当局审定并通过法律强制推行的术语。

1970 年之后不久，随着第一批部级术语委员会的建立，如何应对因国外术语与词语成分的入侵而产生的不安全感成为法国官方的重要事务。这些术语委员会建立的目的在于审定法语使用者可以接受的法语术语，不仅用于法国，而且是针对所有说法语的国家。事实上，这一创意源自魁北克，源自法语保护与推广高级委员会（Haut Comité pour la Défense et l'Expansion de la Langue Française）新任秘书米歇尔·布律格耶尔（Michel Bruguière）对加拿大的几次访问。该委员会在 1966 年由戴高乐创建。在加拿大魁北克省，魁人党（Parti Québécois）[1] 数次取得政治胜利，民众越来越觉得需要反对美国的主宰，此后魁北克省政府当局决定采取新的行动路线，旨在加强法语使用者在本省商务、金融和就业方面的作用。作为这项改革的核心组成部分，魁北克的做法是把语言政策放在优先位置，尤其致力于从技术语言中去除英语化词汇。在法国，多数政府部门都建立了部级

1　即魁北克人党。1968 年由激进派组成，党纲中的奋斗目标是：通过民主渐进的方式，使魁北克成为政治上享有主权的国家，同时在经济上与加拿大保持共同市场的联系。

术语委员会，其工作最终都归法兰西学院总体管理和指导，或者至少需要得到法兰西学院的批准（参见 Ager，1999）。

布拉泽尔曼（Braselmann，1998）考察了截至 1994 年的 20 年间术语委员会确定的一系列英语化词汇的替代词。这项研究主要关注了 1994 版《官方法语术语词典》（*Dictionnaire des termes officiels de la langue française*）中所列的新词，但其研究范围广泛，涉及针对各特定领域建议采用某些词汇、术语和表达法的多种政府决策过程与通讯。研究结果让布拉泽尔曼感到不安：那些建议采用的词汇、术语和表达法通常缺乏系统的语言理解；有些建议违背了法语长期以来一直采用的构词规范；有些创造出的术语只会让读者想到原来的英语词汇；经常出现缺乏逻辑的情况；带有反美语的色彩，有时甚至产生了这样的后果——法语独树一帜的表达法实际上切断了法国与国际新发展的联系，并以表达地道为借口，掩耳盗铃式地回避了现实问题：

- 替代词的形式经常受到国外术语的牵制：作为由单词首字母构成的组合词，首字母缩略语的释义通常不过是参照英语原有词汇进行的，因此实质效果是让英语化词汇被更长久地使用。
- 破坏了法语的明确性——1 个英语术语，可能存在高达 12 个法语替换表达法（如 ground[1]）。
- 给法语构词法、语序及其他语言特征带来了变化，形成了新的语言形式（用 couper sec 表示英语的 cut [切割]，但这一表达法使用了副词结构，不是标准的法语形式）。这一语言形式本身受到有些人的谴责，正是因为它不是"恰当"的法语。
- 诸如 vtt、facob、publipostage 等词语的生成违反了法语的规范，但被认为带来了创造新词的新方法。这一造词步骤尽管也有人批评，但却不仅得到认可，而且发展成为一种官方准予的新词创造法，即一种"国家规范"（norme nationale）。
- 像 prepaid（预支付的）这样的英语词汇形式得到广泛的使用，其影响之大以至于法语替代形式被迫采用非法语词序，即 prépayé，而不

1　ground 一词的基本意义是"地"，但可以作为多个领域的专业术语，因而也有多种翻译。例如，电学中 ground 可以指"接地"、"地线"或"零线"，表示任何一点的电位按惯例取为零的大地或导电物质等。

是标准法语 payé d'avance。[1] 后一形式早已存在，本应是更规范的术语创造方法。

● 诸如对应于英语 cash and carry（现付自运）[2] 的 payer-prendre 这一语言形式让人们仍旧能够清楚地看出原来的英语词汇。

● 翻译英语 garden-centre（花卉商店）的 jardinerie 这一语言形式并不能表达同样的意思。为何不使用 pépinière？

● 为什么挑剔从 tour-operator（旅行社）自然发展而来的 tour-opérateur 一词，改而另外创造出 voyagiste 一词，尤其考虑到现在前一术语（tour-opérateur）已经进入法语并被广泛采用？这样挑剔地排斥看似英语的词汇形式，看起来只是出于没有必要的语言纯洁主义的考虑。

● 考虑到词序方面的歧义，像 carburéacteur 这样的语言形式具有误导性：是 carburant pour réacteur（反应堆燃料），还是 réacteur pour carburant（生产燃料的反应装置）？

● 法国对英语词汇——尤其是对国际上普遍认可的诸如 computer（计算机）等词汇——的不公正的过度搜捕工作使得法国切断了与其他国家的联系，显然违背了建设一个基于共识的欧洲的理念。

　　如果要公正地评价法国各术语委员会，必须指出它们的工作是在法语暨法国语言处（Délégation Générale à la Langue Française）[3] 的总体领导下开展的。该组织是 1966 年之后成立的各个委员会和理事会的继承者。因此，专业性的协助是随时可以获得的。然而，建议的替代术语基本上都是委员会工作和各部委、供应商、顾客等主要使用者讨论的成果，同时也是和其他法语国家的术语团体通力合作而确定的结果。这些团体不仅包括足智多谋的加拿大人，也包括比利时人、瑞士人，偶尔也包括突尼斯人等。这些替代术语是各专业领域的非语言学专家的工作成果。很多术语是逐个经过

1　prepaid 从构词的角度看由 pre（预先）+pay（支付）+ED（已完成）三部分组成，法语的 prépayé 采用了英语的结构，而标准法语表达法 payé d'avance 则是把修饰语（即预先）后置的典型形式。

2　cash and carry（现付自运）指"现金购买，自己运走"，尤其指仓储式商场的自助批发模式，由顾客自行挑选商品，支付现金并运走货物。该词也指这类现付自运的批发商店，其价格通常要比一般商店低。

3　Délégation Générale à la Langue Française 的全称是 La Délégation Générale à la Langue Française et aux Langues de France，是文化部下面的一个行政部门，职能就是制定协调国家语言政策。此处根据其全称译为"法语暨法国语言处"。

充分讨论的，经常需要在不同公司、国家和个人青睐的多个术语之间进行妥协折中。可能一点也不奇怪，他们的成果并不总是能得到广大语言使用者的赞许，同时他们也因为离开了自己的专业领域、进入了日常语言使用的空间而越来越处于危险的境地。官方建议谈及职业女性时使用的"政治上正确"的语言形式（例如：auteure—女作者、Madame la Ministre—女部长）[1]与提出的拼写改革都引起了很大的争议，这些足以表明民众对法语的强烈的主人翁意识。

作为语言政策动机的不安全感

几百年来，中欧的吉卜赛人一直处于社会的底层。虽然受到大多数统治集团的一再排斥，吉卜赛人仍旧坚持着自己的身份认同。部分由于这一原因，部分也因为他们对"规范"社会的拒斥极大地威胁了社会规范行为的观念和所有控管的、有序的、民主的社会管理规范，因而吉卜赛人让人感到惧怕，甚至遭人憎恨。

政策管理当局拒绝其公民身份，也是出于对吉卜赛人不像其他公民那样乐意申请与接受公民身份而产生的挫败感。吉卜赛人的生活方式、文化、语言及信念都让他们成为任何其他个人与群体的对立面，而正是这种特立独行的愿望使得社会当局很难接受，因为当局的任务就是公正、公平、有序地进行管理和经营。对安定的、控管的社会而言，吉卜赛人象征着一种危险。他们尤其威胁到一个稳定的国家所具有的认同感。

还有许多语言政策的例子也是基于对外来者的恐惧，或者源于对外来攻击有可能改变或者破坏已经建构起来的认同的惧怕。尽管法国1994年通过的《杜邦法案》（*Toubon Law*）[2]明确表示是为了保障权利，其显性目的是确保法国公民拥有在法国使用自己语言的权利，然而实际上该法案显然是旨在反对外来控制的应对之策，起因是害怕国际化的美语及其所代表的一切，或者更准确地说，害怕该法案支持者所认为的美语代表的一切。这

1　法语词汇分阴性和阳性，"作者"（auteur）一词是阳性，既可指男性作者，也可统指所有男女作者。女权主义运动的兴起与对女性权益的关注带来了许多拼写上的变革，例如，谈论女性作者时使用阴性的"作者"（auteure）一词，甚至泛指所有作者时也使用该阴性词汇。同样，"部长"（Ministre）一词也是阳性，所以称呼女部长时需要用 Madame la Ministre。

2　该法案是一部语言法，用法国当时的文化部长雅克·杜邦（Jacques Toubon）的名字命名，主要规定了法语在政府出版物、广告、工作场所、商业合同、其他商务场合、公立学校等场合的使用要求和规范。该法案有着明显的反英语倾向，也引起了一定的争议。

一法案的性质在其他研究中都有很好的论述（Ager，1996b：156—168；Ager，1999：134—144）。尽管法国几个世纪以来一直把语言政策作为创建和维护身份认同的一个重要部分而加以建设，但通过语言本体规划来保护民族国家的做法还是最近的动向，也进一步证实了语言的重要性。语言不仅在确认身份认同中举足轻重，也在标记社会或社区的界线中能够起到重要作用。语言成为具有凝聚作用的象征符号的主要组成部分，这种象征符号帮助创造统一的局面并把人们团结起来；语言还是把他者排除在圈子成员之外的核心因素。对他者的恐惧就是担心侵犯可能成功及由此带来的政治、文化、宗教和社会层面的主宰，在某种程度上也是惧怕领土的丧失，但主要是担忧其侵蚀（诸如法国、匈牙利、斯洛伐克、捷克等国试图创建的）某个社会的特定属性。就法国而言，其所惧怕的控制主要是经济领域的而不是政治层面的，尽管断言美国入侵的有关辞令并没有过多地区分政治、经济与文化领域。

斯洛伐克的案例十分有趣，因为就像世界其他一些地区那样，该国的情况代表了双重弱势群体问题的例子。一个群体在经历一段被压迫和无权力的历史之后终于能够进行强势控制，但他们或许仍旧觉得自己可能没有权力或还会遭遇危险，其行为让人觉得好像他们并不能驾驭手中的权威似的。因而，该群体就越加强势与暴力，有时甚至比此前的统治集团更不容人。斯洛伐克人认为自己是一支需要保护的弱势群体，而斯洛伐克境内的吉卜赛人是弱势群体中的弱势群体，因此受到了双重排斥。类似的例子也存在于北爱尔兰。那里的新教徒担忧北爱尔兰一旦结束独立存在、并入一个以天主教为主的爱尔兰而可能出现的形势。[1] 同时，北方的天主教徒担心新教徒，因为他们把自己视作少数派，认为新教徒与主要信奉新教的英国主岛的联系是保证反天主教的强势地位得以维持的原因。两个社区都认为自己受到了双重排斥。两者的行为一方面表现得好像他们都是被压迫的弱势群体，另一方面又似乎他们都是强势群体。

毋庸讳言，外人讨论这些问题时所表达的敏感性经常被误解。不安全感是一种情感，而不是理性的建构。如果外人产生误解，未能看到核心要点，而认为这一情感受到了误导，那么不安全感必然有增无减。一个比较

1　北爱尔兰是大不列颠及北爱尔兰联合王国的一个部分，位于爱尔兰岛东北部，首府是贝尔法斯特。北爱尔兰的人口主要分为信新教和信天主教的两部分。在与主要信奉天主教的爱尔兰共和国的合并问题上，多数新教徒担心合并后自己的地位受到影响而加以反对，天主教徒大多支持并入爱尔兰，因此前者通常称为联合主义派，后者则被称作民族主义派。两派的争端引发了多起暴力事件和斗争。

切题的例子就是我在这一章使用的术语 Gypsy（吉卜赛人／语）。英国相关社区现在更青睐使用 Roma 作为吉卜赛人的描述性称谓，对一些人来说 Gypsy 让人想起过去的歧视，即：使用该词会让听者觉得是一种侮辱，尽管我们无意冒犯，甚至事实上的情况完全相反。然而，正如每个词典编纂者所了解的那样，词语的内涵会发生变化，而且变化得很快，这让编纂者十分头疼，而致歉本身也可能会被错误地阐释。写这一章的时候，所有引用的文献都在使用作为一种描述性称谓的术语 Gypsy。

作为语言政策（即使这种语言政策实际上是官方没有执行的微观政策）的动机，恐惧和不安全感由两个因素决定：足以激发行动的外部威胁；受威胁的社区充分认识该形势并预见到这种威胁对自我身份认同的影响。威胁必须能够辨识，可能是政治方面的（对该社区可能出现的统治），或是经济方面的（该社区成员可能的收入损失），或是交流方面的（该社区成员之间缺乏有效的情感联系，同时缺乏某些领域尤其是公共领域的充分表达形式）。应对威胁的能力既需要具有一套识别威胁与发现潜在解决办法的方式，也需要存在一套相关的实施机制；并且，还需要有一个可识别的政治、种族或者语言上的少数社区，该社区能够规划不同的语言使用，并且这种规划要具有所有成员都能默许的内在一致性；此外，还需要一套语言解决方案：一门可用的语言（可能是经过改编而来），一套在所有领域都坚持语言使用法的机制，一系列获取成员身份尤其是公民身份的规则（包括语言这一认同标记）。

从态度层面而言，政策制定者一方面觉得自己的第一语言具有魅力与优越性，另一方面又担忧这种自豪感站不住脚。生命力，即该语言在许多活跃的生活领域的使用，是关键所在，因此活动家试图确保语言在公共领域的使用，若有必要不惜强制执行之。主宰地位能够挤走第一语言，这样一来他者的语言就尽可能被排除在外。此处，和别处一样，语言政策也不仅仅关乎语言本身。吉卜赛人威胁论模糊不清且很难理解。这一威胁很少被看作是对具有稳固地位的语言的一种威胁，而更多被认为是一种社会威胁，一种对有序的、控管的社会的威胁。对法国的经济威胁导致了有组织的、系统的抵制与反对。有趣的是，法国的左派通常和右派一样大肆叫嚷着反美；两派在反美和仇外方面有着共同之处。

第五章 不公平

　　本章将探讨三种改变或影响语言行为的尝试，这些尝试和以下类型的社会排斥有关：性别、弱势和种族。每个涉及的案例都显示了某一群体因某种共同特征或特点而受到歧视。他们的语言使用或者与他们相关的社会语言使用情况表明，这些群体被视作有别于其他社会成员，这对他们非常不利，他们也因此在某些方面得不到和其他社会成员平等的对待。虽然我们可以根据此类现象可能存在的一些普遍特征找到其共同点并得出概括性的结论，但显然，不公平造成的各种类型的歧视有各自不同的具体特点，而这些特点与所涉及的特定社会和国家的性质是分不开的。法国与美国在语言、性别差异及人们对此所持的态度上大有不同，这和两国社会中女性和男性的社会角色的其他特点紧密联系。在不同的欧洲国家，权力尤其是政治权力与不同的个人、群落、种族、语言和宗教因素相联系，所以，意大利的有权阶层和他们在挪威的对应阶层未必享有共同的出身、特征抑或观点。在富国和穷国，社会公正（social justice）的表现形式可能很不一样；而以伊斯兰教或者基督教为国教的国家，公民能够享受的权利也是迥然不同的。

　　有时，旨在纠正社会不公平的语言措施由政府和当局作为其筹划的政策之一加以实施。但更常见的情况是，社会不公正与不公平以一种显著或突兀的形式被带进政治当局的视野，当局以实行旨在纠偏的语言措施作为回应，而把这些社会不公正与不公平现象带入当局视野的并不一定是那些受害群体本身。在某些情况下，实施这些语言措施的也可能是某个语言、种族或者其他弱势群体社区，从政治角度来讲，这些群体中的大部分人比掌权者更能体会到社会不公平带来的后果。因此，由于感到不公正进而采取的语言措施可以表现为语言政策或者语言规划行为，可能对国家的语言使用施加影响，也可能针对的是国家内部各群体的多种语言。纠正社会不公平的动机有很多种表现形式。从定义大概可知，它们代表了社会地位处于劣势的人们的观点和情绪。这些人希望改变他们觉得不公平甚至残酷的社会处境，但作为弱势人群，他们极少掌权，因此主要动机是要改变自身被排除在权力之外的现状，使自己至少能够进入主流社会。从这个角度考虑，那些被排除在主流之外的人们的语言措施动机是自私的。但是，我们进而会问，政策制定者显然身处社会有权阶层，如果他们想要纠正社会不公正，那么他们的动机又是什么？原因可能极其多样：或许是纯粹迫于压力或者受制于武力或暴力，所以有权阶层会对无权阶层提出的至少部分请求和需求做出让步。弱势群体也经常和其他群体联合形成一股难以消解的势力。但即便不是这样，无权阶层也常常会得到社会上一些权力经纪人（power broker）[1] 的帮助，而这些权力经纪人的动机可能混杂着人道主义、同情心、利他主义、良心发现及许多其他同样复杂的情感。有些情况下，这些权力经纪人本身也是弱势群体的成员：他们可能出身贫穷、有着同样的肤色或种族身份，或者属于同一性别、信仰同一宗教等。在某些社会中，上述特征不会对获取权力造成阻碍，而这些人一旦掌权，就会实施至少一些政策来帮助当年自己所属的弱势群体。在其他情况下，有权者也会受到政治意识形态的驱动：扶持社会弱势群体作为左翼的宗旨由来已久，而在大多数民主政权中，左派的确在某些时候会掌权，能够将自己的信仰付诸实践。然而，在大多数社会中，利他主义不是有权者的政策特点，更多见的情况是左翼运动势力在执政后的政策往往渐具右翼色彩，这比执政后继续左倾的概率更高。政策制定背后的最终动机或许是复合型的，在纠正社会不公平的同时也推进了体现精英意愿的部分目标。因此，乌托邦式的动机通常可能和某个自私的动机结盟：支持澳大利亚社区语言的政策或许与鼓励更多出口的政策相关联；出版业的反性别主义政策也许不仅反映了纠正不公平的要求，同时也反映了那些"不如此就不买书"的读者们的要求。

基于上述动机的政策一旦成功实施，其结果是促进社会平等、增进社会团结。我们所要研究的三个案例似乎首先反映了资源的平等分配问题，其次体现了某个或某些边缘化群体的语言权利甚或人权问题，再次则反映了那些与明显的社会不公正相联系的社会问题的解决方式。为了区别总体情况的三种不同严重程度，我们将这样使用以下术语：不公平（inequality）意指资源分配的不公平，不平等（inequity）指权利的不平等，而不公正（injustice）则是社会排斥更加严重的表现形式。在总结案例之后，我们会进一步对这些术语进行区分。

1　又译作：权力掮客。指拥有一批追随者，可在政界等处施加影响的人。

语言与性别

20 世纪 60 年代，美国学术界的女性学者将不公平现象带进了公共视野。随后，70 年代早期直至 80 年代，人们开始认真对待非性别主义语言这一观点。1975 年，罗宾·拉考夫（Robin Lakoff）在《语言和女性地位》（*Language and Woman's Place*）一书中指出，如果语言表现出了不公平，这并非因为女性具有劣等基因，而是她们在社会中的不公平地位造成的：男性统治女性，这种统治也反映在语言中。该书的主要观点是，女性的地位在美国社会中被广泛贬低，学术圈尤甚，而社会上具有性别主义倾向的语言习惯从职业层面、经济层面及其他资源层面严重影响了女性在生活中的种种机会。书中提出了一个具体观点，主张避免使用 he/man，停止用带有性别标记的代词来指代人类整体，因为英语中这类代词的使用是对女性的冒犯，"维护着社会的性别主义"（转引自 Martyna，1983：26），这显示了一个笼统的概述性观点可以在特定语言使用中加以具体运用。女权运动及当时和此后的诸多代表作家都明确了应该反对的语言上的性别不公平的程度、性质及其社会、政治和经济后果。在此，我们无意重述这些内容，也不想重演随之而来的争执、辩论及探讨，只需回顾一下桑塔格（Sontag，1973：186）的评论就够了："语言是性别主义观念最深入、最顽固的堡垒"，这个堡垒"供奉着对女性最古老陈旧的偏见"。

近年来，为了改变这一偏见、纠正资源配置的不公平，西方各国政府在诸如雇佣习俗、广告等领域采取了许多行政措施。此外，也有国际组织和各国政府特意执行语言政策的具体例子，如联合国教科文组织在 1987年、欧盟部长理事会在 1990 年、法国在 1986 年、比利时在 1988 年和1993 年（后者更加正式）、加拿大在 1975 年分别采取的措施。但是，总的来说，英语国家的政府发布声明推荐语言用法这一现象极其少见。英语中的反性别主义措施——已经转化为一套判断某些词汇、术语和表达法能否被接受的机制——主要通过出版社及出版社的审校专家、校对人员和印刷工人而非政府的官方机构执行。例如，《纽约时报》的文体手册（style manual）有这样的总规定：

> 谈到妇女时，我们应该避免使用某些词汇或短语，以免使人产生《纽约时报》"完全以男性的声音说话、把男人作为规范而把女人作为例外"的印象。类似的原则适用于涉及某些种族和宗教问题的说法，这时我们必须问同样的问题：某个词的使用是否是报道必需的？它有

没有贬斥之意？如果用于另一种族、宗教或性别，是否同样合适？（转引自 Fasold et al.，1990：525）

此外，许多同类手册也给出了具体明确的建议，例如，指代人物时用姓名，第二次出现时才能用姓氏，如用 spokesperson 和 chairperson，而不是 spokesman、chairman，使用 they 指代单数而不用 he 或者 man。诸如此类的微观政策在供报社、出版社、校对人员及其他人使用的各种政策指南、文体规范或者指导手册中随处可见："报纸的文体手册其实就是报纸承办机构的语言政策文档。"（Fasold et al.，1990：522）法索尔德（Fasold）等人研究了《华盛顿邮报》中此类文体手册在"男性中心的类指用法"（androcentric generic）（即"涉及性别问题时语言的平等使用"）方面的有效性，发现该手册实际极有效，在某些报道中让人觉得这是一种约束力。

此类发现并不意味着自 1968 年以来提出的非性别主义语言观点已经开花结果，并不意味着北美的总体语言实践如今已经避免了性别主义。事实上，20 世纪 80 年代的政策预示了论战还将持续，还有很多例子显示，一些非性别主义语言建议被曲解，或者产生了一些没有预期到的后果。例如，Ms 一词原本在指代女性时仅用称号而不涉及男性—女性关系，但现在这个词经常被用来指代未婚或者离婚的女性；chairperson 或者 chair 也多指女性，而 chairman 则还是用于男性。一些话语策略将部分词汇如"性虐待"、"约会强暴"、"性骚扰"的意思加以扩展，超出了女权运动赋予它们的意义，其结果是削弱了这些词产生的影响力。"称作约会强暴的那事儿"或者"所谓的性骚扰"这样的词句，很容易让人觉得"约会暴力"或"性骚扰"只是头脑发热时想象力的产物。

社会中的语言性别主义既是语言和社会的特征，也是一个普遍问题。英语中，大多数的文体指南和建议都提出了三条修改语言的原则：中立原则、陈规原则和对称原则（Hellinger，1995）。其中，中立原则指用词要具有优先等级，避免使用那些"错误类指用法"如 man（诸如 to man a project、chairman 等）以及区分性别的词汇如 stewardess 和 usherette 等。然而，这样的优先等级因语言而异——德语中的语法性别和英语中的作用不同，虽然英语中使用阴性代词和阳性代词对一些人来说可能意味着内在的性别主义，但德语中同样的做法只表示遵守语言规则要求而已。德语中的性别主义表现为其他形式——代词分裂（pronoun splitting）或者用复数指代单数概念在英语中是合适的（例如，the trainee must stand up; he or she may then speak；they may then speak），德语可以使用 der/die Auszubildende 或者用复数形式重复这个名词（die Auszubildenden）。

这样的语言差异既影响社会差异，也接受社会差异的影响。法语和法国的性别主义与美国的相当不同。同样，反性别主义也自然循着不同的道路进行。就语言政策而言，一个显著的例子是法国在 1986 年失败了的一项法令提案，该法令试图进行避免歧视所需的语言改革。和美国的一个主要不同点便是，这一举措由官方牵头，具体政策的制定由妇女权益部（Minister for Women's Rights）承担，这项政策是政府为了减轻就业歧视而实施的系列措施之一（参见 Ager，1996b：176—182）。从语言角度看，提案侧重点在于职业的内涵。起初，该提案是为了做出原则声明，类似于一种女性权利宣言，后继的则是一系列在公共文件和招聘广告中禁止使用的语言形式以及建议采用的替代形式。作为组织该提案的正式机构，法国的部级术语委员会在议会中受到了批评，委员会被指责为拥有一些偏执古怪、轻率无聊的成员，这些人除了提这种琐碎无用的建议之外不知道如何打发时间；地位尊贵的法兰西学院也通过在媒体公开发表的正式警告信对委员会施加影响，该信声称术语委员会意在攻击法语语言的核心本质；媒体也是一片哗然。最后，在法国 1981 年至 1986 年间掌权的社会主义政府选举失利而下台的当天，该议案中最温和的语言建议得以出版。虽然这些建议逐渐渗入官方的语言使用，但除了偶尔被那些准备被称作"女部长"的女政治家提起之外，这些建议从公众视野中销声匿迹了，自此再也无人公开提及。法国和美国在纠正性别不公平方面存在显著差异。这种差别部分源于私人发起与官方倡议的区别，或者源于出版领域和其他更广泛的工作空间的区别，但同时也由于两个社会迥然相异的性质以及对于女性地位与各自语言本质的不同看法。美国类似的语言提议受到了普遍好评，实施中几乎没有遇到太大的阻力。法国的提案则立即遭到了由权力集团阵营引导的公共舆论的拒斥。

此外，一些美国评论家认为，美国对语言性别歧视的纠正有时让人感觉有矫枉过正之嫌：

> 在 20 世纪 70 年代之前，只有为数不多的女性官员、理事会和委员会成员，但如今，女性在美国社会学协会（American Sociological Association）领导中的席位相对于她们的会员人数来说比例过高。（Rosenfeld et al.，1997：747）

美国社会学协会领导职位的选举涉及三个办公室（主席办公室、副主席办公室和秘书处）及 12 位委员会成员。对于管理委员会成员的提名一般有两条途径：第一，通过提名委员会提名，而且提名委员会最终会提交一份排过序的候选人名单，而提名委员会本身则是从管理委员会提名的候选人名单中选举产生。第二，通过推荐书的形式在选票上增加一位候选人，如果是竞选主席或副主席职位，这份推荐书需要 100 位成员联名；如果是其他职位，则需要 50 位成员联名。有三种潜在因素可能确保了高比例的女性候选人及她们竞选的成功：女权运动及由此带来的性别态度的变化；美国女性社会学者协会（Sociologists for Women in Society）这一组织的特殊影响、政治运动主义及集团投票；总体上的精英贬值（elite dilution）[1] 进程。罗森菲尔德（Rosenfeld）等人的研究得出了这样的结论："女性和男性候选人互相之间没有多大差别，或者从长久来看，在成果、荣誉或者经验方面也没有什么差别。"因此，除了解释为"女性比男性更早当选、比男性更少受雇于声望很高的研究生院各部门"之外，精英贬值理论在此似乎不太适用。把三种因素放在一起分析，"性别影响选举成功，但对成果的影响非常有限；女性社会学者协会会员身份及供职地点并不具有统计学上的显著差异"。由此，作者得出以下结论：

> 女性竞选成功率的上升大多出现在 20 世纪 70 年代和 80 年代早期，此后，女性作为候选人和获胜者的比例持续偏高……性别是一个显著特征，显然的确被投票者作为一种评价标准……而态度和机遇方面的总体变化似乎是女性竞选成功的外因。

毋庸置疑，自 20 世纪 70 年代以来，美国及其他国家性别态度的变化不仅影响了社会科学领域的专业协会，也影响了整个社会；同时，女性社会学者协会等压力集团的存在也无疑对一些态度和行为"产生了冲击性的影响"，包括跻身领导阶层的愿望、投票行为方式以及现代生活的其他方

1　又译作：精英稀释。美国的运通信用卡特为精英人士设计了一种金卡，后来，因为越来越多的人加入精英队伍，拥有了金卡，所以金卡随之贬值。社会学中，精英贬值的理论预设任何统治阶级（如贵族）都是排他性的精英集团，人数非常有限，但如果假设很多人都成为了贵族，那么这一精英集团就不再具有排他性，因此也不再能够称为精英，这就是精英贬值的过程。该处的案例旨在表明，如果女性被允许进入精英阶层管理美国社会学协会，那么领导层的水平将会下降，因为领导层的来源已经扩大范围，不那么具有排他性了。（转引自作者 2012 年 5 月 10 日与译者的通信）

面。一般而言，这样的变化体现为反对社会不公平的运动，如语言中的"政治正确性"运动以及纠正性别主义倾向的语言使用行动。

《欧洲区域或少数民族语言宪章》

> 在上一届保守党政府多年来推诿搪塞以推迟签署《欧洲区域或少数民族语言宪章》之后，传来了振奋人心的好消息：新一届英国政府宣布将会签署《欧洲区域或少数民族语言宪章》。英国外交及联邦事务国务部长德里克·法彻特（Derek Fatchett）声称，本届政府欣然赞同"承认和支持土著少数群体语言、消除对这些语言歧视的总体原则"。(Contact Bulletin，1998，11，15：1)

《欧洲区域或少数民族语言宪章》产生于 1984 年各地方和区域政府在巴黎召开的一次会议。自此以后，该宪章逐渐成为法律公约，用以约束那些已经批准该宪章、承认并支持少数族群语言权利的欧洲委员会成员国。截至 1999 年，已有八个国家批准该宪章，另有十个国家签字认可了该宪章的四项基本原则：

> 承认各种语言是文化财富的表现形式；
> 消除歧视；
> 增加尊重、理解和宽容；
> 认真考虑相关语言社区的需求和愿望。

《欧洲区域或少数民族语言宪章》认为，应采取措施在教育、传媒、法律、公共服务、文化活动及经济和社会活动中推广区域语言，各国的进展情况应定期向欧洲委员会报告。《欧洲区域或少数民族语言宪章》代表了应对少数族群语言的一种特殊的立法和政策，这一政策也被许多欧洲语言协会采用，用我们的术语来说，这是纠正社会不公平之举。在这个意义上，该宪章承继了很多国家都认为很重要的正式文本宣言的传统，尤其像法国这样的国家。从这个角度看，该文本的重要性可能在于其象征性意义。然而，各国政府的态度都相当审慎、认真：法国政府只有在看到《普瓦尼昂报告》（*Poignant Report*）[1] 之后才被说服同意遵守《欧洲区域或少数民族语言宪章》；英国政府只有在北爱尔兰和平进程真正开始之后才考虑同意《欧洲区域或少数民族语言宪章》；希腊政府在马其顿省的未来走向上遭遇了相当大的困难，这和南斯拉夫的同名省份在 1991 年获得独立不无关系。欧盟和欧洲委员会在该领域积极活动。欧洲议会至少通过了三个决议来支持少数群体：1981 年 10 月的《阿尔菲报告（一）》（*Arfé Report I*），1983 年的《阿尔菲报告（二）》（*Arfé Report II*），以及 1994 年 2 月的《济利里报告》（*Killilea Report*）。此外，欧洲议会还每六个月召开一次少数语种国际会议。从 1983 年起，欧盟委员会就有专门资助少数语种项目的预算，到 1998 年，由于发现欧盟委员会的许多花费都缺少合法审批程序，于是一项提案正式诞生：计划支付 250 万欧元来负担欧洲较少使用语言管理局（EBLUL：European Bureau for Lesser-Used Languages）和墨卡托信息中心[2] 的花费。欧洲较少使用语言管理局于 1983 年在都柏林和布鲁塞尔正式成立。

　　之所以要说服欧洲委员会各成员国批准《欧洲区域或少数民族语言宪章》成为一项国际公约，其动机是很多欧洲语言协会多年来所表述的受迫害、被边缘化、缺乏承认等感受。据报道，负责德国石荷州（Schleswig-Holstein）少数民族事务的卡尔·鲁道夫·费希尔（Karl Rudolf Fischer）曾表示："德国联邦政府为海外的德国少数族群要求权利，但同时在《基本法》中却选择忽视拥有德国公民身份的少数族群（弗里斯人、丹麦人、索布族人、辛提人和罗姆人），这种做法令人难以理解。"（Contact Bulletin，1994，11，3：2）拉登语（Ladin）运动家们抱怨说 1993 年《意大利法》（*Italian Law*）对于保护特伦蒂诺大区（Trentino）的拉登语收效甚微，远不如波尔扎诺省（Bolzano）对拉登语的保护有成效。法国运动家们感觉到了奥克语遭遇的不公平，这种不公平是和加泰罗尼亚语的处境相比而言，正如以下引文所示：

1　《普瓦尼昂报告》作者为伯纳德·普瓦尼昂（Bernard Poignant），是法国布列塔尼大区坎佩尔市（Quimper）市长、欧洲议会成员。

2　墨卡托信息中心是一个包括五个调研和记录中心在内的信息网络，称作墨卡托信息网（Mercator Network）。其中，墨卡托欧洲多语制及语言学习研究中心（Mercator European Research Centre on Multilingualism and Language Learning）专门研究欧盟内各种区域和少数语言。墨卡托信息网成立于 1987 年，旨在保护欧盟内部区域少数民族的语言和文化，要求欧共体（欧盟前身）成员国政府及欧盟委员会要采取积极的态度承认区域语言和少数语种。

> 在法国，操加泰罗尼亚语者人数少于说奥克语的人，但前者地位却更加稳固……虽然奥克语在 31 个"省份"中预计有 48% 人口在使用……但奥克语可供使用的资源少于加泰罗尼亚语，地位也较之微弱……针对奥克语的课程安排和课程大纲在很大程度上基于中世纪的语言使用。相反，加泰罗尼亚语的课程设置更加针对当今的世界。(Contact Bulletin，1993，10，3：9)

在威尔士，语言运动家们的要求和 1993 年立法的《威尔士语言法例》都强调威尔士语和英语地位平等这一指导原则。尽管各个案例也涉及认可少数语言的资源问题，但主要目的是权利和权益宣言。

当然，《欧洲区域或少数民族语言宪章》是一个政治、外交文献。它最大的优势在于，这一文献由多个文件而非单一文件组成。完整的《欧洲区域或少数民族语言宪章》包括许多章节、条款和段落，但各国政府可以挑选它们想要执行的内容。因此，法国政府选择了 39 个条款，于 1999 年 5 月 7 日在布达佩斯的仪式上签字认可。然而，《欧洲区域或少数民族语言宪章》遭到了法国宪法委员会的反对，原因是法国宪法明确规定了法兰西共和国的语言是法语，而《欧洲区域或少数民族语言宪章》在这一点上与宪法冲突，所以，若斯潘政府不得不请求总统提交一份宪法修正案，才能由议会批准通过。

《澳大利亚国家语言政策》(*Australian National Languages Policy*)

1987 年《澳大利亚国家语言政策》的成功实施（Lo Bianco，1987；Lo Bianco，1990）是长期准备的结果，更是长期以来对政策制定者不断施压的结果（Clyne，1991；Ozolins，1993）。我们此处重点关注 20 世纪 80 年代后期，但值得注意的是该政策的最初版本并没有执行很长时间。这一版本见于 1987 年 4 月的《白朗克报告》(*Lo Bianco Report*) 和 1987 年 4 月 26 日的政府新闻通讯稿。时任政府连任之后，到 1987 年 12 月为止，该政策就历经数处微妙变化，主要在于强调教授外语的新政策对于海外贸易的意义并凸显亚洲的语言。1991 年该政策再次更易，对语言问题采用了《澳大利亚语言：澳大利亚语言及识字政策白皮书》(*Australia's Language: the Australian Language and Literary Policy*) 这种经过巧妙变化的处理方式（Dawkins，1991）。这一新版本再次经过多处修改，尤为显著的变化发生在 20 世纪 90 年代后期，该政策实际上已成为在各州层面实施的系列政策，而非联邦层面的统一化政策 (Clyne，1997)。

正如大多数社会的语言政策一样，澳大利亚的语言政策在 1987 年之前已经存在了很长一段时间。其中有些是公开声明的政策，如公民有必要掌握理解和表达英语的能力。但在现实层面，自从 1788 年殖民定居早期就出现了外国语言[1]使用者，他们也受到社会各个阶层的欢迎。这些外国语言使用者的存在使得多语言的语言政策既成为政治现实问题，也成为日常生活的必要组成部分。澳大利亚殖民地的首任总督阿瑟·菲利普斯 (Arthur Phillips) 具有德语背景；维多利亚州首任州总督查尔斯·拉·筹伯 (Charles la Trobe) 家里使用英语和法语两种语言；而且"1848 年以来，使用'社区语言'(community language) 的报刊业兴旺发达"(Clyne，1991：8)；早期州议会的英语候选人用德语发布声明，从而吸引那些第一语言仍为德语的社区的选票。同样，教育系统开设了教授多种语言的课程，双语教育也十分普遍，截至 1990 年已有一百多所双语学校，主要分布在澳大利亚南部。尽管语言学家对土著居民的语言十分感兴趣，慈善组织也在 19 世纪早期讨论了土著居民的生活状况，但官方极少关注这些土著居民，早期政策甚至旨在消灭最早的澳大利亚人，破坏他们的文化，至少把他们排除在所有重要职务之外。在这个新殖民地，政府层面的实际语言政策就是忽略英语以外的任何语言。

然而，直到第一次世界大战，英语才成为官方规定的语言，对"社区语言"的容忍不复存在，此时的语言政策可以被认为是不公正的。德语遭到禁止，地名也被修改，英语成为唯一的教育语言。此后，官方态度及官方政策变得更加单语化，也更加仇外。澳大利亚试图与宗主国英国走得更近，甚至在外语教学政策方面追随英国：由于英法两国相邻，法语也自然而然成为英国排名第一的外语，而在澳大利亚教育体系中，法语几乎成为实际讲授的唯一外国语言。澳大利亚只接受来自英国或者欧洲其他国家的移民。尽管在 19 世纪 20 年代和 30 年代经历了经济危机，移民到澳大利亚寻找新出路的欧洲人却很少。直到第二次世界大战，人口下降问题在澳大利亚日益严重，加上担心日本对本国的威胁以及急需人力重建国家、保证工业增长，澳大利亚开始了寻找移民的诸多努力。推行吸引大规模移民

1　此处的外国语言是指英语以外的语言，而非澳洲土著语言以外的语言。因此，该处的视角依然是以英国殖民者为出发点。

的政策成为大势所趋。然而，这种政策遭到许多澳大利亚工人和工会成员的强烈反对，他们认为这纯粹就是降低劳动成本的手段。同样不可避免的趋势是，移民不可能仅仅来自英国。移民是"被迫迁徙的人士"，首先是从北欧来的难民，其后是来自东欧和南欧的难民。当时的现实情况与其说澳大利亚政府"不鼓励"，还不如说他们"极力阻止"亚洲或者太平洋地区的移民。由于"白澳政策"（White Australia Policy）[1]得到了所有政党和公众舆论的支持，该政策一直执行到 1966 年。

1972—1975 年，由高夫·惠特拉姆（Gough Whitlam）率领的工党政府主政，标志着政策的改变和多元文化的发展，该政府也是在某种程度上仿效加拿大的思路（Grassby，1973）。克莱恩（Clyne，1991：19）认为这反映出两种动机：1968 年"革命"[2]风起云涌之后，澳大利亚加入了世界范围内承认少数族裔权利、文化和语言的浪潮，同时政府也认识到当时国内已拥有多元的文化传统，不再表现为一元的英国文化。事实上，澳大利亚当时已经开始意识到自己的身份认同及其与英国的差异，与英国的联系开始松散，以工党为代表的各个政党当时已拥有非英国传统或非英国出身的成员。在社交层面，亮出某人作为罪犯后代的身份[3]也不是完全不可想象了。爱尔兰人的特征不再被认为是低人一等的标志。尽管澳大利亚战后极力驱散"外族人"并阻止他们以"民族群体"的形式聚集在一起，但多个民族社区依然建立了起来，同化和吸收[4]也并未均衡发展。结果，民族社区保留了自己的语言、宗教和风俗，人们在墨尔本、悉尼等地的部分区域可以清楚地辨认出其保留的希腊或者意大利或者塞尔维亚等地的风情。

对多元文化主义和多语制的攻击来自多个方面。这些攻击并不局限于那些坚信在国内需执行同化和融合政策的人。同样让澳大利亚感到非常危险的是来自亚洲国家的移民，以及认识到澳大利亚应该更加了解自身所在的太平洋地区局势以及那些近在咫尺的人口大国。这些国家一方面可能向澳大利亚输出大量移民，另一方面它们日渐增长的财富可能会对澳大利亚的企业所有权及其旅游商机构成威胁。与这些经济忧虑相伴的是另一种更

1　"白澳政策"即"白人澳大利亚的政策"，指澳大利亚只允许白人移入，而不接受其他人种的移民的种族主义政策。1901 年，白澳政策正式确立为基本国策。

2　指包括法国学生运动、东欧布拉格之春等在内的世界性左翼运动。

3　英国向澳大利亚运送囚犯始于 1788 年，终于 1868 年。期间英国共向澳大利亚运送了约 16 万名男女囚犯。

4　此处的"吸收"跟"同化"意义相近，表示一个民族（的成员）被另一个民族吸收、同化与融合。

加不易觉察的担忧：作为一个在很大程度上由英国社会遗弃者和许多爱尔兰劳工建立的前殖民地，以"文化尴尬"（cultural cringe）为特征的态度从未远离澳大利亚的生活。在关于澳大利亚身份认同的辩论中，一种"深刻的自卑感和怯懦感"（Ozolins，1993：14）存在于澳大利亚人心灵的深处。

这一态度可能部分促成了政治上接受旨在纠正不平等、不公平、歧视的政策。导致变化的直接原因是 1972 年工党政府的当选。1978 年，负责此事的部长弗兰克·加尔巴力（Frank Galbally）创建了可用于移民的服务项目体系，包括多元文化的广播和电视。他的报告支持"保持文化和种族身份认同的权利……如果这可以通过多元文化互动的过程融入我们国家体制"。这一报告成为了官方政策，从 20 世纪 80 年代早期一直沿用到 1993 年。

1987 年的《澳大利亚国家语言政策》是这一运动的最终成果，它采用了四条原则：

> 支持所有人使用英语的权利；
>
> 支持土著和托雷斯海峡岛民语言（Aboriginal and Torres Strait Island languages）[1] 的使用；
>
> 支持所有人使用英语以外的任何一门语言的权利；
>
> 提供平等的、普及的多种语言服务。

正如 1987 年 12 月所宣布的那样，政府出资 2865 万美元用于实施澳大利亚《国家语言政策》。除此之外，政府还提供了大笔的额外资金可供使用，这些资金要么用于各州的教育项目，要么用于高等教育中的语言特别扶持行动。1988—1989 年，下列八个项目得到了资助（Lo Bianco，1990）：

- 成人识字行动计划（196 万美元）
- 亚洲研究项目（1989—1990 年，195 万美元）
- 澳大利亚第二语言学习项目（770 万美元）
- 作为第二语言的英语项目（新移民因素）（3540 万美元，来源于总额为 8210 万美元的作为第二语言的英语联邦项目）
- 澳大利亚语言学院（最初分配资金总额 109 万美元）

1　又译作：原住民和托雷斯海峡岛民语言。

- 多元文化与跨文化补充项目（4 年 250 万美元）
- 国家土著语言项目（100 万美元）
- 澳大利亚语言与多元文化教育顾问委员会（19 万美元）

　　1984 年参议院为《澳大利亚国家语言政策》做了一系列调查并完成了报告，霍克工党政府（Howke Labor government）在 1987 年最终采用了这一政策（构成了其 1987 年连任竞选平台的一部分），并在当年 12 月为各项目提供资助。当时，份额相当大的资助被分配给上述名目中所列的系列项目。奥佐林斯（Ozolins，1993：206—249）在研究中分析了上述政策建议者的动机：最重要的一点就是他们所代表的不同群体的合作与协调的层次和水平。奥佐林斯罗列了这些群体：语言职业工作者、以联邦教育部形态出现的政府机构、种族社区委员会。前两种群体可能被批评人士认为有追逐一己私利之嫌，但语言职业工作者至少包含了教非英语语言的人和教英语的人：在很多英语国家，人们经常发现这两类人互相攻击，而不会为了追求一个共同政策而互相合作。政府机构在政策形成中的作用被有些评论家称为具有"自治状态"的特征（Skocpol，1985），它们在澳大利亚的情况中起到了明确化的作用，对教育部和州政府此前不得不应对的许多语言议题进行了系统化和简洁化，使用了语言议题的三分法，分别以"需求"、"权利"和"资源"的标题加以统领。政府机构想要的是协调和设定优先等级的一套原则，它们的工作不仅提高了公务员的工作效率，也为语言职业工作者、政治"推手"和种族社区委员会的工作铺平了道路。

　　第三个群体（即种族社区委员会）构成了"种族游说团"（Ozolins，1993：214）。多元文化主义在 20 世纪 70 年代正式成为政府的指导性意识形态，它代表了或许可以称作对待多样化社会的人性化解决方式，集社会凝聚力、文化身份认同的维持、机会和资源均等、服务社会等多种目标于一身。1980 年，澳大利亚种族社区委员会联盟（FECCA：Federation of Ethnic Communities Councils of Australia）的组建表明社会分化和歧视的意识觉醒，以及创造基于多元的澳大利亚新身份认同的需要。但是，就像许多澳大利亚人一样，这一"种族游说团"也不完全确信多元文化主义就是正确答案：对于不同的种族群体而言，重要的是维持自身的语言和传统。政治左翼人士把阶级和种族联系起来，认为两者都仅仅属于阶级斗争的范畴，同时把多元文化主义看作社会工程性质的努力与尝试，这让许多种族活动家十分担心。另外一些种族活动家则担心政治右翼人士把融合与同化看作避免文化多元主义和国家不稳定的最佳发展路径。不管他们想法如何，20 世纪 70 年代中期以后种族群体的势力还是得到了承认：

> 1983 年参议院委员会所作的调查是种族社区进行了大量基础工作的成果……因为约翰·梅纳杜（John Menaduc）愿意采用种族社区的视角，所以《澳大利亚国家语言政策》才得以面世。（Croft & Macpherson，1991：105）

甚至到了 1986 年，多元文化主义仍是削减预算的目标，而种族群体对这些削减的反应导致了抗议活动的频发，迫使工党政府试图"修复在种族选民中的信用"（Ozolins，1993：193）。当年 7 月的选举使得政府抛出《澳大利亚国家语言政策》，作为回应种族群体施压的措施之一。

那些实际语言政策制定者即政府官员们的动机比较复杂，这在《澳大利亚国家语言政策》中的项目得到资助时就可以看得很清楚：1987 年 12 月份的版本不同于 4 月份的版本。很显然，支持非英语语言的动机并不囿于对社区的支持：政府官员也关心为了纯粹教育因素的语言学习（如古典语言）和为了澳大利亚出口产业发展的语言学习（即具有商业重要性的语言）。

人们原以为澳大利亚工业联合会（Confederation of Australian Industry）是学习和使用亚洲语言尤其是日语的主要支持者，但恰恰相反，联合会的成员们反对任何学习特定语言的要求，这种态度与许多其他国家的工业家的态度如出一辙。这些工业家认为出口工作人员需要应付多种类型的国家和市场，因此，他们有必要认识到不同文化的差异并应该掌握一些外语知识，谈判及关注法律事务的细节则需要专业人士。然而，几乎没有几个工业家打算分担培训一个精通国际合同、会说日语的律师的费用。

那么，1987 年实施《澳大利亚国家语言政策》的动机又是什么？动机至少有三个：首先是意欲通过更大程度地承认和认可移民社区的多样性而接纳移民社区；其次是意欲通过确保获取权力的渠道畅通、同时通过使用英语这一"团结性"语言来团结社会；再次是意欲通过培养对邻国语言的运用能力来确保澳大利亚作为亚洲和太平洋沿岸地区一员的现状得到认可。纠正不公平和不公正是否是政治家心中最为重要的考量，这点仍值得怀疑，尽管当时的工党政策制定者可能比作为反对党的自由党更加倾向于对这个问题说"是"。不管怎样，20 世纪 90 年代澳大利亚局势的评论者多提出过这样的疑问，除了经济动机之外，政治家们到底还积极考虑了其他哪些动机？种族社区的游说当然确保了语言问题被提上了政治议事日程，他们的动机自然意在消除他们认为的歧视。然而，这一政策得以实施的一个重要因素是多个利益集团的团结一致，这促使政策倡导者提高了政治意识，确保了该政策不会成为踢来踢去的政治足球，而是在很长一段时期成为专注的、持续追求的目标。若非如此，这一政策很可能沦为没有约束力的一纸空文，这一点从新西兰存在很多相同的因素但却从未采取任何形式的开放语言政策就可以看得很清楚。

　　20 世纪 90 年代，移民社区原初的第一语言很多已不再使用，这一情况在第二代移民身上尤为明显。西莫里茨（Smolicz，1992）在调查了澳大利亚的波兰裔、威尔士裔和华裔社区后得出结论：语言丧失（language loss）促使人们仔细审视核心文化价值及其与社区自我评价的关系。对于某些社区而言，语言被认为是"唯一"的核心文化价值：没有了该语言，社区成员就会消失在宿主社区（host community），不会再保留任何独特性。对另一些社区而言，语言只是许多核心文化价值之一，社区成员即使在其第一语言改为宿主社区的第一语言时仍能保留一定的独特性。还有一些人实际上排斥宿主语言（host language）或主流社区语言以外的任何语言，觉得没有必要保留任何独特性，也不希望如此。针对波兰裔调查对象（18人，大多是澳大利亚 80 后居民）的调查让西莫里茨得出"波兰语是基础核心价值"的结论：几乎不存在其他种族特有的核心价值（甚至是天主教这一信仰）。如果没有了波兰语，个体就会逐渐远离波兰裔社区：

　　　　他们认为波兰语让人心智上缺乏活力，社交上被降低身份，政治上遭到孤立……研究记录中的评述表明……这是对社会现状的被动接受。他们发现使用英语要更加便捷……在不特别要求使用波兰语的情况下，他们不准备为了使用波兰语而作更大的努力。（Smolicz，1992：284）

　　　　因为我不会说波兰语，所以没有被波兰裔社区接受。（Smolicz，1992：287）

　　威尔士裔社区和华裔社区与波兰裔社区构成了鲜明对比。根据 1986 年澳大利亚人口普查，出生的 27,209 名威尔士裔人中有 1,708 人还在使用威尔士语。西莫里茨（Smolicz，1992：288—297）所作的研究记录中的典型评述如下：

> 孩子们是澳大利亚人，澳大利亚是他们的归属地，因此我觉得让他们学习威尔士语没有什么意义。
>
> 当不再把语言作为身份认同的核心标志，威尔士裔满怀热情地求助于"残留"或"非纯正"的种族表达方式……旗帜、韭葱、威尔士蛋糕、黄水仙花……这些回忆录呈现的证据证实了这一观点：威尔士语是威尔士文化的核心价值，该语言消失后，文化只剩下碎片。
>
> 我想，作为一个华裔但又不会说一句汉语可能让人觉得有点傻兮兮的……但我不认为我对汉语学习有多大兴趣。
>
> 学习汉语真的没有动力……你看不出汉语与现在生活的相关性。
>
> 在澳大利亚，我认为是否能用汉语读书识字并不重要。

《澳大利亚国家语言政策》在移民语言方面的成功是显而易见的。此处的动机基本上和《欧洲区域或少数民族语言宪章》倡议者的动机相类似：明确语言权利。除了为移民语言努力奋斗的种族委员会，那些支持《澳大利亚国家语言政策》中使用土著语言的相关条款的人构成了另一个群体，他们具有强烈的政治利益和动机，但他们关注的是其所认为的不公正，而非客观的不公平或不平等。在制定《澳大利亚国家语言政策》前后，一些关心土著居民问题的人对澳大利亚建国两百周年庆典以及"第一舰队"（First Fleet）[1]复制品运抵悉尼港提出抗议，这引起了澳大利亚境外的关注。然而，真正公开表现舆论大转向及开始承认过去不公正对待土著民族行为的是马勃裁决。这一案件的一方是代表马瑞母人（Meriam people）的毛利岛居民埃迪·马勃（Eddie Mabo），另一方是昆士兰政府，案件的焦点是土地所有权。昆士兰政府强调，当毛利岛在 1879 年被占领时，其主权和所有权都转到殖民者的名下。澳大利亚高等法院做出裁决时，尽管承认澳大利亚所有领土的主权都从 1788 年起转移到英国王室的名下，且这一国家行为任何法院都不能否决，但根据一个绝大多数法官都赞同的决议

1　为了解决英国境内监狱过分拥挤的问题以及缓解美国独立战争对英国造成的冲击，探险家约瑟夫·班克斯（Joseph Banks）建议将澳洲的新南威尔士（New South Wales）作为新的囚犯殖民地。1788 年 1 月 26 日，11 艘船只组成的"第一舰队"运载着约 1500 人（其中一半是囚犯）抵达悉尼港。

（6：1）判定：殖民地土著居民对土地不具有财产权的观点是"不公正的、歧视性的"。这一法则适用于澳大利亚所有的土著居民，事实上意味着某一特定群体如果证明自己一直生活在这块土地上，那么就优先拥有土地所有权。这一裁决的现实后果重大，影响了内地的采矿业和畜牧业（种植业）公司。

马勃裁决朝公众正式承认对待土著民族不公正的方向迈进了一大步。然而，困难依旧重重，尤其是在主权问题上以及与美国和加拿大的"第一民族"（First Nations）[1] 现状的对比上（参见 Reynolds, 1996）。如果土著民族在 1788 年殖民地建立之前拥有主权，并且拥有社会组织结构以及一套法律和惩罚措施，那么即使与澳大利亚法律相冲突，在当前继续这样的生活也会被认为是正当的。当其法律和判罚跟"文明社会"的具有显著差别时，问题就出现了：婚礼习俗、对待儿童的做法、死刑，都是曾经出现并将继续出现的此类冲突之一。

对澳大利亚宪法性质的讨论、对 1999 年 11 月关于建立共和国可能性的全民公决，这些都意味着与澳大利亚土著的和解在当前变成了一个重要问题。人们似乎存在着这样的愿望，即以某种正式的方式为殖民者过去对待土著居民的行为表示后悔并致以歉意。事实上，1991 年建立土著居民和解委员会（Council for Aboriginal Reconciliation）也是出于这一愿望。为了正式和解，人们提出了多种方案，包括制定接受土著居民自我管理和自治的条约、接受土著居民的法律和习俗等。人们普遍认为，修改宪法并增加前言性质的总则是最可能达成的官方文件。但为此作准备的宪法大会在 1999 年建议，前言性质的总则不应该仅仅提到土著居民的权利，也应该提及：

> 万能的上帝、代议制民主（representative democracy）和负责任的政府、坚持法制、承认文化多样性、尊重土地，同时承认土著和托雷斯海峡岛民原本对澳大利亚的拥有与守护……需要考虑的问题应该也包括性别平等（Sydney Morning Herald, 1999.2.15）

日本与澳大利亚形成极大反差，该国长久以来以与世隔绝、主观意志

1　第一民族是对美洲印第安人的新称呼，该称呼承认这些土著民族早于欧洲殖民者在美洲居住并生活的事实及其相关权利。

和与众不同而闻名（Miyawaki，1992）。日本是单语制社会，就像澳大利亚过去被认为的那样尽管存在着来自文化同一性（cultural homogeneity）的压力，日本社会仍然不可避免地包含了一些少数语言群体。其中两个少数语言群体是约有两万五千人（无人知晓其准确数字）的生活在北海道的阿伊努人（Ainu）[1]和来自朝鲜半岛的朝鲜族人（约六十九万人）。这两个群体都有被歧视甚或被迫害的历史。直到1868年之后北海道才有大批日本人居住。目前仍在执行的1899年的《北海道原土著居民保护法》（*Protective Act for the Former Aborigines of Hokkaido*）[2]实际上破坏了阿伊努社区包含语言在内的经济、社会和文化传统。阿伊努人几乎常被当代的日本人认为是低人一等的人种：1997年孤独星球（Lonely Planet）[3]的《日本旅游指南》中这样写道："阿伊努人的处境通常与动物园关在笼子里的熊联系在一起，笼中之熊的景象同样让人觉得压抑，象征着阿伊努人失去的自由。"然而，尽管所剩的说本族语的人不足十人，依然存在零星的试图提高该文化声望——尤其在白老地区（Shiraoi）——以及保持该语言活力的行动。具有朝鲜血统的人们很早以前就住在日本的岛屿上了。日本文化本身也可以追溯到5世纪朝鲜和中国文化对它的影响，而朝鲜在公元200年遭到日本侵略，此后经常遭日入侵，在1910年至1946年期间被日本吞并。在1938—1945年的战争期间，两百多万朝鲜人被运到日本，强制编入日本的劳工和战斗队伍。至少是1910年以来，日本实行拒绝赋予在日朝鲜人权利尤其是语言权的政策。结果，如今80%的在日朝鲜族儿童成为只会日语的单语使用者；95%使用日本名字。尽管日本的朝鲜族学校同时使用朝鲜语和日语教学，但这些学校还是被归类为"其他类型"，跟烹饪学校、驾驶学校列在一起；朝鲜族学校的毕业生不能进入日本大学学习，他们也没有任何到日本公司就业的机会。

对日本的阿伊努人和朝鲜人进行强制性的语言和文化同化，体现了更严重的社会不公平现象。这一程度的社会不公平当然也存在于其他地区，

1　阿伊努人是居住在库页岛和北海道、千岛群岛、堪察加的土著居民，历史上使用阿伊努语（Ainu），当今大多数使用日语。如今，很多阿伊努人希望人们称他们为"乌塔利人"（日语为ウタリ，罗马拼音为Utari），在阿伊努语中表示"伙伴"的意思。一些中文文献用日本历史上曾经出现过的"虾夷人"来称呼该民族。

2　又译作：《北海道旧土人保护法》。

3　孤独星球是孤独星球出版社的简称，该公司曾经是世界最大的私人旅游指南出版社。近年来，孤独星球出版社也从最初单纯的出版业扩展到电子产品、电视节目、杂志、网站等业务。

这令人不禁想到中欧歧视吉卜赛语使用者的例子。主流社会或者相关少数群体改变了或正在改变观念，都可能产生实际后果。在日本的例子就是导致了实际的语言转换（language shift）。同样，在澳大利亚，土著语言未能作为现代民主社会的交流方式存活下来，尽管这些语言在特定群体中依然保持着活力，但绝大多数与主流社会接触的土著居民至少会双语，并且大多数情况下他们已丧失了说原来语言的能力。

纠正不公平作为语言政策的动机

通过以上案例我们可以得出该动机的几条结论。指望决策者们心甘情愿、毫不自私地让出权力给无权者，这显然是对人性期望过高，因为决策者的含义就是掌权者，因此也就属于精英集团。表面看来，纠正不公平不可能成为任何一种政策的动机。但事实上，托尔夫森（1991）、费尔克拉夫（1989）和其他许多分析家认为，语言规划通常是一种强制与支配行为。唯一能纠正不公平的是强力（brute force），这一点在马克思主义对历史的阐释中体现得尤为明显：只有压力团体、强有力的游说团以及威胁或者暴力才能带来改变。该阐释把语言差异视作权力差异的反映：无论社会中掌权者是男性还是某些族群，统治行为都确保被统治群体的语言使用缺乏声望。而想要纠正这种不公平局面的动机实质上就是想要改变社会的动机。这一类型的分析很少区分我们提到的不公平、不平等、不公正这三个层次；这些都是极端不公正的表现形式。

另一方面，澳大利亚和美国的语言政策是社会变革的产物；使更广泛的人群更强烈地意识到不公平的存在而产生纠正这些不公平的愿望。这些更加民主的态度导致相关权力当局采用了较少不平等的政策。多元主义发挥了作用。换一种说法就是，语言差异代表文化差异而非统治差异：社会中掌权的文化群体（白人、男性或者是欧洲人）碰巧不懂其他群体的语言。就这一分析而言，如果一个群体能更好地理解另一群体，那么就可能减少社会的不公平。

然而，依然不变的是：在一个多元的、民主的社会，要想实现这些变化，必须要有一个压力团体，其目的在于确保人们意识到相关不公平及纠正这些不公平的必要性，还要向人们展示如何纠正不公平。女权运动及相关的特殊机构如女性社会学者协会等专门着手确保性别不公平得到纠正。类似的情况还出现在澳大利亚种族委员会和澳大利亚种族社区委员会联盟旗下的林林总总的利益团体身上。相关语言政策究竟是由政府机构自上而下推行，是由官方色彩较弱的人群如编辑以及文体手册实施，这些并不重要。一些案例中，回应压力团体以及意识到不公平的存在导致语言使用在很大程度上成功地发生了变化。

《欧洲区域或少数民族语言宪章》的案例与性别不公平或者《澳大利亚国家语言政策》的情况稍有不同。那些感受到社会不公正的族群提出的语言规划很少采取《欧洲区域或少数民族语言宪章》这样的形式。在《欧洲区域或少数民族语言宪章》的案例中，使用被统治语言的社区并未采取联合行动来实施这些旨在改变现状的语言行为。在此，这些社区的代表试图制定政策而非进行规划。相关社区对自己的行动尚不明了，试图去说服政治当局采取政治措施，这种做法相当奇怪，而一些政府对于提议犹豫不决的反应恰恰验证了这一点。希腊、法国和英国政府在 1998 年前态度都很强硬，这些国家的境内都存在少数语言群体，因此对于支持这一政策的后果都显得相当审慎。科西嘉自治的压力和马其顿问题不相上下，而北爱尔兰问题导致英国政府长期搁置《欧洲区域或少数民族语言宪章》的签署。只有在这类问题对于相关政府来说不足为患时，《欧洲区域或少数民族语言宪章》才可能成为所有欧洲国家的法律。

在诸如以上的种种考虑之后，我们要对以下二者进行区别：一种是国家或拥有政治权力者的语言政策，另一种是社区或群体的语言规划，尽管这些社区或群体也许在某些领域如教育方面拥有一些权力。鲁伊斯（Ruiz, 1984）对于语言政策中问题观、权利观和资源观的区分是我们对不公平、不平等和不公正进行区别的基础。在某些情况下，通过要求"获得某物"而非要求"反对某人"或许更能够解决这些歧视行为。总的来看，作为语言政策的动机，社会不公平在各个国家和社会的表现形式有较大差异，但同时具备了所有人类社会都可辨识的普遍性特征（Hornberger, 1998）。

第六章　融合性与工具性

我们在前几章主要讨论了国家、政府和社区对语言政策的制定与干预，这些主要是影响作为对象的语言。此后，我们将把注意力转向经济动机及其与政治动机、社会动机的关系，转向个体所起的作用，既关注政策，也关注规划，因此这些动机不仅作用于作为对象的语言，也作用于作为工具的语言。独立的国家之所以制定政策，是为了管理其治下民众的语言行为。国家想方设法实施并维护这些政策，有时能够产生显著的效果，但并非总是如此。政府、政治领袖或者其他重要人物设计并实施的自上而下的政策，有时表现为法律、指令、规章等形式的宏观政策，有时表现为通过诸如教师或官员、执法者等政府代表者的行为而起作用的微观政策。这两种情况下，动机都是政治性的，其目的旨在影响社会的行为方式，而语言政策的决策通常是经过仔细斟酌的。然而，少数人群社区、种族社区、语言社区也都会改变语言行为，有时它们试图改变自身的语言行为，有时希望影响他人的语言行为。这些社区和人类群体首先是通过自身特征界定的，而不是由政治划定的。它们与政府、国家不一样，不仅因为这些社区和群体不是官方意义上的政策制定者，而且因为其关于语言行为的观念可能常常是不够清楚、不易辨析的。它们也没有可支配的机构去影响语言行为；即使它们对语言行为产生了影响力，这种影响力一般也不会很显著。社区的压力群体经常有意识地制订周密的语言计划，但这些计划都是针对作为对象的语言，通常试图影响某一特定语言或语言变体所具有的地位。尽管也出现过一些广为人知的、成功的特例，但社区领导人和压力群体通常不能使诸如语言转移等愿望开花结果。社区发生的语言行为的渐变看起来似乎是接近本能的变化，即完全是对环境变迁的自然反应。社区对语言由下而上的影响类似于独立个体应对自身周遭境况时采取的行动。正如我们所看到的那样，加德纳和兰伯特（1959）设定了个人外语习得的工具性动机和融合性动机两个倾向性极点（参见引言的第三小节"动机过程：目标、态度和动机"）。工具性动机假设个体感兴趣的只是习得足够的交流能力以实现自身特定的目标，通常是与经济指标有关的目标。融合性动机则建立在个体试图与目标社区更加紧密联系并最终融入该社区的愿望之上。加德纳和兰伯特以加拿大为研究基地，把目标锁定在可能说法语，也可能说英语，但都属于同一个国家的社区。调查的样本是成人学习者。其他语情、其他类型的语言行为可能会让我们更深刻地认识语言规划动机的社会—经济范围，让我们了解这一动机范围在多大程度上既适用于个人，又适用于社区。一端是个人自我发展的动机，另一端是追求与群体的融洽关系的动机，这一思路给了我们一个用来讨论分析社区和个人的非政治性动机范围如何的起点，同时也让人质疑个人和社区的语言行为是否真的只是对环境的反应而已。这一章将重点探索个人和社区的语言行为，并借此探讨这些是否是规划行为、什么是此类规划的动因等问题。我们内在的假设就是个人的行为方式在很大程度上与社区相同。

几十年来，人们移民到美国的原因众多，既有消极原因，也有积极原因。持"消极"原因的是那些逃避本国迫害的难民，这里的迫害包括宗教、政治、经济、社会或种族等方面，而"积极"的原因主要是经济方面的，此外也有移民为了结婚或者为了成为他们喜爱的社会的一员而来到美国。为消极因素即"赶出去"因素（push factor）而移民，可能意味着许多移民只是想在新地方重建他们自己曾经居住的社会，继续使用原来的语言，并只在必要时才使用宿主社区的语言。因为经济原因而移民的动因是一个经济富裕、资源充足的社会的"拉进来"因素（pull factor），这类移民更可能采用宿主语言，但此举的目的只是把语言作为改善生活的工具。对所有类型的移民而言，改变语言行为的动机可能基本上都是工具性的，首要目标就是增加改善生活的机会、促进个人的职业发展、提高个人经济成功的程度。这是否意味着所有移民本质上都不愿接受同化呢？学习和使用通用语（仅仅用作交流工具的语言）的动机同样不太可能反映出融合性动机。非洲集市的多语现象表面上提供了一个为了应对日常需求、购买食物和其他必需品而不得不学习多门语言的显著例子。贸易交流使用的国际英语（international English）常被用作复杂的贸易洋泾浜语（trade pidgin）的例子，但这种语言存在的唯一理由就是让以贸易往来为目标的基本沟通和交流成为可能。最后，工具性—融合性动机范围在本章的五个个案分析中得到了进一步的探讨，这五个案例中涉及的对象包括为了工具性原因学习日语的英语使用者、为了特定的学术目的使用英语的学者、三个动机不那么明确的到英国或者其他英语国家的移民。

移民

"1803 年的假设与今天一样：美国的语言（如果不是所有美国人的语言的话）应该是英语。"（Ricento，1996：131）自美国独立以来，美国的语言策略就一直与这个同一化的神话保持一致：使用一种语言，即英语，将能够保证民主，防止任何群体（包括那些说其他语言的群体）攫取特权。宪法的权力制衡系统确保国家免受任何团体或个人的专制和暴政，但却没有构想任何平衡语言权利的体系：此举的目的在于加强美国的"大熔炉"性质，尽管美国宪法没有像法国那样彻底地剥夺群体特权，但的确设想到了为了个体民主的大业而牺牲群体特权。推动整个 19 世纪和 20 世纪美国语言政策的主要力量是吸纳语言少数群体，推进美国土著居民的"文明化进程"，只在直接同化不起作用的地方使用逐步同化的政策。像宾夕法尼亚州的荷兰语使用者和路易斯安那州的法语使用者等特殊群体，慢慢被同化进整体模式。意大利移民群体尽管保留了使用某一意大利方言的习惯，但这通常不是他们的唯一语言，有时甚至不是他们的主要语言。1890年之后的"移民大潮"使国家对英语的要求水涨船高：1906 年美国通过了第一部把英语规定为公民身份前提条件的法律。而保持民族原比例的限制条款规定，来自任何国家的移民数量都不能超过 1890 年人口统计时该国已移民到美国的人数的 2%，这一条款一直实施到 1967 年才被废弃。直到1992 年，国会才允许在某一少数语言群体的人数超过（含）1 万时，向其所在选区发放双语选票。移民对这些政策的接受程度如何？他们学习英语仅仅是出于为自己或家人获取经济、政治或社会优势的工具性动机吗？他们学习英语，是想自觉地在语言上融入美国社会，还是仅仅出于想与宿主社区加强联系的自然本能？

1950 年以来，尽管也出现过越南、朝鲜、海地等较大的国际移民潮，到美国的移民仍是以操西班牙语者居多，他们大都来自美国的附属领地（波多黎各）或者邻国（墨西哥、古巴）。这种移民模式带来的结果是，目前在美国的很多地区，说西班牙语的人口比例居高不下，这种现象在南部各州以及纽约等中心城市尤为明显。西班牙语使用范围之广，促使大多数州（50 个州中的 48 个）曾考虑立法以强调该州的官方语言为英语，而实际上在很多州不懂西班牙语就不可能完成日常事务（购物、与地方当局打交道等）。到目前为止，至少有一个南部城镇宣布西班牙语为官方语言，并公开声明支持跨越南部边境线的"非法"移民。因此，尽管美国也存在大量的说其他语言的移民，西班牙语在未来可能成为美国语言政策和规划的主要议题。

从逻辑上来讲，语言习得（language acquisition）的工具性动因应该适用于两个不同的群体：需要用英语处理大部分日常事务的移民；由于社区雇工的特点而需要掌握足够的西班牙语进行购物、与当地政府及水电气等公用事业部门打交道的宿主社区。一般经验认为，融合性动机为第一类群体所专有。宿主社区通常极力反对任何与说西班牙语的人处好关系的融合性愿望，它们花相当大的精力确保西班牙语成为被边缘化的语言并长期保持不变。谁是移民和宿主社区的代言人？有两类组织似乎十分关心语言问题。"英语语言"阵营志在保护英语的特权地位，这一阵营的两个主要组织是美国英语（U.S. English）[1] 和美国移民改革联盟（FAIR：Federation for American Immigration Reform）[2]。它们所作的公开声明经常受一种"不理性、无根据的恐惧"的驱动，即"担心语言多元主义将削弱国家的团结"（Ricento，1996：154），"触碰到了美国心理中语言与文化恐惧的原始神经"（Zentella，1997：72）。

与反移民团体抗衡的是许多联盟和职业协会，包括语言协会。这其中有全美双语教育协会（NABE：National Association for Bilingual Education）、世界英语教师协会（TESOL：Teachers of English to Speakers of Other Languages）、现代语言协会（MLA：Modern Language Association），等等。还有一些组织更具种族倾向，如拉丁裔美国人联盟（LULA：League of United Latin American Citizens）、波多黎各法援及教育基金会（Puerto Rican Defense and Education Fund）、墨西哥裔美国人法援及教育基金会（MALDEF：Mexican American Legal Defense and Education Fund）、拉拉扎全国理事会（National Council of La Raza）[3]。（Ricento，1996：151）

对该问题的大多数学术分析都集中在语言权利的问题上，有时讨论的是多数人群的语言权利，有时探讨的是少数人群的语言权利，但很少有人考察移民人口语言行为的动机。而使这一状况雪上加霜的是，已有研究主

1　"美国英语"（U.S. English）由早川雪（S. I. Hayakawa）参议员和约翰·唐顿（John Tanton）医生于1983年创建，包括美国英语有限公司（U.S. English, Inc.）和美国英语基金会（U.S. English Foundation），该组织的宗旨是促使把英语定为美国的唯一官方语言。

2　美国移民改革联盟是美国的一个非营利性组织，由约翰·唐顿于1979年1月创建，目的是为了改变美国的移民政策，减少移民数量。该组织的总部位于华盛顿特区。

3　又译作：全国拉美裔理事会。根据该组织的定义，拉拉扎（La Raza）是指"新大陆的拉美裔人"。

要集中在反移民团体的诉讼案例、立法及立场态度研究上。联邦层面上的官方政策一直来回摆动，一会儿是传统的单语主义及推行同化，一会儿是多元文化主义及旨在扶持少数群体的"肯定运动"（affirmative action）。双方的争论反映出普遍存在的针锋相对的观念，如"移民抢走了我们的工作"与"应该欢迎并鼓励人口的自由流动"。这些争论经常沦为口号与标语的交锋，一方指责另一方是种族主义与法西斯主义，另一方则宣称对方迎合庸俗口味、企图破坏社会凝聚力。在这场争论中，双方对权利的强调让人们感受到，美国的语言问题是只能通过极端化的措施加以解决的问题，个人和相关社区的动机倾向于隐而不见，而政治人物对不同立场的选择则折射出压力团体情绪的此消彼长。

是同化，还是在宿主国家依然保留不一样的身份认同？在这一问题上，移民本身的行为表现也各不相同。一个普遍认可的观念是，同化和融合总是会发生在第二代或第三代移民身上。是否在超出"种族事务"的宿主社区就业，这一问题成为是否有意在宿主社区规范框架中寻求经济地位提升的直接考验之一，因此可以看作衡量移民社区是否具有融合性动因的一个指标。就业也与语言联系紧密。尽管非正式或非法雇佣可能避开或忽略宿主语言，然而一旦移民拥有正式工作，他们就必须跟报税、安全生产规定等一系列规章制度打交道，与同事及工会或社会保障等管理机构和组织进行交流。

移民状况及同化／融合问题很容易被简单化。这一问题并非是静态不变的。举例来说，1900—1945 年期间，熟练与半熟练的波多黎各城市技术工是作为美国东北部工业的廉价劳动力特意招收进来的，由于他们是美国公民 [1]，因此不能根据 1924 年限制欧洲移民的《移民法》把他们拒斥在国门之外（Grosfoguel, 1999）。20 世纪 50 年代之后，波多黎各移民主要是没有技术的农村移民，占到加勒比地区移民的 79%，但满足的是同一工业需求。20 世纪 70 年代之后，波多黎各移民显著减少，只占加勒比地区移民的 7%，他们的位置为其他加勒比国家及世界其他地方的移民所取代。由于他们的出身（特别是社会阶层）、招工模式、目的社区对他们整体的公众印象等原因，波多黎各人通常成为美国制造业的劳工。在制造业繁荣期

---

[1]　波多黎各原为印第安人居住的岛屿。1493 年哥伦布第二次去美洲大陆时到达此岛。1509 年沦为西班牙殖民地。1898 年，美西战争爆发，西班牙战败，波多黎各割让给美国。根据美国国会通过的法律，出生在波多黎各、关岛、美属维尔京群岛、北马里亚纳群岛等美国属地的人，自动成为美国公民。

结束之后，他们一直处于被边缘化的地位。20 世纪 90 年代，50% 以上的波多黎各人失业或离开了劳动力队伍。"'公众舆论'似乎通常把波多黎各人视作种族歧视性的'西班牙语佬'，将其特征描述为'懒惰、暴力、愚蠢、肮脏'。"（Grosfoguel，1999：245）这样带来的后果是，波多黎各人自身也抵制同化，甚至拒绝那些用连字符连接的称呼，即类似于意大利裔—美国人（Italian-Americans）、墨西哥裔—美国人（Mexican-Americans）、朝鲜裔—美国人（Korean-Americans）这类身份标签[1]。除了社会阶层、就业特点、公共舆论之外，还有一个因素让问题更加复杂化：传统的移民群体到了一个新地方之后就会切断与故乡的联系，而现在的情形是移民群体不仅通过邮政、电子邮件、电话保持与故乡联系，而且在两地之间来回奔波，自己回"家"或者把家人送回"家"，和两地的家人共度时光。波多黎各人被贴上了"通勤民族"的标签，因为机票现在已比较便宜，许多波多黎各人能够经常在波多黎各岛和美国大陆之间飞来飞去。另一个让问题复杂化的因素是，美国大陆以外的地区也取得了经济和社会的发展。在很大程度上，波多黎各岛本身也像夏威夷那样采纳了美国民族的身份认同，具有近郊中产阶级文化习俗，这经常与那些从美国返乡的住在城市贫民窟的工人阶级大相径庭[2]。

尽管时局纷繁复杂、不断变化，来自不同国家的移民也各不相同，但就业前景（因而也是一种工具性动机）经常成为向美国移民的一个主要驱动性因素。融入宿主社区的就业习俗看似是一个理想动机，其实只是一个第二层次的动机。被同化进宿主社区文化和语言规范只是迁移的必然结果。同样，此处很难做出一般性的概括归类，因为移民的就业模式显示出非常不同的情况。个人为获得在宿主国家经济体中工作的机会而移民。移民的网络很快就建立起来，继而推动了新一代的移民，而新一代的移民也不仅仅是为了实现家庭团聚，更多是冲着现实就业机遇而来的。这些人因自身动机而移民，他们给"家"寄钱带来了资源流动，上年纪后返乡度过退休后的时光，加上少数民族企业和"民族岛"（enclaves）在目标经济体中建立起来，所有这些因素能够重塑移民来源国和接受国的经济，创建新的就业机会，重新定格整个融合的问题（参见 Light et al., 1999）。事实上，

1　英语中，两个词用连字符连接之后就成了一个词，让人觉得两个成分之间的关系更加密不可分。例如，Italian Americans（意大利裔美国人）增加连字符之后成为了 Italian-Americans（意大利裔—美国人）。

2　美国中产阶级倾向于住在城市郊区，而很多穷人和少数族裔则住在城市中心的某一地区，往往形成贫民窟，常有暴力、吸毒等犯罪现象发生。

移民在宿主社区创建新的就业机会的成功程度可以通过考察跨种族雇佣的程度来衡量，即考察某一种族的移民为其他种族的成员（包括宿主社区或目标社区本身的成员）创造就业机会的频次。20 世纪 90 年代，莱特等人（Light et al., 1999：13）研究了洛杉矶服装制造业的例子，该行业中"朝鲜人经营的服装工厂雇佣了 87% 的操西班牙语的员工"。总体而言，在洛杉矶，服装制造业中四分之三的企业为第一代移民所拥有并雇佣了第一代移民，所雇佣的劳工占洛杉矶县 [1] 劳动力的 3.5%：

> 大约 30.3% 的服装制造业员工都属于单纯种族经济（即只雇佣某一种族群体），47.2% 属于移民经济（即多种族），剩余的 22.5% 属于主流经济。(Light et al., 1999：20)

除了洛杉矶的服装制造业之外，这类例子还有很多。20 世纪 20 年代，意大利农民移居澳大利亚的凯恩斯市，开辟了甘蔗种植园，还鼓励整个村子的人跟着他们干。就业模式开始多样化；多家企业尤其是食品生产和加工厂接连建立，接着澳大利亚国内人口向该地迁徙。类似的模式也出现在从印度和巴基斯坦流向英国的布拉福德（Bradford）、伯明翰（Birmingham）和莱斯特（Leicester）地区的移民身上。众所周知，在英国，亚洲企业遍地开花，这些企业经常雇佣许多种族群体的劳动力。

这类跨种族聚合不可避免地会影响语言行为和社区的语言动机，通常会促使移民更快地接受宿主国家的语言，导致语言转换。但移民的动态本质以及"通勤民族"频繁的往返旅程产生了相反的作用力，更可能导致目标社区的双语化，也会导致源社区（source community）一定程度的双语化。

然而，美国的移民情况并不总能体现其他地区移民的典型特征。说西班牙语的美国移民具有三个非常独特的特征，这也使其显著区别于近期从欧洲来的移民。说西班牙语的移民不是过去帝国主义的后果——许多说西班牙语的移民从墨西哥进入美国，起先做一些临时性的或季节性的工作。在美国，西班牙语与德语或意大利语不属于同一类型——很多州使用西班牙语比使用英语还要早很多，应该在一定程度上有权利被认为是美国的原

1　洛杉矶县处于加利福尼亚州，县府是洛杉矶市。在美国的行政单位划分中，县比市大，通常包含几个甚至几十个市，跟中国市县划分的情况相反。

语言而不是移民语言。20 世纪 60 年代和 70 年代的民权运动对公共政策和态度产生了重大影响，社会对黑人和整个下层社会的态度转变使西班牙语尤其受益。因此，习得宿主社会主流语言的动因不仅仅是经济性的和工具性的，也不仅仅是融合性的。尽管西班牙语使用者的情况特殊，但他们并未表示希望在美国有一个西班牙语的单语生活环境。因此，有充分理由相信，美国的双语化正在成为一个制度化的现实。然而，这一双语制本身是否最终会成为新单语制的过渡阶段，并且，这一新单语制是否是只说西班牙语的单语制，这些问题需要在很久以后的未来才能找到答案。就移民的动因而言，美国的情况清晰地表明：工具性和融合性不可避免地总是交织在一起，早期的工具性可能很快就带来融合的愿望。重要的一点是，移民的规模及其不断变化的本质既影响到源社区，也影响到目标社区，因此不断改变着动机的性质。有一点对我们的研究目的更为重要：许多移民行为及其导致的语言行为似乎是有计划的，而不是混乱的经济或政治的偶然结果。

通用语

在很多非洲国家均属正常的多语制可以从一个自上而下或者自下而上的视角来加以审视（Fardon & Furniss，1994：4）。对那些关注行政及政策问题的语言规划者或专家来说，如果从自上而下的"管理"角度来考虑整个局势，非洲社会的语言情况可谓复杂。大多数非洲国家包含多种不同的语言，这些语言有的拥有几百万的使用者群体，有的言说者寥寥无几。语言的跨界现象非常典型：各种欧洲语言、阿拉伯语、斯瓦希里语以及各类混杂语言被用于各个专门领域或起着特殊作用，当地的土著语言则被用于种族群体之中。然而，种族界限并不一定和语言界限相吻合，也未必等同于政治边界。语言规划者们面对的典型问题是教育和习得规划问题，即决定哪种语言应该在学校和其他地方使用。他们要考虑的第二个问题是确保本体规划——语言标准化、词典释义、语法和书写体系。有时，地位问题会直接或间接地出现，因为语言本体和习得项目说到底依赖于扶持某一语言群体或其他群体的政治意愿。倘若政治家们想要加强或削弱族群之间的联系，语言和国家语言政策或许可以被加以利用。

从自下而上的人类学视角来审视现实情况，非洲语言状况最明显的特点是个体的多语现象：

> 多语即是非洲的通用语……一个多层次、部分相连的语言链……
> 一套通过快速学习第二语言或者发展新的语言能轻易和新环境重新建
> 立紧密联系的体系。(Fardon & Furniss, 1994: 1)

在官方层次，民族的建构、身份认同的塑造以及对不公平的纠正可能是语言规划者重要的动机，但个体语言行为的动机似乎主要是工具性的：想要生存，就必须能够操用某些语言或语言变体来应对特殊的目的：

> 由于某些语言的有用性，不说这些语言的人往往把它们作为第二
> 语言来学，如加纳（Ghana）的阿肯语（Akan）、塞内加尔（Senegal）
> 的沃洛夫语（Wolof）、北尼日利亚（North Nigeria）的豪萨语（Hausa）、
> 扎伊尔（Zaire）的林加拉语（Lingala）以及在东非使用广泛的斯瓦
> 希里语。(Bamgbose, 1994: 34)

实用多语现象和通用语的使用体现在最基本的活动中。在对非洲集市的专门研究中，卡尔维特（Calvet, 1992）对科图努（Cotonou）一处集市里的396人做了访谈，其中381人认为丰族语（Fon，法式拼写）是该市场实际上说得最多的语言，虽然并非人人都说丰族语。只有118人把丰族语作为母语，而232人说包括丰族语在内的两种或两种以上的语言。布拉柴维尔（Brazzaville）[1]、阿比让（Abidjan）及其他一些地方的集市也存在类似的典型多语特征。在科特迪瓦（Cote d'Ivoire）的首都阿比让的一个集市上，不同的种族语言群体出售不同的产品：一个族群卖熏鱼，另一个族群卖蔬菜。买者和卖者来自众多不同的语言群体，但当买卖双方进行交流时，使用迪尤拉语（Dioula，法式拼写）、法语或者英语。显然，买卖双方都必须对这几种语言有一定的掌握才能进行商务活动和交流互动。

语言使用的自上而下和自下而上的视角之间的对比，对于认清不同国家的语言现实非常重要。通常，官方语言政策和语言规划会扶持不同种族群体的母语。这会影响到教育政策、政治联盟、种族冲突以及生活的许多其他方面。但在有些情况下，几乎没有人把集市上的通用语作为母语。例如，在塞拉利昂，"各个族群开始向移居弗里敦（Freetown）[2]找工作的移

1　布拉柴维尔是刚果共和国（刚果［布］）首都，也是该国第一大城市。
2　弗里敦是塞拉利昂的首都，也是该国经济和文化中心。

民们学习克里奥语",但基本没有把克里奥语纳入教育政策或者早期语言标准化项目的行动。然而,"克里奥语作为整个地区通用语的稳固地位意味着该语言不可能被当地的官方语言即英语取代"(Fyle,1994:53)。作为一种基于英语的混杂语,克里奥语少有母语言说者,但通过和英语的关联,该语言取得了一定的声望,因此在职场中越来越有用。对此种语言的习得是个人的语言规划行为,甚至在某种程度上是社区的规划行为,而非官方的政策行为。

工具性动机很少是纯粹的,也就是说,对通用语的使用或许也会附带有一定的文化意义。虽然个人在很多情况下需要使用多种语言来实现一些工具性的目的,比如维持生计、发展事业、发出或接受指令、完成工作或只是单纯地进行信息咨询,但语言仍然保持了它们在其他方面的含义和象征性价值。1986 年,美国大使在当地电视台节目中使用了沃洛夫语,这一举动"极大地提高了美国的声誉"(Swigart,1995:223)。而在 1988 年,某位总统候选人使用的蹩脚的沃洛夫语则惹恼了塞内加尔社会的一些阶层,但也有人对此表示欣赏,认为该候选人选择使用沃洛夫语而非法语是"拉平了语言的地位"。多语群体的语言选择自然受到群体成员及宗教和性别等其他因素的影响。在达喀尔(Dakar)[1]的法语—沃洛夫语双语人群中,妇女:

> 和她们同龄的、教育程度类似的男性相比,总是说沃洛夫语多于法语……法语能力通常和受正规教育的程度呈正比……在塞内加尔,法语通常和基督教联系在一起,而沃洛夫语与其他土著语言则和伊斯兰教相联……迪奥拉人(Diola)和波尔人(Peul)都极其憎恨沃洛夫语在塞内加尔的主导地位。(Swigart,1992:158—190)

如果说,在非洲,为了能够在集市上沟通、购物及应对日常生活事务,掌握一种可与他人交流的语言是绝对必要的,那么,对一些人来说,掌握一种交流方式对于进行国际范围的买卖活动同样关键。为了推进全球化、发展国际商务,一种通用语诞生了,其目的即是用来进行特定商务领域的沟通。最明显的例子出现在国际银行业和国际金融业中的国际英语。

国际英语不同于其他种类的英语。随着英语这一语言的使用越来越广

---

1 达喀尔是塞内加尔的首都。

泛，它出现了为数众多的区域变体，这些变体之间有明显区别。据 1999 年发布的《英卡塔世界英语词典》（*Encarta World English Dictionary*）显示，英语拥有如下变体：美式英语、加拿大英语、加勒比英语、非洲英语、南亚英语、东亚英语、澳大利亚英语、新西兰英语、英式英语、爱尔兰英语以及多种亚变体，如毛利英语、牙买加英语、潘托旺英语、特立尼达英语、巴巴多斯英语、因纽特英语、斯里兰卡英语、夏威夷英语、苏格兰英语以及黑人英语。由此就会产生一个问题：究竟是存在唯一一种国际英语变体，还是这一变体本身根据使用地点的不同而分成不同类别的国际英语？此外，也存在不同使用领域的亚变体：银行英语和航空英语显然不同。无论怎样，人们达成了以下共识，即：国际标准英语的确存在，所有这些变体彼此能够互相理解，而且这一语言的使用者们达成了默契，在和其他群体或者在国际层面进行交流时，他们会在实际使用中刻意避免其认为的地方性或者标记性词汇及表达方式，从而确保不同变体相互之间特定程度的可理解性。

在非洲的案例和国际英语的案例中，虽然个人和社区显然根据某些特定的动机进行了语言行为规划，但两个案例中都不存在任何形式有意识或者公开的政治规划。有些非洲国家曾试图针对语言使用制定特殊的教育规划，但由于国家极度贫穷，加之国际机构施压要求缩减公共开支，许多来自政府的规划行为事实上名存实亡。各个国际组织通常会有自己的语言政策，国际集团也常常把某一种交流方式标准化，但很多情况下，这些规划离不开英语。尽管有评论家试图发现英国人或美国人正在进行一些用心阴险的暗箱操作，但国际英语的迅速增长绝非由想要强制推行该语言的国际阴谋所导致（参见 Ager，1999：98—115）。相反，这一局势是多种因素综合作用的结果：大英帝国的势力曾经遍布全球，此为其历史原因；英国和美国相继在经济上占世界统治地位，此为其经济原因；20 世纪的几次战争及其对战败国的影响为其政治和军事原因。目前，个人和社区表现出来的动机是经济性和实用性的。同时，他们的动机并不都是融合性的：没有哪个使用英语的国际人士想要更像英国人、美国人或者澳大利亚人。如果说是确有融合方面的体现的话，那就是语言使用的增加常常伴随着对主要英语国家文化规范的排斥。

个人与语言习得

1999 年初，为了弄清外语习得的工具性动机的实质，研究者进行了五个深度访谈。五位受访者中，A 是一名 32 岁的英国男性日语学习者，就职于日本电子产业；B 是一名印度男性，从英国公共事业部门退休；C 是一名女性大学讲师，60 岁，1939—1945 年战争期间逃离纳粹德国，现居英国；D 是一名意大利男性，58 岁，1987 年移民澳大利亚；E 是一名阿尔及利亚女性，35 岁，在阿尔及利亚工作，但同时进行英语专业的博士学习。

受访人 A

受访时 32 岁。A 供职于位于英国的一家日本电子产品公司，三年前被委派在一个管理岗位，此后工作取得了很大成绩。在管理岗位培训期间，他按照要求在日本度过了两年的时间，先后在该机构内部多个不同的岗位工作，最后一年在国内销售部工作，而日语是这个部门使用的唯一语言。A 预期两年的实习会为他带来经济优势，此后事业上会有升职的机会。在此，学习日语的动机明显是工具性的：能为个人的事业带来直接后果。在该公司的英国办公室里能说日语固然有帮助，但除了经常要通过电话、传真和电子邮件与日本方面联系来执行订单以及提交英国客户信息的报告之外，说日语并非必需。只有公司高层的工作才要求和日本制造商磋商，以改变某些特定产品、协商未来产品的改进并和日方讨论政策问题。这些都还是工具性动机。

至于融合方面，A 已经变得极其"迷恋日本"：在日本实习期间，他带着妻子和孩子积极寻找机会接触日本文化和日本生活的方方面面。他很快学会了接受非西式的日式烹饪及饮食习惯（"在跳舞的寿司"[1]），并把这些作为自己正常的生活方式而非冒险猎奇。日本"工薪族"展现的生活习惯对于 A 来说越来越熟悉：喝酒的习惯，对于温泉浴的喜爱，日式社交规范（鞠躬、互换名片），生活在有限空间带来的压力之下，等等，这些对于 A 来说都成了第二天性。他对第二年完全使用日语工作尤其充满期待。

然而，日本文化的很多方面也仍然是 A 不能接受的：对于外国人的不友善态度，以自我为中心、自傲于日本语言和文化的优越性，可以淡然地

1　作者此处使用了非常形象的描述："在跳舞的寿司"。实际上，作者脑海中想起的是"在日本餐馆吃活虾的情景"。对于西方人而言，"活虾"这样的食物并不常见，这个例子意在说明语言学习者除了适应不同的语言之外，还得适应不同的文化。（转引自作者 2012 年 5 月 10 日与译者的通信）

接受商业和政治生活中的高度腐败。有一些问题尤其令 A 不安：日本人缺少个人主义精神，在采取行动前必须广泛征询意见；在日本的外国人难以被社会接受；A 表达对妻子和孩子的关心时办公室里其他人不能理解。尽管有一定程度的表面融合，但总体而言，A 的态度是工具性的："假如赛马赢了一大笔钱，我就会第一个离开那个地方。""因为不理解某些礼节的细微含义，我整天被一起工作的日本同事取笑：这种情况令人不快而且也不可能得到改变。"

受访人 B

B 是一名印度男性，1994 年从英国一家公共服务部门退休。此前，B 在一家研究型实验室工作，所用语言为英语。他和家乡以及生活在不同国家（美国、南非）的亲戚们经常保持联系，而退休之后，则在印度住了很长时间。受访时，B 刚刚结束了为期三个月的回乡探亲返回英国。他当初移民英国的动因主要是经济性的：在印度无法找到一份能提供足够报酬同时又有适当社会地位的工作。但 B 的融合性动机也同样强烈，因为他和周围说英语的邻居们关系很好，经常参加邻里之间的活动（派对、聚餐、俱乐部活动）。他的兴趣范围涉及一些非印度事务，如英国当地的政治和运动。然而，他和英国当地的孟加拉和印度社区的关系也很密切，经常在这些社区的重要事务中充当领袖或代表，也正因如此，他有时直接和英国政府当局接触甚至产生冲突。他的儿子上了英国学校，娶了位非印度裔妻子，有两个孩子。他们一家三代人都打算留在英国。事实上，儿子好几次都拒绝带年幼的孩子去印度，理由是印度的家居条件、饮食和住宿都不适合小孩子。这种情况下，对 B 来说，原先的工具性动机发生了相当大的变化。B 现在的情况和很多 20 世纪的移民相同：利用旅游的便利，他能够同时在两个社区活动，在两个地方都有家的感觉；他也能使用两种语言，而且都能运用自如。

受访人 C

C 是一名年届 60 的大学女讲师，1939—1945 年战争期间和父母一起在艰难的条件下逃离了纳粹德国。1945 年之后，她的母亲和兄弟姐妹都回到了德国。她和一名加拿大籍男士结了婚，生了两个儿子，打算继续留在英国。她起初来到英国的动机纯粹是为了生存，但留在英国的动机却是工具性和融合性的结合：工具性在于她在英国找到了工作机会，融合性在于无论工作环境还是生活环境都令她觉得舒心愉快。她的事业发展顺利，她本人能在教育界的高级岗位任职。她在工作中需要运用相当多的谈判和管理技巧。她运用英语如此纯熟，以至于交谈者很难发现任何口音或语言习惯能表明她并非生在英国。现在，虽然有家人在德国，C 也很难想象自己会回到德国。她的个人同化经历反映了移民希望被作为宿主社会正常成员看待的愿望。

受访人 D

D 是一位意大利男性，58 岁，1987 年移民澳大利亚，此前曾先后移居英国和爱尔兰共和国。D 最初来到英国的动机是融合性的，当时的英国整体环境吸引住了他。他之所以后来带着妻子举家离开英国去了爱尔兰，是出于另外的融合性原因：他非常希望孩子们在一个天主教环境下长大。D 也还保留着少数几个特别有意大利特色的习惯，比如喜欢金巴利酒、冰激凌和意大利面。移居澳大利亚则是出于工具性动机：爱尔兰就业机会不足，而澳大利亚有一个适合的工作机会。妻子和家人过了一段时间（两年）后也来到澳大利亚，不过妻子的事业发展不如期望的那样成功。然而，D 在澳大利亚也显示了很强的融合性动机：夫妻二人都加入了澳大利亚国籍，D 写过一些言辞激烈的报道和评论，反对那些旨在维持区别于主流社区的种族和语言认同的政策。D 此后的语言行为表明，他的非英语出身只在一些细微的发音特点上有迹可寻，而他对语言的熟练运用也说明了那些隐蔽的填字游戏相对而言只是简单的儿戏。

受访人 E

E 是一名 35 岁的阿尔及利亚女性，工作期间曾同时修读英国大学的英语博士课程。E 是阿尔及利亚的英语教师，保持这份工作相当不容易。她决心要完成自己的研究项目，而这个研究项目要求研究者懂外语。她研究的专门领域是"话语社区"（discourse community）这一概念，研究的具体对象是一群国际医学家。在寻找接近此类社区的方法时，E 发现专门语言技能的掌握是最关键的。她认为作为选样的科学工作者群体不需要其他融合性目标，而她很明显也持同样的看法。尽管掌握了语言这一工具使得个人可以融入某一使用英语的特定社区，但对于她和她研究的群体而言，语言习得的动机具体来说还是工具性的。她之所以需要英语，是因为阿尔及利亚目前的语言政策强调国际英语作为通用语在科学社区的使用。事实上，这种动机也影响了她采取的语言习得模式，她所想学的具体英语种类及大多数相关语言样本所用媒介语言是书面科学话语。此处的动机是工具性的，但与此相联系的是一种融合性的愿望，即想要成为使用某一特定外语形式的特定话语社区的一分子。

上述五个成年人各种不同的经历和动机应该和接受正规教育期间成功学习外语的动机有所不同。扬（Young，1995）研究了英国和法国的 14 岁在校学生的语言学习动机。她的研究抽样广泛，对五百多名学生进行了对比研究，得出了一系列关于两国之间异同点的结论。影响这一年龄组语言学习动因的主要因素包括多种外在因素，尤其是同龄群体、父母和老师等因素，这一点也在我们意料之中。相关的内在和心理因素包括工具性和融合性动机，但她发现，对于很多 14 岁的孩子而言，他们无法清楚地区分这两种动机。想要在考试中取得好成绩的目标往往和他们喜爱目标文化的表现形式相关。这一点在法国孩子的英语学习中尤为明显，因为这些孩子明显表现出喜欢美国流行音乐以及美式生活方式。其他重要因素包括个人在语言学习中表现出的成功以及以前取得的成绩。家庭背景也是一个主要因素，这包括父母的职业模式、经历或者父母对就业市场的了解程度。总体来看，法国学生比英国学生对于语言学习更有动力，但或许这和被研究的两个城市的地理环境有关：英国的伯明翰和法国的米卢斯（Mulhouse）。她发现，两个国家成绩最好的那些孩子往往都拥有眼界开阔、了解外部世界的父母。我们大抵可以推论，尽管有个例显示很多成功的学习者有很强的融合性动机，但比较而言，工具性动机还是比融合性动机更为重要。

作为语言规划和语言政策动机的融合性和工具性

本章考察了一些非政治性社区及个人的相关语言行为的异同。尽管加德纳和兰伯特认为，融入目标社区是不同于工具性的动机，但后来的研究者却质疑将两种动机分开的做法。我们也发现，在研究的大多数案例中，这两种动机之间不存在鲜明的差别。虽然工具性明显是移民或语言学习等行为的第一动机，但这一动机经常伴随着想要进一步深入了解目标社区的愿望，随着语言学习的深入这一愿望会更加强烈。同样，融合性动机常常

　　自动激发个人去提升自己的语言技能。总的来说，动机或许存在于比融合性和工具性愿望更深的层次。个人或社区总想评估一下自己的行为表现在周围环境中是否得当，想要知道他们因此应该采取什么措施。在某些情况下，社会有机体（个人或社区）发现自己的技能不足以应对自己正在活动的或想要在其间活动的环境，由于这一差距，以及这一差距对有机体产生的影响，该有机体产生了动力，提高自己现有技能，努力增加一种用于商务等领域的新交流机制，或者发现自己的技能严重不适应环境之后，从一种语言换到另一种语言。在这些情况下，语言学习的动机似乎是为了寻找有机体和环境之间的最佳契合点。有一点非常明确：语言行为既非随意无序，也非毫无计划。

第七章　评测语言规划和语言政策的动机过程

本章将回顾本书"引言"中所列的三种动机成分，考察这些动机成分的评测方法，试图弄清各个动机成分之间可能存在的特殊关联性。

语言态度

态度，可能就是一种心理状态，一种"对某类对象做出正面或负面反应的心理倾向"（Edwards，1994：97）。态度及其转变的概念对一些社会心理学学派而言十分重要（参见 Stahlberg and Frey，1996），这些学派还认为个体的态度来源于他们的信念，在更深层次上来源于他们所持的价值体系。用本书"引言"中的术语来讲，态度取决于身份认同。态度大致处于个人的"社会—心理表层"，通常比信念体系更容易觉察，而信念体系又靠更深层次的一系列价值观支撑。处于最深层次的价值观经常很难被觉察，因为它们是未明言的假设、神话和禁忌，甚至当事人自己经常也没有意识到，但却是一个社会或社区在某种程度上所共有的东西。在很大程度上，这些价值观依存于相关社会的历史及其境况，并在与父母、同龄人、社会机构（如学校）的交往过程中逐渐形成与内化。处于第二层次的信念也通常未作明确表述。信念和价值观合在一起被称为意识形态或世界观，它们自然都由具体的社会条件而决定，是主观的，从本质上来讲也是情绪化的：根本不存在"客观"价值，甚至有些看上去是最基本的价值观也不是所有社会所有时期都被接受的价值观，如人类生命的神圣不可侵犯、家庭的重要性等。社会科学家很难直接判断出个体持有什么样的价值观和信念。对价值观和信念的判别与评估通常是间接的。事实上，价值观和信念往往是在考察态度的基础上猜测得出的，而考察态度要么是仅仅通过观察实际行为、观察个体采取的具体行动来实现，要么是通过收集并系统梳理个体表述的观点来实现，如通过发放问卷调查并借助李克特五级量表 [1]（如

---

[1]　李克特量表是由美国社会心理学家李克特在原有的总加量表基础上改进而成的。该量表由一组陈述组成，每一陈述有五种回答，分别记为 1、2、3、4、5，每位被调查者的态度总分就是他对各道题的回答所得分数的总和，这一总分可说明他的态度的强弱或他在这一量表上的不同状态。

分为：强烈反对、反对、不发表意见、赞同、非常赞同）等呈现方法进行概括总结。对于李克特量表（Likert scale）数据的解读，甚至对于任何此类证据的阐释，都不是那么显而易见，也很少能做到不带偏见。不过，关于欧洲国家居民所持价值观的主要研究成果已然发表，这些成果主要基于 1981 年和 1990 年所作的统计调查（Harding and Phillips, 1986；Ashford and Timms, 1992），而观点量表（opinion measurement）也成为社会学分析和市场调查中的一项标准技术。

显然，价值观与身份认同密切相关。通常只有在不同价值体系或其衍生的态度发生冲突时，某个个体或社区与他者在个性与身份认同方面的差异才会显现出来。当两种宗教信仰出现冲突时，斗争的焦点通常跟态度相关，而真正的问题更多存在于身份认同的冲突上。在西方社会试图保留身份认同和价值观的穆斯林教徒往往发现，譬如，一旦巴基斯坦人在关于婚姻、惩治犯罪等问题的文化态度上产生冲突，这种冲突很快会升级为伊斯兰身份与西方身份认同的矛盾。然而，态度可以改变，如几代移民就会产生态度变化，但企图改变深层价值观甚或身份认同的尝试则面临着重重困难。

在态度层面，社会心理学划分出三种类型的成分：知识、感情、（潜在的）行动，也有人称之为认知、情感、意动 / 行为（conative/behavioural）三因素（Fasold, 1984：147—179；Harding et al., 1986：1—5；Baker, 1992；Edwards, 1994：97—102；Stahlberg and Frey, 1996：206—209）。认知由个体对"某类对象"的看法和知识组成，在我们的研究中此类对象就是语言行为和语言使用。情感由个体对所知对象感受到的吸引力或排斥力所构成。意动，即爱德华定义的"反应"，就是个体针对某一对象采取某种行动方式的倾向性。

认知层面：语言知识

语言可以是认知的对象，一个人可以认识语码，也可以认识语码的使用方法。知识可以是语言结构方面的——与语言使用者相脱离，也可以是语言使用方面的，包括所有与作为工具的语言相关的语境，即交流层面和社会层面的语言使用。大多数人拥有的语言结构知识主要包括语法与词汇，但常常在作对比时才会想到此类知识：与另一种语言进行对比，或者与该语言自身的早期阶段进行对比。当人们比较古今语法形式或者其他语言的语法形式的特征时，就会意识到该语言的语法形式所具有的优势与劣势。通常，这类知识也倾向于表现为情感上的比较——人们由于喜爱语码的这个或那个特征，而认为这个语法特征比那个语法特征优越得多或糟糕得多。知识包括语言的结构、历史和比较优势（comparative advantage）。

语言使用方面的知识关注的是语言和其使用者的社会文化之间的关系，意味着使用者认识到语言变体的差异及每种变体适用的语境范围。在社会语言学或语言社会学的著作中，关于语言变体及其与特定语境或语域的关系方面的知识，以及关于语言与社会的关系方面的知识，经常作为表现语言的社会意识的重要元素反复出现，因而也经常出现在语言使用者对自身语言或其他语言所持的态度中（Chambers，1995）。此类知识表现出语言与社会之间或紧密或松散的联系。

一种强烈的决定论观点认为，某一特定语言以某种独特方式表征某一特定社会，例如，法语表征了法国，是法国认同的组成成分，就像法国国旗、共和国理念、共和国基本价值观等法国认同标志那样。因此，对法语的攻击也就是对法国的攻击，保护语言免受外来侵蚀被看作是对法国文化及其生活方式的保护。语言变体与语域关系的知识要求对某一特定社会及所谓的得体行为具有更加精深的理解和体验。这一决定论观点认为，某一特定语言变体仅限于某一特定语域使用，因此，只有贵族能够使用贵族语言，特定宗教性质的语言变体必须在宗教文本中使用，诸如生命的意义等严肃话题只能用"学术"或者"哲学"术语进行讨论，等等。

所谓的语言纯洁主义通常是一系列主要凭借语言知识[1]而产生的态度。托马斯（Thomas，1991：76—81）确定了五种类型的语言纯洁主义，他把这些类型命名为：复古派（archaising）（"尊崇过去的语言"）、人种学派（ethnographic）（"认为农村方言在某种程度上比城市语言更加纯洁"）、精英派（elitist）（"否定语言的非标准用法和地区用法，并认为需要加以禁止"）、改革派（reformist）（"根据语言在现代社会中作为交流媒介的角色而对其进行调整"）、仇外派（xenophobic）（"主张清除、取代外来语成分"）。这样的纯洁主义并不一定总是拥有语言知识或缺乏语言知识的某种表现。事实上，有一点是不言自明的：语言纯洁主义者更青睐一种语言类型而排斥另一种语言类型，例如，倾向于使用"handbook"（手册；指南），而不喜欢"manual"（手册；说明书）这样的词汇；喜爱用"give"（给予），而不喜欢"donate"（赠予）这样的词汇。但是，拥有知识的多少会影响态

1　这里的语言知识是关于语言的知识，与关于语言使用方面的知识相对。

度的强烈程度：人们对抽象的语言和各具体语言了解得越多，尤其对语言与其使用者之间的关系了解得越多，那么，他们的语言态度反映出各种形态的简单决定论性质的语言纯洁主义观念的可能性越小，就更可能认识到纯洁主义态度反映的是（受到社会局限的、情绪化的）语言使用方面的知识而不是（科学的、中立的）语言系统的知识。不管怎么说，关于抽象的语言和各具体语言或语言变体的相关知识看来与把语言分出优劣高下的做法紧密相连。

瑞安和贾尔斯（1982）提出的认知层面知识的两个维度仅限于第二种类型的语言认知知识，即：语言变体及其使用问题。他们询问人们是否知道存在着标准语言变体及其他非标准语言变体，还问及某一语言变体的动态性或活力，主要看其在社会中实现的功能范围。某一语言或语言变体所适用的语域越多，它的动态性特征就越明显，也就越具有活力。和语码知识、对作为工具的语言的知识一样，对语言或语言变体活力的认识也与对针对该知识的评价相关。[1]

想要准确测量人们对语码和语言使用究竟"知道"些什么，是不可能做到的。有两个测量指标能够帮助我们评估第一至第六章中所提及的一些态度类型的认知成分：一是"优越性"指标，基本反映了对语码特征的知识所持的态度；二是"活力"指标，测量语言如何被使用、（某一类型的）语言在哪些语域使用的知识（及对其所持的态度）。这些指标不能准确测量出人们知道些什么，但确实能够帮助我们测量人们认为自己所知道的知识：事实上，测量的是人们对其所知表达出来的主观情绪。

优越性指标

从定义来看，语言系统方面的科学知识应该是价值无涉（value-free）的。态度按其定义却肯定不是价值无涉的，人们表达的对于语码特征的知识根本没有或几乎没有任何科学依据。尽管人们举办了多场会议来比较法语和其他语言的差别，希望法语在语法系统、构词法、语序等方面的特征能够提供出科学证据，从而证实法语作为交流工具比其他语言具有优越性，但结果只是肯定了法语和其他语言在这些方面存在差异，此外无法得出更进一步的结论。"情人眼里出西施"的道理一再被证实，然

---

1 作者此处的意思是："不管一个人如何认识语言，对语言的评价总是不可避免。"（转引自作者 2012 年 10 月 11 日与译者的通信）

而，我们依然看到政治家们甚至语言研究者们仍在继续重复那些魔咒，叙说着德语、印地语或者英语具有的不同寻常、独一无二的品质。对语言的优越性，即语言作为交流工具的优劣，无法进行简单的客观测量；能够测量的是调查对象在何种程度上认为语言的某些方面是好是坏，或者他们是否认为这些比作为竞争对手的其他语言在某些方面更好或更差。例如，问卷调查对象可能会被问到，一种语言的语法系统在他们看来是好是坏，是高效还是低效。某一语言被假定具有多种优越性特征，人们曾经提议或可能提议对这些特征进行"测量"：美学特质、文学价值、有效性、丰富性、精确性、明晰性。此类测量可以用优越性指标表示出来，在测量技巧上使用意义相反或相对的反义词。这些测量指标显然缺乏客观性，但事实上还是有很多此类例子被记录在案，例如，有些例子显示了语言在诸如美 / 丑、愉悦 / 不愉悦、随和 / 不随和、音乐性 / 聒噪、柔美 / 喧闹等测量指标中的位置。语言的文学价值通常认为主要看是否存在经典的书面文学作品，有效性则看该语言能否清晰表达意义。语言的丰富性与精确性经常在这些指标中出现，但这些术语的意义显得含混：对于一些人而言，一种具有丰富性的语言应拥有大量的近义词，从而能够表达多种多样的意义；对另一些人而言，一种具有丰富性的语言能够没有歧义地表达准确含义，因此应该包含极少的同义词。尽管丰富性和精确性显然互相冲突，但有关语言的"知识"有把握坚持认为该语言既丰富又精确。一般认为，语言的明晰性是通过其逻辑结构和语法特征来显示的。因此，最清晰的语言被认为是那些遵循"逻辑性"语序的语言，即由主语（Subject）——动词（Verb）——宾语（Object）或补语（Complement）构成的 SVO 型语言。除此之外的其他特征被认为是那些使语言更适合表达人类最深层次情感的微妙差异的特性。尽管事实上几乎所有专业的语言研究者都认为，这些量表除了代表使用者的主观意见之外别无他用，但还是存在许多此类评判语言优劣的测量指标。实际上，我们不可能认为此类指标具有客观的、科学的根据：优越性指标与测试好恶的情感指标是紧密联系在一起的。

活力指标

人们用民族语言活力的概念来解释"那些可能使得一个群体在群际交往场景中表现为独特的集体性实体的品质"（引自 Allard and Landry，1992：172）。群体成员对该群体在人口、经济、社会、文化资本（包括语言使用）等多方面状况的感知构成了该群体主观民族语言活力（subjective ethno-linguistic vitality，即 SEV）的尺度。主观民族语言活力指标实际上测量的是群体成员对语言和其被使用或应该被使用的社会领域的关系的看法，因此有利于理解他们增强或改变这些看法的动机和态度。主观民族语言活力指标看来不是简单地测量调查对象是否知道某一语言或语言变体使用领域的多少，或者测量这些领域是否具有优势地位。领域的性质非常重要，即：该领域是公共的还是私人的，或介于两者之间的。语言使用的私人领域与公共领域 / 社会领域在地位声望上存在着明显的差异。究竟是与家人、亲戚甚或邻里在家庭氛围中使用某种语言，还是在政府、行政机构、教育体系等公共领域中使用这种语言，这二者意义差别很大，而公共领域显然具有优势地位。然而，在宗教、商务、工作甚或在社会福利、邮政服务等政府和公民直接接触的领域中使用某一语言变体，意味着存在一系列中间地带的社会领域，这样的社会领域比家庭的私人场合更具优势地位，但又不具有如高层行政的官方场合那么高的地位声望。有趣的是，法律场合通常被认为处于中间阶层。同样有意思的是，某一特定领域处于声望层级中的具体位置会随着社会的变化而有所变化。在有些国家，所有的机构不管属于哪个行政部门，都试图只使用最规范的官方语言与公民进行交流。在其他一些国家，这类直接接触并不意味着非常正式的场合，公务员乐于表现得更具亲切感而不是那么高高在上。

主观民族语言活力指标也可以扩展成一个可供更广泛使用的态度性活力指标（attitudinal vitality scale），本书将使用后面这种说法。新的指标不局限于测量某一民族群体维持或丧失一种语言的可能性，而成为一种仅仅考察使用者是否"知道"某一语言或语言变体在很少或多个领域使用的测量手段。在所有三个层次的语言领域中都得以使用的语言变体要比只在一个层次甚或两个层次中使用的语言变体更具活力。该语言变体的活力得分也将更高。大家都同意这样的观点：公共领域中使用的语言变体更具生命力，因此比那些在家庭中使用的语言变体更可能存活并延续下来。但是也存在很多反例，比如某种语言变体基本不在公共领域使用，有的只是口头语言而并无书面形式，有的主要在社会底层使用，但它们依然保持着活力。如若不然，那些非官方语言（如加泰罗尼亚语、威尔士语）以及英国纯属劳工阶层的方言和纯地方性的方言（如乔迪语 [Geordie][1]、布拉米语

1　乔迪语是英国的纽卡斯尔方言，主要用于英格兰东北部的纽卡斯尔地区（Newcastle）。纽卡斯尔和其周边地区的人通常被叫做"乔迪人"（Geordies）。

[Brummie][1]）早该在很久之前就消失了。

政治家们和语言活动家都相信，具有优势地位的语言变体即使只在官方领域使用，看来也比私人领域使用的语言变体更有机会存活下来。非洲官方语言的命运，尤其是法语，可能主要依靠这一点。威尔士语言运动的历史就是通过斗争确保威尔士语成为官方语言。然而，除了官方这一层次的语言使用，还存在其他相关因素：法语充当了世界科学与技术的窗口，也担当了与其他国家的精英阶层交流及外交等特殊用途中的通用语。对于法语的未来而言，这些因素可能比作为官方层面的行政语言更具价值。

情感层面：对语言的感情

人们对语言所怀有的感情大多处于两个极端：要么喜欢这种语言或者语言变体，要么不喜欢它。这些正面的和负面的态度可能体现在许多评价指标中，其中关于吸引力的直接对立指标，即喜欢与不喜欢，是最重要的指标。语言态度的情感因素很容易就转移到那些说该种语言的人身上，因此人们经常倾向于认为某一语种的言说者都很有吸引力，或者所有使用某一遭人鄙视、惹人讨厌的方言的社区本身也应得到蔑视与憎恶。英国的典型例子是被英国大部分地区认为难听的考克尼方言（Cockney）[2]和伯明翰方言，而英国西疆口音（West Country accent）[3]则不知为何被认为是具有吸引力的。很难判断出那些诋毁某些语言变体的人究竟是在责备"糟糕"的语言，还是在责备"糟糕"的人，或者他们是否看出两者有何区别。然而，正是这一点成为了语言的主要动因之一：一种想要划分自己人和他者之间界线的意愿。第一至第六章中基于族亲和归属情感的语言态度案例比比皆是。融合的愿望看来在很大程度上与家庭层面所谓的亲族关系、社区和群体层面所谓的社区感以及更高层面所谓的民族主义情感是一样的。

吸引力指标

该指标对特定语言形式直接表示赞同或排斥，可以用来概括该语言或

1　布拉米语是英国的伯明翰方言。伯明翰的别称是布拉姆（Brum）。原文使用 Brum 指代布拉米语（Brummie），疑为作者笔误。

2　考克尼方言又作伦敦方言或伦敦话，主要用于伦敦东区。该区长期以来是大量中下阶层工人的聚居地，因此考克尼方言也可以认为是伦敦工人阶级使用的方言。

3　西疆口音又作西部口音或西南地区口音。英国传统上所谓的"西疆"（West Country）实为英国的西南地区（South West England）。

语言变体对相关个人或群体的吸引力。这一指标不同于优劣指标及民族语言活力指标，后面的两个指标都基于知识。吸引力指标概括的是情感，但对情感的原因不作细究。对于许多社会心理学家和社会语言学家而言，吸引力指标在界定个人或社区对某一特定语言的态度中处于中心地位，较之认知指标和意动指标更具重要性。

意动层面：该怎么做

不管知识深度或情感强度如何，个人或群体的态度也反映出采取行动的意愿。行动的意愿可以通过介于规定主义（prescriptivism）和放纵主义（laxism）[1] 两个极点之间的指标来测量。对语言使用采取行动的支持力度因人而异，人们对本应值得信任的当局采取的行动也表现出不一样的支持力度。规定主义必然试图让他人使用或学习其青睐的语言或语言变体，因而具有正反两面的意蕴：对于教育而言，这是标准化的也是必要的一方面；但当其用于成人的语言行为或通过法律手段强加于人时，则通常被认为是在强人所难。对干预语言的支持将影响公认的三种语言规划与政策：本体规划、地位规划、习得规划。

行动的意愿也不等同于行动的动机。这一态度构成成分只是测量一种觉得应该去做某事的宽泛的情感，正如我们所定义的那样，它是个人或群体对语言或语言行为所持态度的一部分。捍卫身份认同、纠正社会不公平等动机可能与某一个人或社区的态度结构（attitudinal structure）总体相关联，包括行动的意愿，但动机不仅意味着行动的意愿，也意味着行动本身：目标、实现目标的策略及预料的结果。我们在下文还将讨论这一点。

行动指标

准备自己行动的意愿与对别人行动的支持也不是一回事。这一点在许多问题上都表现得很明显，在语言问题上也依然适用。作为个人，许多法国人显然具有支持政府当局干预语言的意愿，但在任何一个法国城镇，简单观察一下路标、店铺门面或广告，就会清楚地发现个人本身并没有采取行动抵制英语外来词，而反对英语外来词汇则是《杜邦法案》及其后许多劝诫性质的文件所规定的内容。鼓动他人在语言问题上采取行动的语言运动家，一般很容易辨认，因为他们常常在表达对语言问题观点的同时也宣

1　放纵主义本来是伦理学神学概念，这里借以与规定主义相对。

扬自己对多种相关问题的看法。积极的语言政策通常伴随着积极的外交政策，或者伴随着国内福利政策的强化，这绝非偶然。从这一观点来看，把自己孤立于相关社区的社会、政治或经济局势之外，而只对语言发表看法的纯粹的语言活动家真可谓难得一见。正如前文多次提及的，语言政策与其他类型的社会政策不分家。因此，语言态度很可能与人们对许多其他社会现象的态度紧密相关，语言活动家通常在其他领域也十分活跃。因本书目标所限，意动或行动指标仅为在我们所提及的语言规划的任一领域（地位规划、本体规划、习得规划）表达出的采取行动的愿望打分。总之，表7.1 给出了相关的态度测量指标。

表 7.1 态度指标

			指标	
认知层面	优越性指标	语言的历史、结构和比较优势；对语言的美学价值、文学价值、交流价值等的价值判断；语言的丰富性、精确性和明晰性。	低劣	优越
		对语言与社会的关系的认识程度。与复古派、人种学派、精英派、改革派、仇外派等形式的语言纯洁主义相联系。	贫乏	丰富
	活力指标	语言或语言变体使用领域的数目和层次。判断时主要考察对由时间、地理、社会结构、功能、领域、渠道产生的语言变体的认识程度。与精英派的语言纯洁主义相关。	劣势地位：在很少的、劣势地位的领域使用	优势地位：在很多的、优势地位的领域使用
情感层面	吸引力指标	对语言或语言变体的感情。	不喜欢	喜欢
意动层面	行动指标	在地位规划、本体规划、习得规划或以上领域的任何组合中自己采取行动的愿望或者对语言干预的支持。	放纵主义	规定主义

态度结构

爱德华兹 (Edwads, 1994) 设计的、用来测量语言态度的量表使用了以下三个指标：优越性—低劣性、具有吸引力—不具有吸引力、动态—静态 (即为我们所说的是否具有活力)。这些指标为赫德森 (Hudson, 1980：195) 提出的个人"多维社会语言空间"(multi-dimensional socio-linguistic space) 划定了界线。为了与公认的"态度"定义相一致，我们建议添加意动 / 行动指标，从而构成一个可以定位个人、群体以及民族国家对某一特定语言或语言变体的态度结构 (attitucdinal structure) 的多维空间。为了简化这一多维空间及语言态度 (此处从本书第一至第六章的案例分析中提取而来) 的呈现形式，我们提议把建立在做过的观点调查 (opinion survey)、政治家的演讲和声明、活动家的宣言和要求基础之上的复杂评分系统简化为一套简单的三分制评分系统：1 代表给予较低的评价；2 代表给予中间程度的或者不确定的评价；3 代表给予较高的评价。然后，我们可以列出某一情况下参与者在相关量表指标上的得分，提供态度的测量手段与相关的态度空间或态度结构的表现形式。表 7.2 即是对这一建议的设计和安排。总分，即所有指标上得分的总和，在我们讨论动机时可能不具有任何意义，因为总分可能是由各个条目的不同性质的得分构成。把得分条目及各自的分值列出来，也许能够帮助我们澄清并比较相关的态度。

表 7.2 态度结构

	优越性	活力	吸引力	行动
	3	3	3	3
高分	测量指标达到 3 分，意味着调查对象的态度表明其认为某一语言具有很高的价值，并准备为该语言采取行动。			
	1	1	1	1
低分	测量指标达到 1 分，则可能表明调查对象对该语言的命运甚或对其可能最终消亡的结局持漠视的态度。			

动机和认同序列

我们已经认识到，动机类型与态度背后的信念和价值观紧密相连。本书"引言"提出了一套动机，包括"认同"、"意识形态"、"形象"、"不安全感"、"不公平"、"融合性"与"工具性"。这些动机在表面层次是否与态度结构相关联？我们曾推测特定的态度及态度结构不一定由价值观和认同预先决定。个人、社区和国家的语言行为动机和态度在多大程度上能够用同样的总体图式加以呈现呢？此处，我们必须做出一个重要的假设，即：就其实施的政策而言，国家和社区可以被当作一个统一的有机体加以对待。只要语言政策或规划本身能够统一，这一集权主义观点就是符合实情的；显然，在任何一个国家或社区都存在其他常常相冲突的观点，而且随着政府的更替也带来不一样的政策。根据本书的研究目标，也为了评测态度和动机，我们必须假设所考察的实体具备有机统一体的特征。不管对于个人、社区还是国家而言，本书所探讨的七个动机确实看起来基本一样。那么，这些动机之间是否具有某种关联呢？

让我们假设某个有机体刚刚诞生。这一有机体的第一要务就是自我建构，即自我认同和个性的建构。围绕这一点，该有机体将建构其信念和价值观。随着其一步步生存发展，它将接触到他者，与人、社区、信念、周身境况的互动将导致这些信念和价值观产生其他动机。我们做出这样的理论假设：我们或许可以使用"认同序列"（identity sequence）这一概念，在这个认同序列中，有机体建构着自我认同，根据现实存在的社会环境对认同进行修正，继而捍卫其创建的认同结构。正是这一过程的不同阶段构成我们在前文中所说的各种动机。有机体本身便构成一种自我**身份认同**（自我及其个性），这在语言层面通过选择语言或语言变体的自我语言行为来实现。自我认同和社会认同是根据有机体的自我信念和价值观建构起来的，而这些又是从该有机体过去的经历、社会交往、教育、地域位置、传统、历史中发展而来。认同是一个理想，建构的目的是适应有机体最初对自我的感知，然后也适应对其周身环境的感知。在个人为自己建构的身份认同、人类社区为自我建构的身份认同乃至政治独立的国家在历史长河中为自我建构的身份认同之间，不一定具有本质上的不同之处。关键的一点似乎在于：有机体的认同既是个体的，也是社会的。说其是个体的，是因为精神或内在特征起到重要作用；说其是社会的，是因为社会化的过程必然在构建和调整这一最初的身份认同时产生了主要的影响。非常重要的一点是，认同反映出把个体或群体与他者区别开来的特征与品质。由此产生的语言行为建立在地位感和差异感之上，而大多数语言规划和语言政策的动机看来旨在为某一语言或语言变体获取社会优势地位，因此也是为使用该语言或语言变体的有机体获取优势地位。**意识形态**反映的正是有机体对自身及其境况所持的世界观的总和，它也是有机体世界观中非常显著的内容。尽管"意识形态"经常仅指某一政党的政治意识形态，但此处使用这一术语，我们是从它的根本含义出发，表示一种适用于该有机体置身其中的任何政治处境的世界观。

然后，该有机体着意为这一身份认同在其他有机体或外部环境中打造或**构建形象**。这一形象也意在成为一个理想，被筹划用来表征该身份认同在他者眼中的形象；它将不可避免地有利于该身份认同。有人也许会不同意这种观点，认为有机体无法控制他者如何形成对自己的印象。尽管严格意义上来说这是对的，但这一观点也有点简单化。当代社会充斥着政治化妆师（spin doctor）[1]、广告宣传和公关，相当多的精力被用于形象创造，也有相当多的证据证明对他者舆论的操纵会让人得益。就过程而言，个人、社区或国家之间没有多大差别。由其导致的语言政策和语言规划可能存在于许多领域：语言地位政策及对自我认同和社会认同的肯定；语言习得政策，尤其是鼓励本国语言在他国的使用。

然后，有机体再次据其所处环境对自我认同和社会认同及其语言行为进行评价，并且可能策划一定的行动。对于政府和国家而言，这一关键的阶段是评测社会语言使用的性质并判断哪些方面需要改变。对个人而言，这一步可能意味着衡量个人所掌握的语言工具是否能助其实现人生目标。对于某些社会来说，这可能会使其处于**绝望**的状态，因为他们认识到自己所处的环境具有歧视性，并且不大可能维持自己的语言或话语风格。**不安全感**会令人灰心丧气，但也可能产生完全相反的结果，即鼓舞有机体大力捍卫认同。同样，形象是依靠国际社会对国家所代表事物的认可现状来衡量的，或者是通过他者认为该个体可能实现的目标来测定的。这样针对自我和他者语言、针对积极或消极的环境因素有意识的或无意识的对比评价，能够在有些情况下产生维持并捍卫认同和形象的动机。关键在于，认同的建构看来与**维持**或**捍卫**认同的决定有很大区别。或许在这个阶段，个人、社区和国家之间出现差异，但这些差异主要是和行动的速度有关，而不是和行动的性质有关。通常，个人在语言问题上能够采取快速的行动（事实也的确如此），但对社区和国家而言，丧失一种语言、为特定目标选

1　政治化妆师是指西方职业化的公关人士，平日为某个政客或政党争取公众与媒体支持，当负面消息出现时则通过美化政策、对事件或话语做出正面阐释，从而帮助其化解危机。当然，给竞争对手抹黑也是其常用策略之一。

用另一种语言或者赢得争夺语言主导地位的斗争都必然需要更长的时间。语言本体规划看来是一个实施此类防御性政策动机的常用手段，我们讨论过的官方法语新词的案例就是一个例证。

可能带来行动的评价阶段也能够促生其他的动机。我们看到的例子似乎主要指向四种动机的存在，为简便起见，可称为不公平、融合、调整和绝望。如果有机体对自我认同及其与环境的关系的评价比较满意，那么它就会维持和捍卫这一认同和形象，这一点在上文已讨论过。然而，一旦发现有机体的语言和其他语言之间存在不公平的情况，就可能检测出两种语言行动的动机。一种动机是为有机体的语言，有时可能为他者的语言**纠正不公平的地位**。但在很多例子中，其动机并不是纠正不公平，而是相反：确保有机体自身语言的处境能够从不公平中得益。这一动机是维持甚或**加深不公平**。在两种不公平情况之下，国家层面的政策行为通常作为法律工具而成为官方的行为：宪法、国际宪章、新的地区组织及职责就是典型例证。

接下来，想要接近心目中的理想社区是许多个体试图学习一门新语言的行为动机，有时也是整个社区和群体试图融入另一群体的行为动机。**融合性**动机影响到个人和社区。处于弱势地位的个人和社区的这种动机尤其强烈，有时个人能够改变语言使用以表明该个体希望接近其他女性群体、其他社会类别的群体、俱乐部成员群体或年轻人群体，而整个移民社区有时认为采用一种新的语言会为他们自身带来相当大的好处。

对于为了商业或文化原因或为了获得社会提升而希望学习新语言或为语库添加新语言的个人来说，调整有机体自身的语言能力和技能的动机特别强烈。这种**工具性**动机会以另一种方式影响社区和国家。当社区和国家根据所处环境评估自身状况时，有时需要为了改善自己的适应程度做出改变，包括改革自己的语言、增加交流程序、开发增加词语储备的新途径。在这一点上，语言本体规划可能对于社区十分重要，而对个人而言，工具性动机的结果主要和语言习得规划相关。

最后一个动机，或者说认同序列的最后一个阶段，是绝望。它导致语言转换或语言丧失。有些社区发现他们的境况让人感到无望，或者在更多情况下，认为采用一门新语言将使他们的生活机遇得到极大改善。在某些情况下，他们可能保留以前的交流形式——语言；在其他情况下，语言就这样消失了。从某种程度上来说，这一动机本质上也是工具性的，但它可能需要一个新的名称。对于任何形式的行动而言，绝望都不是一个令人愉快的词，但它似乎最能道出语言丧失背后的动机。

表 7.3 认同序列

第一阶段	有机体通过继承、环境和社会化活动获得信念和价值观，在此基础上创建个人认同和社会认同，形成自己的意识形态。在此阶段，可以通过社会心理学更好地理解社会认同的建构。
第二阶段	有机体创建并发展该认同的形象。
第三阶段	有机体根据环境评价认同和形象。在此阶段，目标设定、个体价值的评估、自我效能、过去成功经历的加工处理等动机理论都对阐释这一过程非常重要。不安全感的观念十分重要。
第四阶段	对行动动机的选择取决于第三阶段的结果。重要的动机有：维持认同；遭到攻击时捍卫认同；维持有利的社会或其他不公平；纠正不公平；为与理想的目标社区加强联系而采取融合性举措；改进、调整或改革语言工具的工具性举措。如果评价非常负面以至于看不出任何其他出路，那么绝望就可能导致语言丧失或语言转换。

要认可这一动机过程有赖于认同序列的图表，我们还需要先解释认同的发展以及态度和态度结构与我们所描述的认同序列的关系。社会心理学认为态度有四种动力性功能（Stahlberg and Frey，1996：215—217）：自我防御、价值表现、工具性和组织性。我们在本书"引言"中已经注意到实际存在四种不同的动机理论，可以进一步归类为内在理论（自我防御、工具性）和外在理论。案例分析似乎显示并不是所有的理论都能解释个人和社区所具有的动机。有些理论比其他理论更适用于解释某些特殊情景。这样看来，把语言议题归为权利观、资源观、问题观的分类法在此处也十分适用。例如，自我防御功能是一种有效的自我保护方式，通过投射针对其他群体的负面情绪而让自己不怀疑自我群体的价值。谴责他者群体的认同能够控制对（自我群体）认同动机现状存在的疑虑。因而，不同类型的语言问题观可以和这一功能相联系。与此相似，表达某人自己的价值观并与人权相联系，这反映出纠正不平等的动机。态度的第二种动力性功能，即表达深层的信念和价值观，与权利方面的谋划密切关联。第三种功能是工具性，旨在实现理想的目标或满足需求。工具性行为，比方说新语言的习得、提高现有语言技能、受歧视社区的语言转换等，看来都反映出这一

动力性功能，这些也都与语言是资源的观念特别相关。最后一个动力性功能（组织性）与人类系统化处理从环境中接受的信息的方式有关。每个人都面临着生活的千头万绪和信息的滔滔洪流，如何组织这杂乱的生活、如何处理这信息的洪流并确保其遵循自己的根本态度，在当今越来越复杂的世界中显得更加必要。这一功能通常与信息的系统化相联系，其方式是：摒弃不便利的事实，寻求、保留并加工支撑某人态度的信息，以此将使世界显得更容易理解，而不是根据增加的、更完善的信息流去改变自己的态度。

我们能够用数字较好地衡量态度的强度。在认同序列中，评测是一种归类：我们评测的是动机的性质，而不是强度。这样，我们就能够考察态度是否和认同序列中的步骤相关联、如何关联，亦可以考察既针对第一语言也针对第二语言的态度，然后制成一个图表，见表7.4。

表7.4 动机和态度结构

认同序列	态度结构							
	优越性		活力		吸引力		行动	
	一语	二语	一语	二语	一语	二语	一语	二语
认同（个人）								
认同（社会）								
意识形态								
形象								
不安全感								
维持认同								
捍卫认同								
维持不公平								
纠正不公平								
融合								
改进工具								
绝望								

也许有人认为，认同结构必然能够预测态度，然后自然而然就会产

生实现特定语言规划目标的意图，这样我们就能够策划特定的语言政策与规划，并把其与图表中的特定内容联系起来。然而，"社会心理学研究一再发现，态度对人类行为并不具有太大的影响力"（Terry et al.，1999：225）。特里（Terry）描述的理性行动或计划行为的理论，通过优先考虑态度的意动、意图因素来解释实际行为，而不是优先考虑认知因素（cognitive component）或者大多数分析家青睐的情感因素。根据该社会心理学理论，行动的动机过程起始于社会认同的建构。这样一来，任何特定情景下的实际行为都能够从一个人实际执行该行为的意图或者意愿进行最准确的预测。态度的知识和情感因素（我们的优越性指标和活力指标）可能并不与认同序列中的任何一点相关，也不与意动因素（conative component）（我们的行动指标）相关，而意动因素通常受到主体根据所处环境创建的主观规范的影响。尽管个人、社区或国家可能发现某一特定政策或行为符合他们的认同建构，而且他们的态度也是积极正面的（在优越性、活力和情感三项指标上均得高分），但只有在对他们而言十分重要、其他人认为他们应该执行该行为时，他们才可能实施该政策或行为。即使对于个人而言，尽管其认同与行动之间的关系紧密，但个人的态度并不必然预示着行动。此前我们确立的各个动机和阶段显示了认同建构的评价阶段的社会本质与极端重要性，也展示了有意行为的产生依赖于有机体对其与环境的关系不断检查的程度。"动态认同检验"（dynamic identity testing）或许是描述语言规划与语言政策制定中动机的关键因素的方法之一。但是，语言规划者和语言政策制定者追求的目标以及他们为实现目标可能采取的策略，也许不是简单地通过动机和态度就能够预料到的。

规划语言行为的目标

在本书"引言"中，我们使用目标理论分析动机时曾指出，那些经常被称作语言规划的目的或目标也可以看作由三个部分组成：长远的理想，更实际、较可能实现的谋略，更确切的短期指标。卡普兰和巴尔道夫（1997）列出了这些目的与目标，明确表示个人的目标通常与社区或国家的目标不一样。我们将在接下来的两章中进一步考察目标的差异和范围。在此，很重要的一点是要弄清目标、态度和动机之间的所有关联，并再次考察目标的三个层次之间可能存在的差异。

以法国的地区语言案例为例，请看 1997 年 6 月法国总理若斯潘在其新政府班子任职时所做的就职演讲的选段（原文由作者从法语翻译成英语）。其中明显的动机是维护民族国家的身份认同：

> 在科西嘉，正如在法国领土的任何其他地方一样，法国政府将确保共和国的法律得到尊重，这是人们的愿望，没有这些法律一切都无从谈起。同时，政府将保障国家团结（national solidarity），从而致力于改变因岛屿的地理位置所导致的发展滞后，跟上时代发展的步伐。法国政府将鼓励对科西嘉文化身份认同的肯定，也鼓励教授科西嘉语。

政府建议的具体政策是鼓励教授科西嘉语。这一政策具有可以检测的具体指标：掌握更多科西嘉语的知识。若斯潘有一个更长远的目标，我们可以把其看作是谋略：鼓励对科西嘉社区文化身份认同的肯定。但这却直接与统一的、高度中央集权的法国民族认同相冲突，而我们觉得后者可能是若斯潘长远的理想。因此，若斯潘的这一小段文字提供了一个不同层次目标之间差别的有力例证，也揭示了"国家团结"与"尊重共和国法律"所面临的重重困难，因为该政策的目的是出于压力修缮国家团结、更改相关政策，下文将讨论这一点。表面上，目标理论解释了政策的动机过程及所遇到的困难。

为何目标的不同层次之间会存在冲突？政策提议者的政策、目标和态度之间的关系如何？若斯潘此处的态度反映了他对科西嘉局势的认知，他对科西嘉文化认同和语言的情感支持以及他为鼓励这些而采取行动的意图。从他的其他发言、他公开宣布的哲学思想、他作为政治家的行为实践，我们可以总结出不同的态度，这些都在他所接受的教养、教育和政治阅历中逐渐产生。对法兰西共和国性质和法国大革命意义的看法让他产生了关于民族国家身份认同及法国维护这一认同的重要性的观念。表面看来，若斯潘应该遵循这些态度、坚决维护法兰西的身份认同、拒绝允许地方主义产生任何影响，但在某一特殊时期、特定环境下，他采取了支持地方主义的行动。当时社会党刚刚在立法选举中意外获胜，若斯潘非常有必要强调他的政策与前任政府政策的差别。其次，法国政府在科西嘉岛上的官方代表克劳德·艾利纳克省长（Claude Erignac）不久之前遭到谋杀[1]，据

---

1 艾利纳克遭谋杀的日期为 1998 年，是在若斯潘执政之后。此处疑作者表述有误。

猜测是那些为科西嘉岛独立而斗争的人所为。若斯潘的政策取决于事件，而不是取决于态度，反映了动态认同建构（dynamic identity construction）的过程。事实上，共和国及其领土神圣性的传统观念与理解地区主义现实的必要性之间存在激烈的斗争，斗争的强烈程度及其持续的影响也是导致2000 年 8 月若斯潘政府的内政部长辞职的幕后原因。这里所说的部长谢维尼蒙（Chevènement）是传统派的"公民运动"（Mouvement des Citoyens）领袖，他辞职的原因正是因为他不能接受若斯潘对地区主义做出让步的计划。表 7.5 追踪了政策、目标、态度和动机之间的关系。

表 7.5 动机过程由目标／策略、态度和认同序列构成

		政策
动机过程		教授科西嘉语
		目标
	即时的指标	学习科西嘉语
	较长久的谋略	肯定科西嘉文化认同
	长远的理想	实施若斯潘的政治哲学（注意：可能与指标和谋略冲突）
		态度
	知识	政府知道该岛经济和文化发展"滞后"，因此科西嘉语可能具有优越性，但语言活力很低。传统知识认为，法语的优越性得分和活力得分都很高，代表了法兰西共和国的价值及共和国统一的历史。
	情感	政府觉得：1）应该支持法国的团结统一；2）也应该支持地区主义的理想。因此，科西嘉语具有吸引力。
	行动	具有准备行动的意愿，但不是由于知识和情感，也不是由于政府所说的主导动机，而是出于形势所需。
		动机
		表面上，维持法国认同。实际上，纠正不公平?

因此我们建议，为了更好地理解动机过程，必须考察基于动态认同建构的动机，考察与动机相关但却不一定为动机所预先决定的态度，同时还必须考察同样未必源自动机或态度（甚或与其冲突）的目标。接下来的两

章将循着这一思路展开讨论，不仅将需要考察态度和认同建构之间的关系，而且也将把所涉及的目标纳入动机过程图表中。表 7.6 把三者置于一张表格之中，此后我们将沿用此表。

表 7.6 认同、态度结构及目标

呈现动机过程									
认同序列	态度结构								目标:理想、谋略、指标
	优越性		活力		吸引力		行动		
	一语	二语	一语	二语	一语	二语	一语	二语	
认同（个人）									
认同（社会）									
意识形态									
形象									
不安全感									
维持认同									
捍卫认同									
维持不公平									
纠正不公平									
融合									
改进工具									
绝望									

第八章　个人和社区的语言行为

个　人

语言规划：目标

我们看到，个人的语言规划行为大多与他们对语言使用问题的处理方式有关，或者说与他们对作为工具的语言的处理方式有关。个人将自己的语言或他人的语言作为对象进行语言规划，这是本章后半部分的关注对象，我们会将其和社区进行的语言规划一起分析，届时，会考虑更多的官方规划举措。同时我们也发现，在很大程度上，三种层面上的规划目标比较充分地解释了个人的规划行为。现在，我们需要把个人表现出来的动机、态度和目标放在一起，结合他们为了得到想要的结果所做出的规划决定来进行分析。根据他们的动机和态度，个人通常只能追求某些目标，或者说某些特定的目的和结果。

其中一种可能就是个人不采取任何针对语言的特别行为。这样做并非出于无知；恰恰相反，这表明个人完全明白，这一做法和其他语言行为一样是一种选择。

一种极端情况是，个人可能坚持保留自己的语言或者语言变体。或许他们知道需要保证尽量掌握好自己的第一语言，因而，主要的策略是改进（各种）可用的语言工具、获取对一种语言（通常是自己的第一语言）完整全面的知识。这就意味着：更好地掌握语码；或者提高听、说、读、写四种技能；或者改进诸如拼写等工具性技能来提升自己的交流能力；或者提高自己的语言使用能力以便追求事业发展或实现为某一特定群体所接受等目标。所采取的策略可能包括改变自己对某种已经熟悉的特定语言或者语言变体的使用能力和水平。另一方面，所采取的策略也可能是：在通常不使用某一语言或语言变体的社会场合下使用该语言或语言变体。要想保持自己身份认同结构的连贯性，个人可能需要在伦敦依然保留约克郡口音，或者在酒吧里使用正式英语。然而，做出此种类型的语言选择并不那么简单：虽然个人可能认为自己依然保留了原来的语言变体，但他们的口音、选词及语言变体的其他方面很可能已经受到环境的影响而发生了改变，只是有时他们自己也没有意识到。操英式英语者在纽约继续谈论

"pavements"[1] 显然毫无意义，"ginnels"[2] 或者"tea-mashing"[3] 在约克郡之外的地区就失去了意义。

另一种极端情况是，个人可能在所有场合下都采用一种新的语言或语言变体。实际上，他们认定另一语言社区比他们所在的语言社区地位更高、有更多优势，因此，放弃第一语言而采用第二语言对他们有好处。这种情况常常发生在个人通过社会流动或者职业流动进入某一新环境的情况下，比如结婚之后需要和姻亲这一新的社交群体交流，或者升职之后员工需要掌握新的社交技能。除此之外，主要原因可能是想要和目标群体增进团结。这种情况下，为了和特定社会群体加强团结，个人可能保留或者学习其他语言或语言变体，即便这些语言或语言变体或许并不是优势语言。正因如此，诺里奇（Norwich）[4] 的年轻男性"更注重获取隐形的声望并示意维护群体凝聚力而不是获取明显的社会地位"（Trudgill，1983：177）。

介于两种极端情况之间的个人采取各种不同的规划或策略。从常识判断，最常见的情况是掌握包括各种语言变体的语库，从而使自己能够根据身处的环境选用不同的语言或语言变体。他们学习新的语言变体：这一变体可以是为实现工具性目的而需要掌握的语言，如通用语或者国际交流语言，学习的目的仅只是获得最少量的语言知识技能以满足自己的需要。如果这种工具性需要不在他们主要考虑的因素之内，那么新的语言或语言变体常常标志着个人想要和一个新的社区或群体建立联系。

个人的动机

这些目标和策略与构成态度空间（attitudinal space）的四种测量尺度有何联系？和我们勾画的认同建构的动机过程又如何相关？霍尔（Hall，1974：174）的分析将个人动机谱系与一系列的动机进行了关联。在分析表中，霍尔认为，由于对基本语言情况的无知或者幼稚理解，加上对自己母语或自己母语使用的不确定感，导致了不安全感成为个体语言行动的主要动机，可能出现的结果是，个体要么增强了身份认同意识从而加深了语

1　"pavement" 是英式英语，意思是"人行道"，相应的美式英语为"sidewalk"。"pavements" 是"pavement" 的复数形式。

2　"ginnels" 为约克郡方言，意指建筑物之间狭窄的小巷。

3　"tea-mashing" 是约克郡方言，即"tea-brewing"，意思是沏茶、泡茶。

4　诺里奇是英国英格兰东部的一个城市，是诺福克郡（Norfolk）的郡府所在地。诺里奇是英格兰最古老的城镇之一，11 世纪时曾是全国第二大城市，仅次于伦敦。

言意识，要么相反，导致放弃语言（母语）。他用同样的思路分析社区中的个人，在这些社区中不安全感很可能会激发（尤其是语言纯洁主义性质的）语言干预和规定主义，以此来强化认同概念。就我们的四种测量尺度来看，个体的不安全感动机意味着个人自己的语言被视为是缺乏地位和活力的；这种语言在吸引力方面或强或弱，但必然会导致语言行动。从我们的认同／动机序列、态度结构及目标的角度来解读霍尔的动机结构，把霍尔的观点应用于第一语言的分析，即可见认同建构的评估阶段的重要性，而此后的系列动机则主要侧重于对语言工具的改造或者捍卫认同。

表 8.1 霍尔（1974）

个人动机过程（霍尔）									
认同序列	态度结构								目标：理想，谋略，指标
	优越性		活力		吸引力		行动		
	一语	二语	一语	二语	一语	二语	一语	二语	
认同（个人）									
认同（社会）									
意识形态									
形象									
不安全感	1		1		1—3		3		a) 连贯／强化认同 b) 转换／排斥一语
维持认同									
捍卫认同									
维持不公平									
纠正不公平									
融合									
改进工具									
绝望									

瑞安和贾尔斯（1982：1—19）确定了两种动机，即地位动机和凝聚动机，并认为二者具有潜在对立性，这两种动机起源于在和他人的联系中对自我社会认同的承认和维持。个人维持自己语言所采取的策略表明，个

人以自己的认同为荣并至少要努力维持其地位和借此存在的优势。这种"内在"看法特别重视个人认同的连贯性并认为自豪感是认同的基础，与之相对应的是重视合作的"外部"观点，此时个人寻求朋友、同伴和社交关系，情感动机占据主要地位。具有悖论意味的是，第二种动机即凝聚动机可能产生两种完全相反的结果：个人为了维持自身认同（或者迫使别人采纳自己的认同，如坚持各种形式的语言纯洁主义）而追求同伴关系；或者个人如此渴望社交关系，以至于完全放弃自己的认同而将其湮没在外部社区认同之中，由此主动融入另一群体。用我们的四个测量尺度来衡量的话，瑞安和贾尔斯提出的这两种动机的区别在于个人衡量自己境况时语言社区的优越性和活力之间的差异。

瑞安和贾尔斯对认同过程中各阶段的重要性次序的预设与霍尔的预设不同。他们强调与凝聚和地位相关的结果，这就意味着他们认为行动的动机发生在认同序列的后期，即发生在把语言作为对象进行关注的转折点，此时，语言纽带对社区的联结作用即便对个人来说也是根本性的。

表 8.2 瑞安和贾尔斯（1982）

个人动机过程（瑞安和贾尔斯）								
认同序列	态度结构							理想 / 谋略
	优越性		活力		吸引力		行动	
	一语	二语	一语	二语	一语	二语	一语	二语	
认同（个人）									
认同（社会）									
意识形态									
形象									
不安全感									
维持认同	2		2		3		3		连贯 / 提高一语地位 连贯 / 吸引他人
捍卫认同									
维持不公平									
纠正不公平									
融合									
改进工具									
绝望									

对第六章具体案例的调查研究使我们能进一步丰富这方面的结论。通过直接对五位受访人进行提问，我们确定了他们的语言策略和动机；同样，经过类似的询问，我们对他们的态度做了分类。

本书中的受访人

受访人 A 最终的语言策略是在不改变原有语言的基础上向自己现存的语库添加了一种新的语言。毫无疑问，此举是出于融合性原因，同时我们也看到他的动机是工具性的。他并不认为日语在任何方面很优秀或者优越于别的语言；而日语的活力对他而言只存在于商业语言及其他两个领域，因此相当局限。在一定程度上，A 明白要想和同事友好交流，就必须使用日语；且在日常生活中，在商店购物、乘坐交通工具、支付家用开销账单，这些都要用到少量的日语，所以日语对他来说是日常必需。然而，他同时也发现这门语言有一定的吸引力。他具有努力学好日语的动力，这一点他的日本同事也经常提及。尽管如此，有一点不容忽视：他对掌握读书、看报这样高层次的语言技能缺乏兴趣。就动机过程而言，A 对待日语的工具性考虑和认同问题基本不相关。正是出于对环境的评估，他才认识到增加一门新语言的必要性，而增加新语言也似乎和他想要在同事中树立的自我形象有关。

受访人 B 的情况和 A 形成对比，因为他对待语言并非出于赤裸裸的工具性动机。他承认英语具有很多优越的特征，而在他的生活中，除了家庭亲密关系之外，英语的活力在其他场合无处不在；B 对该语言有正面评估，但他对语言的兴趣还不足以促使他学习该语言更艰深的知识，而是满足于学习最基本的、必需的语言知识，以供自己在一个比较复杂的层面上生存之用。B 语言行动的动机是复合型的。就英语而言，B 的融合性动机要超过工具性动机，但他对自己原有的语言仍感到自豪，认为其必要且有用。就动机过程而言，B 在评估了自己创造的身份认同之后发现了添加一门新语言的必要性。尤其是在考虑到自己的社会认同时，他更深刻地意识到了这一点。他已经在一定程度上融入了新社区，尤其是融入了他儿子的家庭，但同时并未以排斥原来的社区为代价，相反还经常返回原社区。

从动机过程来看，受访人 C 看上去处于非常不一样的位置。她重新评估了自己的认同，表现出比 B 更强烈的融合愿望，明显希望在新社区树立一个有利的自我形象。她在四种测量尺度上的得分都接近各个尺度的最高，而她所采取的相应策略接近于出于积极原因的语言转换而非仅只添加英语这门语言。当然，C 还保留着自己的第一语言，但显然从未想过要维持自己原来的认同结构。

受访人 D 也在一定程度上放弃了自己在意大利社区原有的认同，或至少在实现融合性动机的过程中大幅改造了自己的认同。同时，在评估新环境之后，他的自我身份认同发生了变化。D 极欲创建一个有利形象，以至于在并非必要的情况下加入了澳大利亚国籍。和 B 相似，但不同于 C，D 尚未对自己原有的语言怀有负面情感，也并不认为英语在所有场合都具有优势。和我们的大多数研究对象一样，D 的语言策略是增加一门新语言。

受访人 E 和 A 一样处于动机谱系的工具性一端。她并不认为英语会影响她想要建立的身份认同形象，同时也没有显示出任何想要融入英语环境的意愿。虽然阿尔及利亚的女性在教育系统面临重重困难，但 E 依然固守自己的阿尔及利亚身份，她的语言行动意愿促使她学习了这一工具来服务于自己的职业，但也仅止于此。

表 8.3

个人动机过程（本书中的受访人）								
认同序列	态度结构							理想 / 谋略
	优越性		活力		吸引力		行动	
	一语	二语	一语	二语	一语	二语	一语	二语	
认同（个人）									
认同（社会）									
意识形态									
形象									
不安全感									
维持认同									
捍卫认同									
维持不公平									
纠正不公平									

（续表）

个人动机过程（本书中的受访人）									
认同序列		态度结构							理想 / 谋略
		优越性		活力		吸引力		行动	
		一语	二语	一语	二语	一语	二语	一语	二语	
融合	受访人 B	3	3	3	3	3	2	1	3	合作 / 语库（一语 + 二语）
	受访人 C	2	3	2	3	2	3	1	3	合作 / 语库（一语 + 二语）
	受访人 D	3	2	3	2	3	3	1	3	合作 / 语库（一语 + 二语）；创建有利形象
改进工具	受访人 A		1		1		1		3	连贯 / 添加二语
	受访人 E	3	3	3	1	3	1	1	3	连贯 / 添加有限领域的二语
绝望										

通用语

当考虑第六章所列出的个人对语言策略的采用情况时，我们发现，第七章中提及的诸种理论能够帮助我们从后果性策略的角度将语言行动的某些动机进行重组和系统化。就通用语的案例而言，动机是工具性的，策略是在保留第一语言的同时向语库添加语言；集市上的个人在除了行动之外的几个测量尺度方面得分都很低，但他们在动机过程中的位置和前面提到的受访人 A 类似，处于按照环境要求评估现存语言技能的位置。从四大测量尺度的角度看，虽然有时那些想要采用通用语的个人或许感到目标语有些优越性，但情况并非总是如此。同样，由于通用语本身几乎只用于一个领域，因此自然缺乏活力：飞行员需要掌握足够的英语来应对飞行需要，但不需要了解法律语言或者诗歌语言。他们既不知道也不关心作为二语的英语在这些领域是否适用。虽然目标语言对某些人而言具有吸引力，但这不具有普遍性。唯有行动的意愿最强烈：强烈到足以让个人去实际学习和运用目标表达方式。这一动机模式类似于受访人 A 的情况，在一定程度上也和受访人 E 相同。

表 8.4

个人动机过程（通用语）									
认同序列	态度结构								理想/谋略
	优越性		活力		吸引力		行动		
	一语	二语	一语	二语	一语	二语	一语	二语	
认同（个人）									
认同（社会）									
意识形态									
形象									
不安全感									
维持认同									
捍卫认同									
维持不公平									
纠正不公平									
融合									
改进工具		1		1		1		3	连贯/语库（一语＋有限领域的二语）
绝望									

移民

　　想要对移民的情况进行归纳总结非常困难，大多数移民表现出复杂混合的得分模式。随着融合的加深，对宿主社区和宿主语言的活力和吸引力的认可程度同时也在增加，但两个过程哪个是因、哪个是果却难以区分。依据他们在移民过程中的不同位置以及他们对自己经济前景的看法，移民实际上在第二语言（宿主语言）的各个态度指标上得分都低至 1 分，并可能有意对宿主语言和宿主社区都保持漠然的态度。我们看到，这样的极端情况在今天基本不存在，更可能发生在移民史上的早期，以及来自某个源头的移民极其少见或新近才出现的时候。这一点在政治避难的案例中表现得尤为突出，因为移民主要考虑的是离开**某地**而非**到达**某地；通常，他们不会对要去的国家进行特殊挑选，他们更关心的是尽快离开危险的境地。

自然，对于首批殖民者和帝国开拓者，这样的情况也会出现，此外发生在经济性的短期出境务工的案例中。第一语言依然处于首要位置，旨在保留语言和认同的连贯性。对于移民活动的后期阶段以及移民后代而言，在已经形成了稳定的移民潮的情况下，分数的分布更可能是对第二语言优越性的打分提高，该语言活力得分也必然居高，并且随着融合显得更令人向往。随着合作成为更加易于被接受的目标，随着语言转换成为更可能的策略，吸引力和行动指数亦会上升。此处我们讨论的依然主要是构成移民潮的个人的动机结构，而非在宿主社区建立并稳定下来的移民社区本身的动机结构。根据特定情况在移民序列中所处的不同位置，动机过程各个阶段的相对重要性也会有所不同。评估阶段不一定非常重要，尤其是在移民潮的早期阶段；而对于排斥宿主语言的移民来说，认同阶段的重要性也值得怀疑，尤其是当移民本身拥有一门优势语言，而且认同问题以前从来没有成为真正重要的问题时。

表 8.5

个人动机过程（非稳定移民潮）									
认同序列	态度结构								理想 / 谋略
	优越性		活力		吸引力		行动		
	一语	二语	一语	二语	一语	二语	一语	二语	
认同（个人）									
认同（社会）									
意识形态									
形象									
不安全感									
维持认同	3	1	3	1	3	1	1	1	连贯 / 不行动
捍卫认同									
维持不公平									
纠正不公平									
融合									
改进工具									
绝望									

表 8.6

个人动机过程（稳定移民潮）									
认同序列	态度结构								理想 / 谋略
	优越性		活力		吸引力		行动		
	一语	二语	一语	二语	一语	二语	一语	二语	
认同（个人）									
认同（社会）									
意识形态									
形象									
不安全感									
维持认同									
捍卫认同									
维持不公平									
纠正不公平									
融合	2	3	1	3	2	3	1	3	转换 / 排斥一语
改进工具	3	3	2	3	3	2	1	3	合作 / 语库（一语 + 二语）
绝望									

个人的动机、态度和目标

至此，认同序列中的一些动机或要点，如工具性、融合、不安全感或者维持认同等，可以和我们确定的四个态度指标上的得分模式或者潜在得分情况关联起来，也可以和不同的语言行为策略、不同的目标联系起来。态度结构看起来与这些或者随后的后果性目标和策略几乎没有稳定的联系。尽管动机无疑存在于我们所讨论过的所有例子中，我们觉得还是需要进一步审视受动机过程驱动的程度。不同个人的态度结构之所以不同，必然存在着一定的原因。最可能的解释是：个人感受到的实际境况与其为自身或群体设想的境况之间存在的显著差异将导致衡量指标上的得分差异。这一发现产生的后果是：在动机过程中，个人根据他人的社会认同对自己的社会认同做出评估，这一评估阶段被赋予了很大的重要性，下文分析社区和国家的情况时会再论及这一点。个人感觉自身境况与参照群体的境况差距越大，所追求的目标就越明确，行动的动力也就越强。这些差距大抵可以归为四类：首先是社会地位的差距；其次是研究对象的母语及社区的地位与周边社区的地位之间的差距；再次是研究对象的经济状况与其认定为成功的目标之间的差距；最后是年龄差距，这一点对青少年影响特别大。

个人的社会地位看上去对第一语言（即研究对象自己的语言）的"客观"评价有重要影响。简而言之，如果一个人的社会地位很高，那么对第一语言的客观评价就高，因而采取行动去改进第一语言或者去掌握其他语言的动机就不大会存在，即便是第二语言（或其他语言）有较高的地位。社会中有权阶层所使用的标准语言即是一个很好的例子，这些有权阶层认为自己的语言无懈可击，因此从未感到有保护的必要，也的确没有觉得需要为其他语言或语言变体费心。研究对象社区的地位和周边社区的地位之间的显著差距能够改变他们对其他语言漠不关心的状况。这要么会增强捍卫研究对象自我语言的动机，要么会激发出完全相反的意愿，即想要融入具有优势地位的周边社区。经济状况的差距往往导致工具性动机，有时能引起语言转换，但肯定会激发改进语言、掌握另一语言或者以其他方式改变个人语言能力的愿望。最后一项差距是年龄差异，年轻人通常在青少年期开始获取更多的社交技能和更多种类的语言变体，其动机通常是为了融入成人社区。

无权社区

尽管个人的语言行为是一个很有意思的研究课题，但在实际操作层面却很难追踪记录个人的语言行为。因此，语言规划主要研究的是一些人类群体，特别是由亲缘关系和种族关系维系在一起的亚群体。这些群体能够在与其他群体的联系中利用政治权力，这一点是他们行为的关键之处。在此，我们需要对社会中两种社区做出根本性的区分：一种是那些能够控制自我政治命运（"国家"）的社区，因此也是自治政府中处于明显掌权地位的、通常属于多数派的社区；另一类是那些不享有这种政治自治权力的少数派社区。此外的一个重要区别是"统括性"社会（"inclusive" society）和"马赛克"社会（"mosaic" society）[1]的区别：法国和日本是"统括性"社会的代表，这些社会拥有很强的统一语言的传统；印度甚或英国则属于"马赛克"社会，它们对于地区语言和社会阶层语言及方言相对而言更加宽容。从定义可知，"马赛克"国家包含了众多的社区，虽然有时不一定

---

1 指拥有多种文化因素的多元社会。

总是某个社区一直控制着政权，但大多数情况下我们完全可以这样假定，政治权力通常由一个群体来控制，这个群体可能是社会的精英群体、某个种族群体或者某个语言社区。这一社区便是有权社区，其他的社区则缺少权力。鉴于他们的多数派或者少数派地位，一个国家中的很多社区都会极力维持他们的自我认同，大力支持他们的愿望，从而确保该社区的语言、习俗和传统不至灭亡。有些社区，尤其是那些分散居住的群体和不断迁徙的群体，相对缺乏组织性，也不这么热衷于保存自己的语言。语言几乎必然成为社区之间争端的焦点，这在"马赛克"国家尤其明显。

有些社区的语言状况进入公众视野后，一个几乎必然的趋势就是这些社区逐渐超越政治上完全无权的处境。我们在第一章讨论了很多这样的例子：法国的一些地区、阿尔及利亚的一些语言群体、西班牙的操加泰罗尼亚语者、印度的许多语言群体、英国操威尔士语的人口。这些社区无一真正处于政治上的无权地位：他们的处境成为社区语言研究资料的主体这一事实足以说明他们在很大程度上唤醒了人们的政治意识。而事实上，这些社区或摆脱了政治控制的枷锁，或与他们所在国家的政府实现了某种程度的和解。虽然世界上还存在很多被压迫的群体和不能享受与国内其他群体同等的权力和资源的群体，但在被广泛研究的群体中，唯有吉卜赛人一直处于真正的无权地位。

构成社区的个人具有许多社会特征，但对社区的定位通常强调其中的一个或几个特征。个人完全可以同时属于几个不同的社区，而社区也并非个人组成的统括性群体。英国布拉福德的穆斯林参加英国的移民社区，参加英国穆斯林社区，（经常）参加巴基斯坦海外流亡社区，（经常）参加乌尔都语社区，参加各种和他们作为工人、企业主、金融家或者公务员的境况相关的社会群体，以及（经常）参加经济地位不佳的贫困社区。绝大多数社会地位确立的稳定移民会说英语，有时仅说这一种语言。他们信奉多种多样且差别很大的社区宗教、传统及神话。社区领袖在移民的早期阶段可能具有很大的影响力，但现在的社区领袖一般不再能够要求成员在生活各方面服从领导，而且穆斯林社区经常在向权力当局提交的观点和意见方面难以达成一致意见。

语言社区，即通过所使用的语言把人们组织在一起的人群，显然在语言行为方面构成一个独特的案例。与那些种族社区或社会性群体相比较，语言社区更显得缺乏组织性、系统性。虽然一些国家的政治家试图让人们相信这些社区具有某种形式的集体意识并能够采取集体行动，但事实上，他们很难表达统一的观点或者有意识地规划并推行供所有成员使用的语言行为。尽管如此，语言社区还是会经常修正成员的语言行为。社区的成员越是能够进行当面交流，社区对成员语言行为的修正就越有成效。在某种程度上，社区越小，成员进行当面接触的机会越多，社区的政治意识可能就越强，由此带来的权力就越大。

随着英语、法语和西班牙语等"国际"语言被广泛采用或使用，现在大型语言社区已能够覆盖世界各地。汉语、马来语等"民族"语言常常成为种族社区的特权，但随着日语等语言在日语族裔之外人群中的传播，这样的概述越来越不符合实情。语言社区的边界极难界定，这一点只需考虑一下全球范围内的英语语言社区即可明白。毫无疑问，通常居住在不同国家的操英语者之间必定会有语言差异。就像国家内部的地区方言一样，澳大利亚英语、英国英语、美国英语、新西兰英语以及印度英语的形态之间存在着极易辨认的差异。一个全球性的英语语言社区依然存在，他们共享一种语言，也至少共享部分（宽泛意义上的）文化。然而，尽管有英联邦的存在，尽管也有人怀疑军事和政治合作已经发展到了国际电子邮件截留和监测的领域，但英语并未因把所有使用这种语言的国家联系起来而获得任何政治权力。虽然使用英语的英联邦是一个政治组织，但它无论如何也不能囊括世界上所有的操英语者，而它对于各成员国的权力也并未扩展到语言政策方面。如今，由五十多个说法语的国家组成的"法语国家国际组织"（Francophonie）[1]虽然宣称是政治性组织，但依然小心翼翼地避免试图对语言政策做出任何规定，并仍在探寻对成员国施加政治影响的途径。其他特定的国际语言群体尚未寻求直接施加政治影响的途径，如欧洲的德语国家、世界各地的操西班牙语者和操葡萄牙语者组成的群体以及其他群体，他们的主要目的是为各自的语言追求和谐一致的语言政策，尤其是语言本体规划。

政治无权社区的理想和谋略

对于各种政治无权社区而言，不管该社区是由种族、宗教、语言还是

---

1 Francophonie 是 Organisation internationale de la Francophonie 的省略说法，一般翻译成"法语国家国际组织"或者"法语国际组织"，也有人把其译作"法语圈"、"法语界"、"法语区"、"法语共同体"等。据其官方网站（http://www.francophonie.org）介绍，该组织创建于 1970 年，目前拥有 75 个成员国，包括 56 个正式成员和 19 个观察员。

社会特征界定，它们究竟面临着哪些可选的语言行为目标？针对自身语言，社区通常具有两个极端选择：丧失自己的语言并可能失去独立的认同；或者保留自我独立的存在，而且对自己的语言拥有一种自豪感，认为自身与周边社区存在根本性的差异，并常常对他者尤其是有权的多数派群体的语言存在一定的敌意。在这两个极端之间可能存在着一系列的不同策略。

因此，一种极端情况是，无权群体（本书中也经常称作少数群体，尽管该群体或许在人数上并非少数）能够融入另一社区或被另一社区同化，通常是那些有权社区、宿主社区或者多数社区。在这一过程中该社区失去了自己的认同和语言。人们通常认为这种情况可悲可叹，因为这至少意味着人类多样性的丧失，或者甚至意味着一种践踏人性的犯罪，但此类的妥协让步也不一定就应该受到谴责。从表面上看，失去自己的语言很难说是无权社区的一个目标。但放弃一种语言及与其相关联的独立认同或许能够避免某些社会冲突；这会对所有社会成员有利，包括那些少数社区成员。在有些情况下，尤其是在 20 世纪早期的美国，将个人差异融入公认的共同认同是创建一个新国家的必由之路。然而，总的来说，同化政策一般未经无权社区的认同便由有权者自上而下地实施了，经常在政治上、社会上或经济上表现出一定程度的野蛮和暴力，就像法国处理地区问题时的情况一样。而有时情况恰恰相反，无权社区的成员即便把融合作为理想，也会因长期被拒绝而无法融入社会，就像印度的某些种姓或者东西方许多社会中的女性那样，这在东方和西方都有。放弃独特个性和放弃语言的目标可以既是正面的、积极的，又是负面的、消极的。

另一个极端是，无权社区把维持自己的认同作为目标。倘若他们不想融入或者未被强迫同化，那么少数社区就可以公开捍卫自己的独特性，经常会与那些强势的周边社区发生政治冲突，或者也可以暗地里默默地坚持自我认同，避免极端形式的冲突。公开的冲突在很多案例中都有记录，但暗地里的对抗则或许没有多少记录。这正如历史上犹太人和其他少数宗教群体，这些社区或许转入地下状态，秘密举行宗教仪式，并把自己的语言作为一种象征保留下来。即便这样的社区很小，不具备提升自身经济地位的能力，且处身于生机勃勃的宿主社区当中，这些"隐秘群体"也常能够保留自己的语言，这不能不令人感到惊奇。而要想做到这一点，必须一直存在着一个把大家团结起来的强有力的纽带：或许宗教是最强的纽带，但成功保留独立认同的关键在于多种联结纽带的并存，既包括宗教或其他信仰和价值体系，也包括家庭、邻里、职业等纽带，可能还包括表现差异的外在标志。为了捍卫群体独立的命运，他们采取的策略通常是强化这些多种多样的联结纽带，社区也会设置宗教、肤色、种族、习俗和语言等排外性障碍，甚至让障碍达到坚不可摧、外人无法进入的地步。为了实现这一目的，可采取的一种方法便是强化（实际上或许是创建）一个社区神话或一套神话作为一种团结和凝聚的力量，从而使分裂状态合理化。有时几乎已经消亡的社区甚至会出现语言复兴（language revival）的例子。人们常想到的一个例证便是康沃尔（Cornwall）现象 [1]：虽然最后一个把康沃尔语（Cornish）作为母语的使用者在 1802 年就已离世，但复兴运动群体仍试图确立属于"真正"康沃尔人的独立发展传统。在威尔士，通过阻止向内移民试图保护"原初"生活方式的运动也时有出现，其依据的观点便是外来者的到来会冲淡"原初"的社区。这些新来者不是原本的威尔士人，因此应该加以排斥，以维持"原初"社区的独立认同。旨在捍卫独立认同的语言策略包括基于托马斯（Thomas，1991）所提出的语言纯洁主义动机的举措，尤其是和复古派的语言纯洁主义运动相关的一些策略。仇外派、精英派和人种学派语言纯洁主义的动机也被加以利用，依此制定相应策略来保持社区语言不受外来因素的侵蚀、防止语言因被低等社会阶层使用而降格以及防止语言遭受城市方言的污染（contamination）。

在这两种极端之间存在一个折中地带。社区也可以保留自身的差异，同时不必卷入纷争或者遭到压制。有各种合作策略可供这些社区选择，有些是语言策略，有些则是政治策略。政治谋略包括力争保障自己对领土的政治控制并确保与掌权者事实上的分离，或者至少确保自己保留差异的权利得到政治承认，同时获得至少和该国其他社区同样多的政治、经济和社会优势。根据各个社区不同的处境，他们的谋略可能是迫切要求实现以下目标：获得独立的居住地（如比利时的情况）；或者取得对某一片确定的领土的政治控制（如威尔士的情况）；或者根据本国对身份的规定获得该国的法律认定（如英国的"亚裔"或"非洲—加勒比裔"的情况）；或者争取一种宽松、自我界定身份认同的环境从而使个人就能够宣布自己属于某个相关社区的成员（例如澳大利亚土著居民的情况）。语言方面的策略包括维持语言的专门教育举措，这些努力往往是顶着该社会有权群体要求

---

1 指的是康沃尔语的复兴。康沃尔语属于凯尔特语的布利屯（Brythonic）语支，起源于古不列颠语，早在英语建立英国语言主导地位之前，康沃尔语以及威尔士语和布列塔尼语已被广泛使用。随着英语主导地位的确立，该语言逐渐式微。亨利·詹纳（Henry Jenner）于 1904 年发起的康沃尔语复兴运动是该语言近代历史上最早的复兴运动。

一致性的巨大压力进行的。语言阵线的规划举措涵盖了一整套语言维持策略，包括各种类型的语言地位政策、语言本体规划和语言习得政策，因此，处于两个极端之间的语言规划既包括把语言作为工具的行为，也包括把语言作为对象的行为。魁北克在 20 世纪 70、80 年代开展了很多语言地位规划活动，这些活动一直延续至今，这反映出当时魁北克法语已趋向于被人们当作语言工具使用，而魁北克的语言法律和法规成为语言规划总体目标中较公开、较广为人知的一面。

无权社区的动机、目标和态度

沃德豪（Wardhaugh，1987）非常关注追求民族独立的社区渴望得到的结果。他认为，从语言行为方面看，无权社区大抵面临三种可能的结果：他们可以与有权的周边社区或者与在政治上控制他们领地的社区进行斗争，努力维持他们的独立认同；他们也可以与这些社区合作，尽可能多地维持自己的独立存在；或者，他们可以妥协，也许最终输掉这场斗争、失去自己的语言。这种观点以不同的形式出现在许多对无权社区行为的分析研究中。把这些结果转换为我们的图表形式，就可以清晰地看到：无权社区或者极力捍卫自己的认同，或者多多少少融入其他群体，或者在绝望中无奈地结束自己的独立存在状态。

我们的案例研究表明，虽然上述三种倾向非常显著，但调整与修改这种令人有些触目惊心的图景也是可能的。很少有令人满意的统计数据能够显示无权语言社区针对自己语言的实际态度，这几乎是意料之中的事。当然，与试图获取可靠观点的社会科学工作者所面临的问题相比较，确定态度所遇到的困难不见得更棘手，但社区边界的模糊性意味着很难准确确定统计总体（statistical population）。各个社区都有一系列不同的观点。因此，在每个案例中，我们都用了第一章至第五章所涉及的资料来帮助确定各种态度指标。这一做法虽欠精确，但考虑到我们此处的目的是为了得到一些普遍性结论，这种处理方法似乎还可以接受。这样做无疑给予活动家和激进分子较多的权重，因此也就赋予冲突理论很高的权重，但这在所难免，除非能够进行精确的、毫无偏见的调研，但这在实际中是不存在的。这样一来，无论哪个层次的动机和目标都较容易确定一些，我们的分析也同样基于前文所用的研究资料。

表 8.7

无权社区的动机过程（沃德豪）								
认同序列	态度结构							理想／谋略
	优越性		活力		吸引力		行动	
	一语	二语	一语	二语	一语	二语	一语	二语	
认同（个人）									
认同（社会）									
意识形态									
形象									
不安全感									
维持认同									
捍卫认同	3		3		3		3		冲突／为权力斗争
维持不公平									
纠正不公平									
融合	3	3	3	3	3	3	3	3	合作／使用一语和二语
改进工具									
绝望	1	3	1	3	1	3	1	3	妥协／从一语转换到二语

无权社区：维持认同与捍卫认同

　　正如我们在案例研究中看到的那样，无权语言社区放在首位的动机几乎不可避免地总是与自己认同相关的动机。这一认同就是语言的认同，而从我们研究的目标角度来看，一个社区之所以能够维系在一起，正是由于它在语言中且通过语言找到了自我身份认同。颇具悖论意味的是，这会让语言纽带产生一种透明隐形的效果：某个语言社区并不承认语言是其唯一的联结纽带，总是在不停寻找其他方面的联结纽带，如政治纽带（如管理本社区内部事务、掌管自己的领土）、社会纽带（亲缘关系、邻里关系或者宗教）等。举例来说，正是此种模糊关系激发了奥斯塔山谷（Aosta Valley）和比利时的法语社区试图与法国统一。尽管如此，更加常见的情况是，社区维系自我社会认同的目标既体现在对抗其他语言方面，也表现在确认自己语言的内在品质方面。

表 8.8

无权社区的动机过程（认同）									
认同序列		态度结构							理想 / 谋略
		优越性		活力		吸引力		行动	
		一语	二语	一语	二语	一语	二语	一语	二语	
认同（个人）										
认同（社会）										
意识形态										
形象										
不安全感										
维持认同	法国区域语言	2	2	1	3	2	2	2	1	冲突 / 暗中维持一语
	威尔士语	3	3	1	3	3	2	2	1	冲突 / 寻求和英语同等的权利；复古派语言纯洁主义
捍卫认同	加泰罗尼亚语	3	1	3	2	3	1	3	1	冲突 / 通过攻击二语而捍卫一语
	迈蒂利语	3	3	3	3	3	3	3	1	合作 / 接受多语制但要求权利
	普瓦尼昂报告	3	3	3	2	3	3	3	3	合作 / 倡导人人享有权利
	1951 年之后的布列塔尼语	3	2	1	3	3	2	3	1	冲突 / 公开捍卫
维持不公平										
纠正不公平										
融合										
改进工具										
绝望										

我们此处研究的社区中，这些得分相当清晰地反映了宣扬公开捍卫加泰罗尼亚语认同的强硬观点。这些分值也在很大程度上看似适合各种印度语言群体和威尔士语运动家（虽然未必适用于所有威尔士语民众）。尽管一些像布列塔尼的地区语言社区（尤其在 1951 年之后）或许显示类似于加泰罗尼亚语社区的立场，但这并非是所有法国地区语言的情况。法国地区语言社区大多成功维持了自己的认同但并未公开捍卫之。从历史传统来看，法国地区语言也很少能得到大多数使用者的青睐，而与语言维持相关的激进武力活动也旨在对少数的保护。然而，在一定程度上，可以说语言维持更多是通过在私人场合暗中持续使用这些语言而得以实现的，而不是通过激进武装分子的叫嚣倡议而得以实现的。

无权社区：纠正不公平

对于那些重视自身认同的无权社区来说，纠正社会不公平、不公正或不平等的动机是一股强大的力量。这种动机与积极捍卫认同的概念十分接近。事实上，少数族群社区语言规划的一个主要动机，就是纠正或者至少减少这些社区在国内所遭遇的不公平、不公正或者不平等，这一动机也在现存研究资料中得到广泛的讨论。无论少数族群的语言是区域性的还是社会性的，也不管这类语言在本国领土上已经存在很长时间或是最近移民或者边界变化带来的结果，少数语言几乎注定遭受人口更多的多数群体的主宰。有时，所谓的"少数"实际上是数量上的多数，但由于与所谓"多数"语言相比缺乏地位声望，也会出现遭受多数语言主宰的情况，那些前殖民地社会（ex-colonial society）就是很好的例子。然而，作为自身语言行为规划者的少数社区不一定和国家层面的政策制定者直接互动。如果相关社区内部联系密切，成员之间经常互相交流，且成员之间的联系纽带多种多样（如婚姻、亲族、宗教、运动、习俗、直接接触），那么人们对这种区域性、地方化或群体性的语言（或者语言变体）的认识程度会明显提升。正是出于这样的原因，贝尔法斯特（Belfast）[1] 的两个社区在很长一段时间都保留了与众不同的言语方式。社区受到的外部威胁往往会进一步强化这些联系纽带，但即使没有这样的密切接触或者外部威胁，有些语言变体依然能够持续存在。倘若少数社区的确和国家高层当局有所联系，各种旨在

---

1 贝尔法斯特是北爱尔兰的首府，此处所讲的是北爱尔兰的例子，请参见第四章相关案例。

改变政策的要求和压力会出现在政府的政治场合及社交场合中。这些压力依靠个人、群体以及各种组织机构从中传递与斡旋，尤其是那些能够接触到政策决策层的个人、群体以及组织，他们借此了解并修正相关议题，使其能够列入政策制定者的议事日程。在多数社区或执掌国家权力的群体面前，少数社区必定处于无权地位。因此，少数社区具有在国家范围内纠正不公平来捍卫自我认同的动机，而出于捍卫自身地位的需要，多数社区可能具有压制这些少数社区的动机，这一点从下文对国家的讨论中可见一斑。无论这些社区是有权还是无权，此处的语言行动动机看似聚焦在认同问题上，其出发点是潜在的分裂主义群体的社会平等和公正问题，而非融合及最终可能实现的社会和谐问题。

加泰罗尼亚语的语言规划在有些方面反映了这样的动机和态度结构。比利时的两个语言社区都视不公平为基本动机，要求在政治战线上采取相关行动。威尔士语的策略是强调教育过程的重要性，把其作为解决不公平的政治解决方案，但赋予威尔士语同英语一样的平等地位这一策略也暗示了问题的根源，凸显了最终政策决定的合作性质。阿尔及利亚与威尔士类似。尽管阿尔及利亚的语言是自治政治实体的语言，但明显保留了不公平的痕迹，且自相矛盾地对多种土著语言实行了类似的不公平对待。在印度，正是为了实现资源方面的平等享用，那些未被《附则》承认的印度语言群体大都试图获得《附则》的承认。《欧洲区域或少数民族语言宪章》的主要思想来源于不公平的概念及既通过象征性宣言又凭借实际行动纠正不公平的必要性。美国的女权主义（在确保术语词汇恰当使用的语言规划方面）和澳大利亚种族社区委员会联盟（Federation of Ethnic Communities Councils of Australia）都显示了此种类型的态度结构，而这一态度与认同问题以及一整套旨在保留差异的目标、策略相联系。他们采取了不同的目标和策略：有些是冲突，另一些是合作。事实上，我们越来越清楚地看到，无权社区的态度也许与许多不同的动机和各种各样的策略相关联。反而观之，尽管根本动机可能相同或十分类似，但不同社区的动机通常与相当不同的态度结构相联系。

表 8.9

无权社区的动机过程（纠正不公平）									
认同序列		态度结构							理想 / 谋略
		优越性		活力		吸引力		行动	
		一语	二语	一语	二语	一语	二语	一语	二语	
认同（个人）										
认同（社会）										
意识形态										
形象										
不安全感										
维持认同										
捍卫认同										
维持不平等										
纠正不公平	比利时、阿萨姆、泰米尔	3	3	1	3	3	1	3	3	冲突 / 通过领土追求权利
	加泰罗尼亚语	3	1	3	2	3	1	3	1	冲突 / 一语的政治权利
	威尔士语	3	3	2	3	3	3	3	1	合作 / 用一语进行教育
	欧洲宪章	3	3	3	3	3	3	3	3	合作 / 少数群体的（某些）权利
	女权主义	3	1	3	1	3	3	3	3	冲突 / 恰当使用语言
	澳大利亚种族社区委员会联盟	3	3	2	3	3	3	3	3	合作 / 把二语教育作为主流条例
融合										
改进工具										
绝望										

无权社区：不安全感

不安全感看来是无权社区根本性的动机。从定义大抵可知，无权社区的政治处境使他们不如有权群体那样能够很好地控制自己的命运，而他们语言的地位意味着该语言总是被认为不如有权群体的语言有价值。然而，不安全感这一动机和纠正不公平的愿望不尽相同。这里涉及的不安全感是一种认为语言不足以完成使命的感觉。几乎不可避免，该语言在很多场合极少使用，尤其是那些具有较高声望和地位的场合。有些情况下，语言社区既为自己语言的活力感到不安，也为自己语言的优越性程度感到不安：有些评论家认为某种语言缺乏表达特定思想的机制，其书写或拼写系统过于复杂。如果该语言缺乏可信的权威且文化史也显示该语言的状况早已发生变化时，个人也特别容易对自己的语言能力感到不确信。

表 8.10

认同序列		态度结构								理想 / 谋略
		优越性		活力		吸引力		行动		
		一语	二语	一语	二语	一语	二语	一语	二语	
认同（个人）										
认同（社会）										
意识形态										
形象										
不安全感	法国新词	1	3	1	3	3	3	1	2	冲突 / 改革派语言纯洁主义
维持认同										
捍卫认同										
维持不公平										
纠正不公平										
融合										
改进工具										
绝望										

表头"无权社区的动机过程（不安全感）"

这样的得分似乎不可能出现在加泰罗尼亚语的案例中，也不会出现在第一章讨论的任何案例中。这种情况更可能出现在某些吉卜赛群体和澳大利亚的土著群体中，在这两个案例中，少数社区与宿主社区或多数群体的分离要么是刻意为之，要么构成该社区文化的一部分，对优势语言的价值判断并未导致这种态度一般会带来的语言变化。本表中所插入的例子是法国或者魁北克改革派语言纯洁主义的例子，他们试图通过这种方式改进法语，使其能够用于"现代"、科技、经济或者科学领域。

无权社区：工具性

从保证语言能够很好契合其使用环境这层意义来看，这一动机非常接近工具性。该动机由负面评估引起，这种评估不是针对社区语言和多数或周边有权群体语言（如美式英语）比较的结果，而是针对社区语言在各个领域的使用情况做出的评估。由此产生了相关的判断，即如果能够采取一定措施，社区语言可以和多数语言一样好。这就激发了一系列举措试图去控制、改进或者完善新词以及语言表达新生社会现象的能力。虽然最终的目标可能是经济性的，但其间涉及的规划和策略直接用于完善语言、使其成为获得成功的更好工具。

和认同动机情况一样，加泰罗尼亚语言群体或许也会承认这一工具性动机。人们相信加泰罗尼亚语的使用尚未遍及所有的公共生活领域，正是这种想法激发出两种策略：坚持在各处使用该语言，同时增进语言自身的表达能力。确保语言在尽可能多的公共领域使用，这一策略也被威尔士语使用者等群体使用，此外也以略微不同的方式成为支持《欧洲区域或少数民族语言宪章》的主要动机。魁北克对法语的口头和书面形式都做了修正，还着意改进技术和科学词汇，目的在于不必总是求助于美式英语来进行这方面的表达。魁北克的做法是工具性动机以及随之产生的改革派语言纯洁主义热潮的极好例证。

表 8.11

认同序列		态度结构							理想 / 谋略
		优越性		活力		吸引力		行动	
		一语	二语	一语	二语	一语	二语	一语	二语	
认同（个人）										
认同（社会）										
意识形态										
形象										
不安全感										
维持认同										
捍卫认同										
维持不公平										
纠正不公平										
融合										
改进工具	魁北克	3	1	1	3	3	3	1	1	冲突 / 改革派 语言纯洁主义
绝望										

（表头："无权社区的动机过程（改进工具）"）

无权社区：融合性动机

融合性动机仍然存在。尽管这一动机的根源可能是少数社区方面的绝望情绪，认为只有完全同化是唯一可能的出路，但其态度模式表明针对语言的行动势在必行。第二语言不可避免会被视为优越的、有吸引力的，其活力在所有领域皆能获得认可，相形之下，第一语言在各个方面的表现则差强人意。由于我们研究的案例大多表达了拒绝融合的意愿，因此第一章所讨论的个案无一认可这种动机图式，这一点也在预料之中。要想找到相关例证，我们必须着眼于那些有很强中央集权化倾向和同化传统的社会，如法国和日本。对某些无权社区来说，与另一语言社区融合是出于绝望的无奈之举。如果其他都行不通，如果群体的个人认同和社会认同难以维系且没有其他变通的办法，那么语言丧失和语言转换便接踵而来，这一点在日本的朝鲜族人以及阿伊努人的案例中清晰可见，其中在阿伊努人的例子中个体的绝望程度更甚。当然，我们也注意到，语言转换也有其他原因，有时甚至可能是一种正面经历。但如果一个语言社区在人数上或者自信心上明显下降，到达一定的程度也会出现同样的结果。在此，我们没有数据能够据以做出这种态度结构的精确评估，但有理由怀疑对第一语言的评估会出现负面得分模式。至于第二语言，虽然该社区理应认为这种语言具有优越性和活力，但若是出于绝望的动机，态度模式依然可能是负面的：该社区完全看不到出路何在，第一语言注定要丧失。

表 8.12

无权社区的动机过程（融合或者绝望）									
认同序列		态度结构							理想 / 谋略
		优越性		活力		吸引力		行动	
		一语	二语	一语	二语	一语	二语	一语	二语	
认同（个人）										
认同（社会）										
意识形态										
形象										
不安全感										
维持认同										
捍卫认同										
维持不公平										
纠正不公平										
融合	日本的朝鲜族人	1	3	1	3	1	3	1	3	妥协 / 从一语转换为二语
改进工具										
绝望	阿伊努人	1	3	1	3	1	3	1	3	妥协 / 从一语转换为二语

无权社区：概述与结论

谈到这里，我们应该做出进一步的评论，这一评论主要基于某些多元社会的实践经验。"社区"一词属于便捷的简易表达形式，是利益集团陈述自己观点的政治修辞话语中一种极其有用的工具。然而，很多所谓的社区其实只存在于观察者的心中。盲人社区、左撇子社区、农业社区以及此外诸多类似的社会分类都有许多令人生疑的集体身份认同。用诸如宗教、种族、语言和肤色之类特征对社会进行重新归类，这必然导致很多交叉集合，这些集合中相同的个人同时出现在多个社区中，其中有些社区的目标互相抵触。究竟这些社区中哪一个对个人和该社会来说更重要，这与群体之间关系的性质一样，由于多种因素而各不相同（如豪斯顿等人 [Hewstone et al., 1993] 关于印度的研究）。通常，在一个语言社区中，只有那些运动家们的观点会呈现在研究资料当中，因此，除了能看到所采取的策略最终产生的结果之外，我们无法获知"真实"的社区态度是什么。

总之，少数和无权社区显示的动机、表现的态度以及追求的目标和策略多种多样。从这些态度、动机和相应策略之间的关系以及它们在我们前面章节研究的各个案例中的实现形式，我们可以看到很多社区都有多种复合动机。与此类似，这些社区表现出的态度并不总是导致同样的结果，共同的态度也并不能保证其动机存在相似性，即使随后采取的策略或许相同。最后，无权社区的语言行为大多针对第一语言。在多数情况下，第二语言作为占统治地位的他者的语言，不可避免要被视为比无权社区的语言更具优越性和活力。但第二语言不太常被视为具有吸引力，即便最终的策略选择可能是融合。除了单纯采用第二语言之外，几乎不可能有其他针对第二语言的行动。

在这一部分，尽管我们把例子局限在本书讨论的案例范围之内，但所有这些动机在社区语言行为中都有所体现，我们也看到动机、态度、策略之间的联系绝不是很清楚、很明显的。只有在我们考虑动机之间的关系时，动机过程的时序性及其与认同建构的关系才显得特别相关。社会认同的建构显然要先于其他动机，而只有在对社区实际情况进行评估之后才会感受到融合性或工具性动机的压力。同样，纠正不公平的动机一方面有赖于群体对自身认同的了解，另一方面也依赖于该群体意识到正是这种认同导致获得的社会资源不足、缺乏其他群体享受到的权利或者受到不公正待遇。绝望及随后的语言丧失也依赖于对有权语言必定盛行这一观念的认识和接受。我们或许可以得出这样的结论：认同动机的首要地位以及评估阶段的必要性意味着其他动机仅是可供选择的替代品而已，是无权社区根据具体情况做出的选择。和认同建构一样，动机过程是动态发展的；动机过程基于社会认同；动机过程看来与一系列的语言态度和策略相关。

第九章　语言政策：掌权者的语言行为

国家、政府和精英

政策制定者

　　从前文讨论的定义可知，语言政策与语言规划不同：语言政策体现了社会中掌权者的举措。那些能够落实自己的看法和世界观的是政治上掌控自治政府政权的人，他们是政府成员或政府员工。尽管如此，对于一国之内实际出现的政策制定、实施以及改变过程，尤其是对于决策者的身份认同问题，还存在着许多认识上的混乱。决策者大概可以分成三类。第一类由个人组成：政治家、统治者以及舆论制造者（opinion-former）扮演了主要角色，而他们的政策可能取决于其身份、意识形态、偏爱、喜好，甚或个人的怪癖。有时，强势的个人或仅凭个人意志就能够制定和实施政策。撒切尔夫人、阿道夫·希特勒、约瑟夫·斯大林或者雅克·希拉克等人所掌控的权力使他们能够改变各自国家的语言政策，虽然他们无疑均受到幕僚及支持他们的团体的影响，但这些政策似乎反映了他们对于应该采取何种措施这一问题的个人观点。对语言政策这类问题怀有特殊兴趣的部长大臣们虽然不如国家元首的影响力大，但也能起相当大的作用，如英国的乔治·沃尔登（George Walden）[1] 对英国语言培训的影响。

　　第二类政策制定者是占统治地位的群体或社区。在一些国家里，某些区域、种族或者宗教社区似乎总处于掌权地位。当政府变更或者统治集团垮台时，即使总统和首相都下台了，某些社会阶层或群体尤其是经济精英群体仍能控制社会的运作，国家的政策似乎也没有多大的变化。当然，在多元民主制下，不同的社区或者社会阶层的确交替掌权并实施反映各自支持者利益的政策，如英国的工党、美国的民主党以及其他一些国家的社会主义党派，一贯代表不同于保守党、共和党或者各种基督教民主党派支持者的社会群体。虽然国家政权的结构及很多政策极少变化，但变化的确时

1　又译作：乔治·华尔顿。英国资深外交官，1966—1969 年曾任英国驻华大使，1985—1987 年曾任英国高等教育部长。

有发生，往往反映出不同群体不同战略的重点和优先次序。政治意识形态往往是某些社会集团潜在利益的外在表现形式，因此，右翼意识形态常常代表富人、企业家或者大农场主的利益，而左翼意识形态一直以来体现的则是工人阶层、城市群体（相对于农村群体）或者穷人的利益。1997 年英国政府的变更意味着社会福利政策中的平等问题更加受到重视，意味着英国在欧盟内部事务中的认同问题上，会选择和梅杰政府不同的路线，而这一切均在意料之中。

第三种类型的政策制定者是国家本身。在这个层面上，国家的长远利益和永久属性起主导作用，一些政策很可能会持续相当长的时期，即使有政府更替、周遭环境发生巨变也依然如故。一个显著的例子是，在两个多世纪的时间里，法国官方对于领土统一及社会凝聚力持续不变的关注激发了包括语言政策在内的一系列政策，这些政策历经君主制、帝国时期、共和国时期和无数的政府更迭依然存在。马德里对加泰罗尼亚的压制根源于 15 世纪抵抗阿拉伯统治的统一运动以及此后教会的掌权。在英国，要求运用标准语言的国家行为植根于 1066 年的诺曼征服以及诺曼统治者对盎格鲁—撒克逊统治者的取代，但所涉及的语言现已不是诺曼法语，更不是拉丁语。该政策的最早纸本形式即为 1362 年的《诉讼条例》（*Statute of Pleading*）。在此，一个主要的问题是探寻谁真正代表国家，以及这些持久不变的原则植根何处。有时，这些原则源于领土方面的考虑以及便利达到天然边界的需要；有时，这些原则来自行政传统。不管时任的政治家们如何评价，已确立了统治地位的官僚体制可以新创政策并实施相关政策，因为它自认为已超越日常政治生活的喧嚣与琐碎，守护的是整个国家及其永恒的价值观。

目标

本章要讨论各种类型的掌权者所实施的语言政策。对于无权社区及个人而言，认同序列体现在此前章节讨论过的案例中。同样，正如个人与无权者的情况所示，就动机过程而言，认同序列本身似乎并不能解释一切，而整个动机过程的结构还要依赖于态度结构和该有机体所追求的目标。在此，我们也不应忘记，在各个政治自治体中存在着三种主要的语言政策思路：语言作为一种权利、一种资源或者一个问题。能够使用某种语言（包括某种特殊变体或者特殊领域的语言）是基本人权之一，常常被掌权阶层的守门人严密看护、谨慎守卫。另一方面，对国家和个人而言，语言能力尤其是能够使用多种语言的能力能够代表一种主要的经济和竞争力资源。此外，语言使用成为国家需要解决的问题，通常是因为或意味着国家面临社会分层（social division）和社会分裂（social fragmentation）。遵循这些不同的思路，我们会发现语言政策自身也多种多样。

稳定是最显见的理想，即国家的统一以及保护领土免受内部"分裂"之扰。这一目标基于社会凝聚力，这在一些民族国家意味着公民自己拥有主权并（至少在理论上）委托当局来执行这一权力，而在另一些民族国家，主权则掌握在君主、总统或者议会手中。和个人及无权社区的情况相类似，至少有两种不同的谋略可以帮助实现这一至高无上的总体目标。其中一个极端是坚持所有公民使用一种语言或语言变体，该语言通常是掌权者的第一语言并同时被宣布为官方语言。这一语言会在合适的官方机构中使用，如议会、法院、教育系统乃至所有公共领域。整个国家官僚机构在处理公民事务时总是使用这种语言，且只使用这种语言。宣布该语言为官方语言会带来正式的立法举措，以保障该语言总能得到使用，也会促生一系列措施来捍卫该语言的地位免受真实存在或假想的敌手的威胁。政府常常在境内特别压制语言多样性，不管该多样性源于境内存在的区域语言还是源于代表不同于精英群体社会阶层的语言变体。有时，这类谋略甚至全然不顾现实情况：阿尔及利亚宣布古典阿拉伯语为其官方语言，但事实上古典阿拉伯语和阿拉伯口语之间差异巨大，这一政策直接导致无法掌握这种差异的人群在国内无法获取权力。有时，正是这种策略致使国内的少数群体无法摆脱不公平待遇，罗姆人就是一个很好的例子。

国内掌权者的第二个目标就是权力本身。这通常意味着：无论权力的定义如何，精英群体的目的是拥有和保留权力，最终理想实际上就是精英化的国家。为实现这一目标，经常采取的谋略是完全无视社会多样性及其表现形式，包括无视任何不同于精英群体语言的其他语言。有时，这类解决方案被视为英式解决方案，因为它们完全符合1066年到1750年间英国历史的特点。事实上，1750年之后，英国和很多其他国家的历史可能也都显示了同样的语言政策思路，而此时社会精英的地位逐步为经济精英所取代。因此，一个极端的情况是，国家（此处我们把该词用作精英群体的简称）在应对所有事务时都使用一种工作语言，其语言政策或明或暗地将此种语言和国家联系起来。国家不会就公民的语言使用立法，表面上公民拥有完全的自由去使用任何他们想用的语言，但国家及其官僚机构与公民打交道时却只使用该种国家语言。在统治者掌握国家主权的体制中，国王和独裁者通常会采取这种策略：只要和行政当局打交道时使用国王的语言，公民就可以得到想要的。此处的目标未必就是社会凝聚力，相反，这里要实现的是对国家的有效管理。

多元国家的目标介于这两个极端之间。这类国家认可不同群体多样共存的理想，在谋略层面上，常常接受多元文化甚或多种语言和谐共存的国家形式。必须指出，多元和谐的国家也许是一种理想状态，在现实中很少能够实现，国家总是在各种分裂倾向之间进行斡旋平衡。社会分层和维持社会不公这样的负面目标很少公开宣布。近年来，这在一些意识形态驱动的谋略和指标中有明显的体现。这些在国家内部肯定非常重要。多元政治实体中必然会存在多种政治理论、理想和谋略。有些政治意识形态倾向于支持社会凝聚力；另外一些则坚持不仅要接受社会分层，更要积极鼓励社会分层。意识形态可能体现在生活的诸多领域，但在过去的一个世纪里，意识形态主要取决于经济观和资源分配观。在这种背景之下，语言使用权问题显得更加重要：谁有权使用能够提高教育程度、改善经济状况、提升社会地位的语言？

国家也有理想、谋略和指标三个层次上的目标，这些主要针对国外状况而较少关注国内稳定。一旦了解国外的语言使用情况及可能存在的竞争，国家可以对内对外塑造自己语言的正面形象。这常常是通过强势的文化政策得以实现的，这样的政策通常包括语言因素、支持境外语言教学等。语言传播的谋略反映了对该语言和社会的内在自豪感，德国就是一个很好的例子。但同样，想要保证本国语言在国外得到使用，这一愿望也可能起源于政治殖民或经济殖民的谋略，或者起源于塑造良好的国家形象以便国家在国际关系中获得更多权力的愿望。日本塑造良好形象的愿望或许是想部分抵消过去在太平洋地区进行殖民统治所造成的消极影响，但也可能是想要在政治领域争取更大的影响力。

作为身处世界各国之中的一个政治实体，国家可能发现自身和他国存在冲突。在国际关系中，一国旨在生存、防卫以及侵犯的谋略同其感受到的不安全感或自信程度有关。极度自信会导致该国宣布其大使和外交代表将仅使用本国语言。在其他情况下，适当的策略会接近我们在讨论个人案例时研究的融合性动机，这些国家可能是为了加入英联邦或者法语国家国际组织之类的组织。一般而言，国家不太可能因为某一语言不再适用、不足以应对当前情况或者无法表现其政治权力而予以放弃。然而，日本在

1946 年几乎放弃了日语复杂的书写体系；印度和巴基斯坦的官员想要和更多受众沟通时都会使用英语；大多数国家使用英语或法语进行外交活动。

掌权者的动机、态度和目标

本书前五章已确定了一些研究素材，我们将把它们用于后文总结各案例中体现的态度和动机过程，像在分析个人和无权社区的案例时那样对其进行一定程度的概括。正如个人及无权社区的案例那样，某一特定政策往往和动机过程 / 认同序列中的某个阶段相关。各个掌权国家、政府及该国人民在这一过程中所处的位置反映出他们在这一阶段的想法。虽然没有哪个阶段能够代表所有掌权国家的情况，但有些动机似乎比其他出现的频率更高。意识形态、形象、捍卫认同、维持（而非纠正）不公平以及多种工具性动机似乎比不安全感和维持认同、纠正不公平、绝望等动机因素占据更为主导性的地位。考虑到国家及其当权派的强势性质，这也是意料之中的事。

格里罗、卡伦、卡普兰和巴尔道夫的研究

在以往的语言政策研究中，对于掌权国家的语言行为，研究者们主要是一味谴责他们想要强制推行某种语言或语言变体的使用，此外鲜有涉及。从语言纯洁主义到法西斯主义，政府行为背后的意图被认为都是支配（或曰"统治"，这两个术语都曾被使用）。国家的目标似乎是凝聚力和社会的统一；其理想的结果就是希特勒关于一个民族、一片领土、一种语言的理想。借用我们的分析词汇来讲，对第一语言的态度一律是强烈支持，而第二语言实际上遭到忽视。国家处于创建（社会）认同的阶段，即便在迫于形势需要自卫时也是如此。格里罗用这种思路分析了 1789 年后法兰西民族的创立：

> 语言被认为是公民关注的一个严肃议题……语言统一是一项平等主义举措……大革命假定一个民族必须有一种单一的、通用的、全国性的语言……国家在社会、文化、语言方面都有统一、同质的概念。(Grillo，1989：42—43)

法国自大革命以来有很多旨在实现这一理想的尝试。在欧洲，第二个千禧年结束时至少见证了一个这样的尝试：塞尔维亚试图消除边界内的少

数种族、宗教和语言群体，结果只是缩小了自己的版图。因此，创建及维持一致的政治认同无疑是国家的一个主要动机，同时国家也试图确保这一认同涵盖尽可能多的联系纽带。国家的一个关键谋略经常是单一的语言，而非更容易实现的多语并存，其目的是为了达到稳定与凝聚力。为了这一至高无上的总体性要求，其他的一切都可以牺牲。对待语言（一语）的态度结构最能代表认同动机，其优先考虑的是优秀、优越性及吸引力的概念，而国家语言在这些特征方面得分都很高。单一语言的活力也看似完美，因为它的目的是在每个领域为每位公民服务。然而，格里罗对英国民族建构的分析提供了另一个不同的理想。该分析侧重把精英主义（elitism）和保留权力作为基本目标，认为这一传统可以追溯到约 1750 年之前的贵族统治以及 1750 年之后的经济精英主义。格里罗也指出，统治集团如何完全无视包括语言多样性在内的各种多样性，既运用武力与经济主导权，也借助语言手段把地区精英吸纳入民族精英群体。从认同动机的角度来看，格里罗的两大总体目标即为社会凝聚力与精英主义，属于我们所用术语体系中的理想层面。

如果将民族主义理论或国家建构的理论用于分析美国的诞生，我们就会看到社会认同建构的第三个理想。大多数美国政治分析家都认同多元主义是美国的立国之本，因为自 19 世纪起，大规模移民来到这个国家，各个群体至少从理论上来讲具有接替掌权的可能性。同样，当代美国由各种不同的群体构成，每个群体都有一套相同的权利和义务。虽然基本的思路是个人认同应该湮没在大熔炉文化中，以便形成一个富有凝聚力的新民族，但也不时有不同的声音主张另一种思路，要求接受不同认同的多元存在（Kallen, 1915）。近年来，后一种思路在很多关键时刻都导致了多元文化主义的谋略，但尚未能带来多语制，实际情况恰恰与此相反。全面的多元文化思路在加拿大等国更受青睐、更得人心。

卡普兰和巴尔道夫所列出的语言政策的目标或目的既不包括态度也不包括潜在动机（参见引言的第三小节"动机过程：目标、态度和动机"），不能像格里罗和卡伦的分析那样直接转换为我们的动机结构。他们的确提及了社会凝聚力、精英主义和多样性的理想，但由于他们的研究比格里罗和卡伦更进一步，因此注意到了该国对其他国家以及外部世界的关心与担忧。我们会再论及这一点，但在此值得注意的是，卡普兰和巴尔道夫认为同这一因素相关的谋略与指标包括处于理想层面的与其他国家的竞争和冲突。

表 9.1

掌权者的动机过程（格里罗、卡伦）									
认同序列		态度结构							理想 / 谋略
		优越性		活力		吸引力		行动	
		一语	二语	一语	二语	一语	二语	一语	二语	
认同（个人）										
认同（社会）	法国（格里罗）	3	1	3	1	3	1	3	1	凝聚力 / 压制
	英国（格里罗）	3		3		3		3		精英主义 / 忽视多样性
	美国（卡伦）	3	3	3	3	3	3	3	3	多样 / 多元文化主义
意识形态										
形象										
不安全感										
维持认同										
捍卫认同										
维持不公平										
纠正不公平										
融合										
改进工具										
绝望										

阿尔及利亚和印度

第一至第五章的研究使我们能够为格里罗、卡伦、卡普兰和巴尔道夫勾勒出的国家动机过程图添加几笔。阿尔及利亚存在两大对比：古典阿拉伯语的优势地位与日常街头人们实际所说语言的对比；阿拉伯语的地位与该国所使用的诸多语言包括阿拉伯语和其他语言的对比。阿尔及利亚的主要理想是社会凝聚力，但无视语言现实的策略接近于精英社会所用的策略。结果出现了忽略柏柏尔语、提倡古典阿拉伯语的谋略，但同时默认接受阿尔及利亚人所使用的阿拉伯口语成为现实语言。印度的民族认同建构案例又有所不同：在印度，无论是法式的民族概念还是英式的民族概念都不适用。多语种国家常常修改认同动机以便实现政治稳定的理想，常常会采纳多语制和多元文化立场，但在 20 世纪最后的 25 年间，这种策略在很多其他国家如澳大利亚、英国、美国遭遇阻力，以至停滞不前。支持一种语言成为国家语言依然是那里最主要的呼声。在多种语言拥有官方地位的多语国家，其态度结构显示出微妙的差异。总体趋势反映出更加支持多种语言的倾向，整个语言问题在社会中更加高调、更受关注。然而，鲜有官方政策平等地支持所有语言，譬如，一种语言的优越性得分很可能高于另一种语言。但在印度，传统的做法是接受多语制，采纳 3+/–1 的语言政策，这在前文论述中我们已经看到。

表 9.2

掌权者的动机过程（阿尔及利亚和印度）									
认同序列		态度结构							理想 / 谋略
		优越性		活力		吸引力		行动	
		一语	二语	一语	二语	一语	二语	一语	二语	
认同（个人）										
认同（社会）	阿尔及利亚（阿拉伯语/柏柏尔语）	1	1	1	1	1	1	1	3	凝聚力 / 接受一语阿拉伯口语，排斥二语柏柏尔语
	阿尔及利亚（口头/古典阿拉伯语）	1	3	1	1	1	3	1	3	凝聚力 / 接受一语口语，提倡二语古典阿拉伯语
	印度	3	3	3	3	3	3	3	3	多样 / 多元文化主义
意识形态										
形象										
不安全感										
维持认同										
捍卫认同										
维持不公平										
纠正不公平										
融合										
改进工具										
绝望										

意识形态

我们看到，政治意识形态是语言政策的动机过程结构图中的一个重要因素。在第二章中，我们探讨了 1988 年到 1995 年间英国标准语言的地位问题，重点关注了持某一政治意识形态的政治家们与迅速介入政治的语言学家及教师群体在标准语言地位问题上的对立态度。如果我们用 P 代表英国政治家，而用 L 代表语言学家与教师群体，两个群体基于意识形态的态度对比可以用表 9.3 来表示。有大量资料记录了卷入这种论战中的保守党政治家的意识形态观念，也有很多资料记录了他们的意识形态与其他群体对此做出反应所引发的冲突。总的来说，该案例的意识形态动机显示出具有很强对比色彩的态度结构。和无权社区的情况类似，在讨论意识形态动机问题时需要对"统括性"社会与"马赛克"社会做出区分。作为中央高度集权并支配一切的国家，日本和法国都发现在意识形态上很难接受国家内部存在社区差异。两个社会都存在很强的压力促使个人接受社会总体规范、放弃他们认为具有分裂性质的社区忠诚。日本通过压制个人实现这一目的，而法国的共和主义基于推崇个人重要性的概念：他或她自愿把自己不可侵犯的管理国家的权力交给相关国家代表，但理论上他们在任何时候都可以收回这种权力。两个社会的差异可能导致不同性质、不同层次的犯罪。在法国，个人经常感到自己有理由通过拒绝社会规范来显示个人的权利，可以像 1968 年那样用暴力对抗当局；在日本，个人更倾向于牺牲自我，有时甚至在社会拒绝接受个人对未来的设想时会结束自己的生命，如 1974 年三岛由纪夫剖腹自杀事件。[1] 相较于日本，法国更加担心分裂倾向，因为从理论上来讲，如果法国公民愿意，就有权利赞同任何程度的分裂行为。两个国家以同样的政策对此做出反应：压制个人及其语言。可以肯定，"统括性"社会有很强的意识形态动机，而支持更大程度统一的主导政治意识形态使得少数群体在对其效忠的同时湮没了自己的差异性。在法国、日本这样的社会中，主导性的认同动机可以变得极具霸权主义性质，以至于压制了支持布列塔尼或朝鲜族少数群体独立身份认同的动机，甚至在布列塔尼裔或者朝鲜裔群体内部也是如此。

1 　事实上，三岛由纪夫自杀事件发生在 1970 年 11 月 25 日，而其传记出版于 1974 年。*此处疑为作者笔误。*

表 9.3 英国的政治家（P）与语言学家（L）对标准英语的态度

<table>
<tr><td rowspan="2" colspan="3"></td><td colspan="2">指标</td></tr>
<tr><td>低劣</td><td>优越</td></tr>
<tr><td rowspan="14">认知层面</td><td rowspan="7">a. 优越性指标</td><td rowspan="3">标准语言特征</td><td>美学价值</td><td></td><td>PL</td></tr>
<tr><td>丰富性</td><td></td><td>PL</td></tr>
<tr><td>交流价值</td><td></td><td>PL</td></tr>
<tr><td rowspan="3">其他社会方言特征</td><td>P</td><td>L</td></tr>
<tr><td>P</td><td>L</td></tr>
<tr><td>P</td><td>L</td></tr>
<tr><td colspan="3">政治家通常给标准语言打高分，而语言学家给一些地区或社会语言变体打分也较高。</td></tr>
<tr><td rowspan="2">b. 语言—社会关系</td><td colspan="5">政治家和语言学家都相信，在语言、语言变体和环境之间有紧密联系。他们对于这种联系的含义有不同理解。对于政治家来说，标准语言应当代表所有人的共同认同，而语言学家认为标准语言无法反映少数社区的认同。政治家们的观点基于想要实现社会凝聚力的愿望；语言学家的看法基于人类多样性的事实。这是意识形态的差异。</td></tr>
<tr><td colspan="5"></td></tr>
<tr><td rowspan="4">c. 活力指标</td><td rowspan="2" colspan="2">语言或语言变体使用领域的数量及层次</td><td colspan="3">指标</td></tr>
<tr><td>低</td><td>中等</td><td>高</td></tr>
</table>

		低	中等	高
	正式语体	L		P
	非正式语体	P		L

政治家们通常认为正式语体应该用于大多数场合，而语言学家相信每种语言变体应被用于相应语言环境，有些不占优势的语言变体应能够在具有优势地位的公共场合使用。

情感层面　吸引力指标

	指标		
	不喜欢	中立	喜欢
古典语言（变体）		L	P
精英语言（变体）		L	P
地区语言（变体）	P	L	
书面语言（变体）		L	P
非正式语言（变体）	P	L	

政治家们通常赞成正式语言变体，但不赞同区域或非正式语言变体，而语言学家和教师持中立态度。政治家们常有很强的语言纯洁主义动机。

（续表）

意动层面	行动指标	自我采取行动的愿望或者对语言干预的支持		指标	
				放任主义	规定主义
			语言地位	L	P
			语言本体	L	P
			语言习得	L	P
		政治家与语言学家意见相左。			

　　然而，意识形态对于不同的人来说含义不同。尽管这个词在政治论战中几乎总是被滥用，但总体政治动机是在社会中获取权力并保留权力。在民主政体中，这意味着在一定政治环境内获得选民的支持。或许，正如马克思主义思想家所宣称的那样，社会中的结构性社会不公平能够确保获得或防止得到权力，而掌权者语言政策的主要目的是用于确保社会控制。这样，各种彼此冲突的意识形态都假定，通过控制交流方式、给予无权者的语言以低等地位能够强化社会不公平。商讨的框架也是在不公平中设定的：结构性不公平可以改变与修正谈论什么、如何呈现、使用何种参照背景、用何种语言进行政治活动等内容。实质上可能存在两种意识形态：掌权者的意识形态和反对派的意识形态。然而，有人坚信多元主义是另一种不同的社会模式，他们通常倾向于承认多种不同的意识形态，把语言看作打开通向自由之门的关键钥匙而非统治工具。根据这一分析思路，促使采取语言行为方面行动的政治动机是对政治话语实现某种形式的操控，以确保人们以某种特定方式理解社会。在多元社会，诸如社会公正、私有化、税收等词汇随着不同政党相继掌权而发生含义的变化，这绝非偶然现象。

　　"政治意识形态是一种'世界观'，由大量信条、理论和原则构成，宣称能够解释当下世界并绘制了一幅诱人的未来景象。"（Heywood，1994：7）在关于政治学研究的导言中，海伍德（Heywood）指出有三种主要的意识形态视角：自由主义强调个人和自由市场经济；社会主义"代表社区、合作及社会公平的原则"；保守主义抵制社会变化，最近出现了为经济利益主导论辩护的新右派。精英群体中最常见的政治意识形态形式即维护某一政治群体、社会阶层或类别或者经济社区对他者进行统治的意识形态。在多数派政治社区及那些想要成为政治统治集团的少数派社区中，常能感受到一股内部凝聚力，及想要保留这一凝聚力的愿望。有趣的是，日本和法国民族主义案例中意识形态的态度结构更加接近于保守主义而非自由主义或者社会主义的态度结构。

本书中，我们对保守主义案例的研究主要局限在英国。然而，以下表格展示了我们在此描述的各种意识形态图景。法国两种意识形态结构的对比对于该社会意义重大，正是传统的"共和国"观念与《普瓦尼昂报告》呈现的图景之间的落差导致了法国内务部长让·皮埃尔·谢维尼蒙在 2000年 8 月因科西嘉问题而辞职。

表 9.4

掌权者的动机过程（英国、法国和日本）									
认同序列		态度结构							理想 / 谋略
		优越性		活力		吸引力		行动	
		一语	二语	一语	二语	一语	二语	一语	二语	
认同（个人）										
认同（社会）										
意识形态	保守主义（英国政治家）	3	1	3	1	3	1	3	1	精英主义 / 忽视多样性
	自由主义（英国语言学家）	3	3	3	3	3	3	3	3	多样 / 多元文化主义
	社会主义（普瓦尼昂）	3	3	3	1	3	3	1	3	多样 / 多元文化主义
	民族主义（法国）	3	1	3	1	3	1	3	3	凝聚力 / 压制多样性
	民族主义（日本）	3	1	3	1	3	1	3	1	凝聚力 / 压制多样性
形象										
不安全感										
维持认同										
捍卫认同										
维持不公平										
纠正不公平										
融合										
改进工具										
绝望										

形象投射

　　某一国家向国内、国外的相关群体进行的形象投射可能是文化外交性质的项目，例如英国文化委员会、日本国际交流基金会、歌德学院等；也可能是文化教化项目，如开展宣传教导活动从而阻止巴黎人认可说法语的瑞士人或加拿大人的文化产品。形象投射动机的相关态度结构似乎呈现出认同和不安全感并存的混合模式。但从根本上说，形象动机要想产生成功的政策实践，就必须尽量完整地反映出认同动机。日本对本国语言的看法导致了一种态度结构，这一态度结构类似于认同主题促生的态度结构，但也要指出，这并不能反映日本动机的其他层面，如想要鼓励反对日本民族主义复苏的声音。此类外部活动的总体目标必然是为了使国家能够参与国际舞台的竞争。

表 9.5

掌权者的动机过程（德国、日本）									
认同序列	态度结构								理想/谋略
	优越性		活力		吸引力		行动		
	一语	二语	一语	二语	一语	二语	一语	二语	
认同（个人）									
认同（社会）									
意识形态									
形象　德国	3	1	3	1	3	1	3	1	竞争/推广德语
日本	3	1	3	1	3	1	3	1	竞争/塑造有利形象
不安全感									
维持认同									
捍卫认同									
维持不公平									
纠正不公平									
融合									
改进工具									
绝望									

不安全感

群体认同自豪感的反面是对他者认同的惧怕。很少有哪个社会中的多数派社区会承认少数派社区、承认其语言的价值以及他们存在的权利。如果多数派社区因少数派社区而产生不安全感，那么动机必然是去维持不公平，或者像阿尔及利亚和法国案例里实际发生的情况那样，动机是创造社会认同。然而，倘若这种不安全感与国家在外部世界的地位有关，行动就显得更为必要，国家必然会制定防御性政策来强制使用本国语言或者在国界之内设立障碍、阻止"敌对"语言的侵入。这种不安全感的态度是法国对待地区语言的传统国家政策的部分原因，也因此成为诸多反对法兰西国家的分裂和割据的宣言（而分裂和割据或许是弱化了 1951 年之前语言控制中央集权化的结果）出现的原因之一，最终带来了反对英语化的《杜邦法案》(1994)。后者在法语新词的案例中讨论过，它结合了不安全感的动机和捍卫认同的动机，是混合动机的典型例子。

表 9.6

掌权者的动机过程（法国:《杜邦法案》）									
认同序列		态度结构							目标：理想、谋略、指标
		优越性		活力		吸引力		行动	
		一语	二语	一语	二语	一语	二语	一语	二语	
认同（个人）										
认同（社会）										
意识形态										
形象										
不安全感	法语新词	1	3	1	3	2	1	3	3	冲突/仇外
维持认同										
捍卫认同										
维持不公平										
纠正不公平										
融合										
改进工具										
绝望										

捍卫认同与维持不公平

大部分已出版的关于国家及其语言政策的资料采用了少数派社区的写作视角，这些社区关注与担心的是国家、政府、精英群体和地位稳固的社会群体常常对内缺乏宽容。作为语言政策的一种动机，对国家认同和语言的捍卫能够产生多种处理方式。最明显的是，这可能导致多数派社区直接忽视甚至压制其他社区。英国和法国的例子显示了这些同一类型的捍卫如何遭遇不同的阐释。如表 9.7 所示，英国和法国的总体态度图显示出态度上的显著对比，说明了为什么两个国家在语言习得政策方面相似，而在官方语言的地位规划和本体规划方面却推出了截然不同的政策。总的来说，一个明显的差异是对待语言变体（而非标准语言）的态度：法国一般不喜欢语言变体，而英国的观点倾向于更加积极与正面。

表 9.7 英国和法国的态度空间（来源：Ager，1996b）

			优越性指标		
			低	中	高
认知层面	知识(了解程度)	**自己的语言**	英		法
		美学价值		英、法	
		文学价值			英、法
		丰富性		英	
		准确性			法
		明晰性			法
		交流价值	法		英
		语言变体之间的差异			
		古、今变体		英、法	
		社会变体	法		英
		地域变体		英、法	
		城市与农村变体	法		英
		功能变体（公共和私人变体）	英		法
		书面与口语变体	英		法
		正式与非正式变体	英		法
		语言与文化的关系	英		法

（续表）

			吸引力指标		
情感层面	吸引力		不喜欢	中立	喜欢
		自己的语言（不安全感至自豪感）			英、法
		他人的语言（若不喜欢则出现仇外情绪）	英	法	
		非优势语言变体（正如上面所列出的）	法		英
			行动指标		
意动层面	自我采取行动的愿望		放任主义	折中	规定主义
		获取或改进语言工具		英	法
		通过添加语言或语言变体而寻求融合	英	法	
		通过语言转换而寻求融合	英、法		
	对语言干预的支持	语言地位	英		法
		语言本体	英		法
		语言习得		英	法

　　然而，只有在显示出国内存在不平等、不公平、不公正时才能展现官方针对纠正或维持不公平的态度结构。20世纪80年代末90年代初，澳大利亚发起了关于语言政策的辩论，论战双方都举出这两种态度结构的例子，但在当时采取的处理方式是多元路线，而且《澳大利亚国家语言政策》已经制定实施。斯洛伐克的态度以及针对罗姆语的政策举措显示的态度表明，帮助确保不公平持续下去的国家认同因素和应对内部局势的仇外目标相结合，但冲突的总体目标依然存在。

表9.8

掌权者的动机过程（英国、法国、中欧及澳大利亚）									
认同序列	态度结构								目标：理想、谋略、指标
	优越性		活力		吸引力		行动		
	一语	二语	一语	二语	一语	二语	一语	二语	
认同（个人）									
认同（社会）									

（续表）

掌权者的动机过程（英国、法国、中欧及澳大利亚）								
认同序列		态度结构						目标：理想、谋略、指标
		优越性		活力		吸引力		行动	
		一语	二语	一语	二语	一语	二语	一语	二语	
意识形态									
形象									
不安全感									
维持认同									
捍卫认同	标准英语	3	1	3	1	3	1	3	1	冲突/人种学派和精英派语言纯洁主义
	标准法语	3	3	3	3	3	3	3	1	冲突/仇外派语言纯洁主义
维持不公平	反罗姆语	3	1	3	1	3	1	3	1	冲突/压制罗姆语
	斯洛伐克	3	3	3	1	3	3	3	3	多样/多语制
纠正不公平	澳大利亚	3	3	3	1	3	3	3	3	多样/多元文化主义
融合									
改进工具									
绝望									

融合性与工具性

我们已经指出，与另一社区融合并非国家语言政策的主要动机。但也有一些证据表明，与英语社区的融合是部分阿尔及利亚科学社区的动机。这一做法遵循了一项国家鼓励的政策，该政策主张逐渐脱离法语使用国组成的法语国家国际组织及其旨在科学界只使用法语的意图，其潜在的态度结构在当事者的声明和行动中有所体现（第一章和第六章）。此外，在申请加入法语国家国际组织的国家身上，我们看到了类似于个人寻求被不同社区接纳的融合性动机，如越南、罗马尼亚、保加利亚。目前这些国家都有支持更多地进行法语教学的政策（Ager，1996a）。在此，总体目标是与其他语言的竞争甚或冲突，这一点和需要国家对外政策的其他领域是一样的。越南加入法语国家国际组织的目的在于为自己国家争取优势地位，而非无私地支持法国或其他主要法语国家的优势地位。加入英联邦或其他国际语言组织的类似行为都是基于寻求支持和帮助的需要，而非出于同胞情谊与国际友善。

就国家而言，在与英语对立冲突的总体理想框架之下，工具性动机导致魁北克和法国产生了一系列谋略，包括旨在实现术语现代化的语言本体规划。工具性动机本身究竟在多大程度上和不安全感相关，这一点尚存争议，但两个国家记录在案的政治演讲和议会辩论中都曾表现出这两种动机。就工具性动机而言，从法国专家的一些公开声明可以看出与此动机的相关性（第四章）。

表 9.9

掌权者的动机过程（越南和魁北克）								
认同序列	态度结构							目标：理想、谋略、指标
	优越性		活力		吸引力		行动	
	一语	二语	一语	二语	一语	二语	一语	二语	
认同（个人）									
认同（社会）									
意识形态									
形象									
不安全感									
维持认同									
捍卫认同									
维持不公平									
纠正不公平									
融合 越南	3	3	1	3	1	3	1	3	冲突／国际化
改进工具 魁北克	1	3	1	3	3	3	3	1	冲突／改革派语言纯洁主义
绝望									

第十章　结论

总　结

我们认为，分析语言行为规划动机过程的最好方式是将其作为一种由三部分组成的心理和社会现象来看待。特定语言规划或政策的制定取决于动机结构，取决于态度结构，也取决于追求的目标。在社会心理学领域，动机过程常被认为依存于态度，或者依存于需求层次和目标理论。我们首先分析了动态认同建构的理念，包括认同、意识形态、形象、不安全感、捍卫或维持认同、维持或纠正不公平、融合、工具性或绝望等阶段。尽管这一系列基本动机常常被用于分析群体行为并催生了社会认同理论，但该系列动机看来也适用于所有三个层次的"施为者"：个人、无权社区、国家。我们在对社会认同理论进行发展和改进时考虑了其主要原理：认同历经社会分类、认同建构、社会对比、心理独特性等阶段发展而来；认同通过对自我群体的成员感和对他者群体的非成员感而建构起来；这类群体的成员具有共同的独特性；社会对比是对待他者的态度的主导因素；构建社会认同的人总是朝向正面的更高地位前进，而不是走向负面的、处于更低地位的群体。社会认同理论的批评者认为该理论是静态不变的，对此，我们做出了回应，强调构建群体认同的动态性本质（Chambers，1995：250—253）。与特鲁吉尔（Trudgill，1983）一样，我们质疑是否所有的行动总是朝向更高地位群体的方向发展。我们采用了民族语言认同理论（ethnolinguistic identity theory）的主要观点，尤其关注了此类认同的实现形式及具有优势地位的公共领域里语言使用的活力问题。（Allard and Landry，1992）

为了充分理解动机过程，我们需要增加对施动者态度结构的考察，既关注他们的第一语言，也考虑相关的第二语言或其他语言，然后在整体上进一步考虑与实际追求的语言政策与规划行为相关的理想、谋略和指标等多层目标。我们特别希望对语言态度的评测给出有意义的概括总结。为了做到这一点，我们确立了四个测量指标——优越性、活力、吸引力及行动，并给每个测量指标分配了强度指数。我们也十分重视区分目标的不同层次，特别区分了乌托邦式的理想与规划者追求的实际谋略。对个人而言，这意味着识别出认同一致性或合作的总体理想，但有时也会导致妥协与让步。对于无权社区而言，我们关注了冲突、合作和妥协的理想。对于国家而言，社会凝聚力、精英主义、社会多样化的内部理想与外部的竞争甚或冲突同时存在。这些高级目标在涉及不明确的或松散的群体分界线时，经常会被贴上社会流动性（social mobility）、归属或同化的标签；而在遇到另一极端的严格、显著的群体分界线时，则经常被称为社会竞争、活力、排斥或自治。然而，我们认为不可能为动机或目标分配强度指数，我们的评测过程仅限于对它们进行分类。

假设公开宣布的政策要比未宣布的、隐性的政策更有力度，那么评测语言政策与规划决策将是完全有可能的，但我们在本书中并未这么做。公开宣布的政策之所以显眼，是由于这些政策因写进法律文本、官方决议或法庭判决而受到保护；隐性的政策仅由人们的行为或他们所持的态度表现出来。正是基于这一点，英国政府所发布的信息宣称"英国没有语言政策"。排斥或歧视其他语言的政策虽未得到公开表示，仍然是切实存在的；与此相似，语言转换或采用新交流机制也是同样的事实。在这次研究中，本书只是描述了和我们所确定的三个目标层次相关的语言行为；而基础层面的实际语言规划与政策，即教育行为或语言行为中详细、确切决策的指标层面并非我们关注的主要对象。

在评估本书的分析结构在多大程度上匹配霍尔（1974）、瑞安和贾尔斯（1982）的个人动机过程论，沃德豪（1987）的无权社区动机过程论，及格里罗（1989）、卡伦（1915）的国家动机过程论时，我们发现这一结构实际上遵循了他们的研究路径，同时也让我们较为全面地再现了动机过程。

表 10.1 动机分析结构图与现有研究的匹配关系

动机过程（霍尔、瑞安和贾尔斯、沃德豪、格里罗、卡伦）									
认同序列		态度结构							理想 / 谋略
		优越性		活力		吸引力		行动	
		一语	二语	一语	二语	一语	二语	一语	二语	
认同（个人）										
认同（社会）	法国(格里罗，1989)	3	1	3	1	3	1	3	1	凝聚力 / 压制
	英国(格里罗，1989)	3		3		3		3		精英主义 / 忽视多样性
	美国（卡伦，1915）	3	3	3	3	3	3	3	3	多样 / 多元文化主义
意识形态										
形象										
不安全感	霍尔（1974）	1		1		1—3		3		a) 凝聚力 / 强化认同；b) 语言转换 / 排斥一语
维持认同	瑞安和贾尔斯(1982)	2		2		3		3		凝聚力 / 提升一语地位 凝聚力 / 吸引他人
捍卫认同	沃德豪(1987)	3		3		3		3		冲突 / 为权利斗争
维持不公平										
纠正不公平										
融合	沃德豪(1987)	3	3	3	3	3	3	3	3	合作 / 既使用一语也使用二语
改进工具										
绝望	沃德豪(1987)	1	3	1	3	1	3	1	3	妥协 / 一语转换为二语

个人、社区和国家的动机、态度和目标

至此，我们可以用第一至第六章案例研究的具体信息将图 7.5 补充完整，可以体现三种类型的施动者，涵盖各个类型施为者的第一语言、第二语言及其相关目标（表 10.2，包含三个分表）。当然，这一动机表有将各种关系过于简单化之嫌，但能呈现出复杂的动机过程，在这个意义上，该表传达了正确的总体信息。表 10.2 体现的内容仅限于本书探讨过的案例，还可以进一步扩展、涵盖更多的案例，这样或许能够提供一些启发，帮助我们完善该表尚未完备的部分。

不可避免的是，有些动机，即认同序列的有些阶段，对于一类施动者而言比对另一类施动者更加重要。例如，工具性的决策，即为了追求事业和社会机遇而改变自己的语言技能，对个人来说尤其重要。这些决策对他者语言特别重要：学习哪门语言？提高哪种技巧？正是在这一点上，作为个人谋略的语库概念成为反驳一种针对社会认同理论和民族语言活力理论的批评意见的重要武器：这种批评意见认为两种理论都没有很好地解释稳定的多元文化主义和多元语言主义。在许多社会，个人同时在国内不同社区拥有成员身份，这既是可能的，实际上也是一种正常现象。在语言上，一个同属多个群体的成员通过个人语言/语言变体的语库以及他在不同语言之间任意的语码转换来表现自己的身份。有时，对调适论（accommodation theory）或趋同/趋异策略的阐释会发生偏差（Giles and Smith，1979），认为这些理论意味着语言行为必然会向上趋同并对主导群体"让步"，而语库的概念可以帮助我们避免发生这样的误解。

对于社区和国家而言，工具性动机并不那么具有即时的紧迫性。语言本体规划和语言工具改革对于国家来说无疑极其重要，并且似乎更多与不安全感的动机或与维护认同的问题联系在一起。纠正不公正的议题对无权社区而言十分重要。捍卫认同及在国外可能的竞争对手中创建有利形象，是国家所关心的问题。当然，这并不是说所有的动机都不可能同时对三种施动者起重要作用，也并不是说动机必然很"单纯"：动机经常是复合混杂型的。

动机过程的三套测量手段——认同序列、态度结构、目标分类，都是独立的，这一点在表 10.2 中一眼就能看明白。我们无法从某一态度结构直接判断出目标是什么，某一特定的目标也不会与某一特定的态度结构直接、明显地联系在一起。而且，认同序列的任何一个阶段都可能有完全不同的态度结构、完全不同的目标和完全不同的政策。除此之外，某一特定政策可能源自复合动机、支持者的多种态度、形形色色的目标。

表 10.2 个人、社区和国家的动机过程（第一部分）

个人的动机过程									
认同序列	态度结构								理想 / 谋略
	优越性		活力		吸引力		行动		
	一语	二语	一语	二语	一语	二语	一语	二语	
认同（个人）									
认同（社会）									
意识形态									
形象									
不安全感									
维持认同 非稳定移民	3	1	3	1	3	1	1	1	凝聚力 / 不采取行动
捍卫认同									
维持不公平									
纠正不公平									
融合 受访人 B	3	3	3	3	3	2	1	3	合作 / 语库（一语 + 二语）
融合 受访人 C	2	3	2	3	2	3	1	3	合作 / 语库（一语 + 二语）
融合 受访人 D	3	2	3	2	3	3	1	3	合作 / 语库（一语 + 二语）：创建有利形象
融合 稳定移民	2	3	1	3	2	3	1	3	语言转换 / 排斥一语
改进工具 受访人 A		1		1		1		3	连贯 / 添加二语
改进工具 受访人 E	3	3	3	1	3	1	1	3	连贯 / 添加有限领域的二语
改进工具 中间语		1		1		1		3	连贯 / 语库（有限领域的一语和二语）
改进工具 稳定移民	3	3	2	3	3	2	1	3	合作 / 语库（一语 + 二语）
绝望									

表 10.2 个人、社区和国家的动机过程（第二部分）

无权社区的动机过程									
认同序列		态度结构							理想 / 谋略
		优越性		活力		吸引力		行动	
		一语	二语	一语	二语	一语	二语	一语	二语	

认同序列		优越性 一语	优越性 二语	活力 一语	活力 二语	吸引力 一语	吸引力 二语	行动 一语	行动 二语	理想 / 谋略
认同（个人）										
认同（社会）										
意识形态										
形象										
不安全感	法语新词	1	3	1	3	3	3	1	2	冲突 / 改革派语言纯洁主义
维持认同	法国地区语言	2	2	1	3	2	2	2	1	冲突 / 暗中维持一语
	威尔士语	3	3	1	3	3	2	2	1	冲突 / 寻求和英语同等的地位；复古派语言纯洁主义
捍卫认同	加泰罗尼亚语	3	1	3	2	3	1	3	1	冲突 / 通过攻击二语捍卫一语
	迈蒂利语	3	3	3	3	3	3	3	1	合作 / 接受多语制但要求语言权利
维持不公平										
纠正不公平	《欧洲宪章》	3	3	3	3	3	3	3	3	合作 / 少数群体的（某些）权利
	女权主义	3	1	3	1	3	3	3	3	冲突 / 恰当使用语言
	澳大利亚种族社区委员会联盟	3	3	2	3	3	3	3	3	合作 / 把二语教育作为主流条例
融合	日本的朝鲜族人	1	3	1	3	1	3	1	3	妥协 / 从一语转换为二语
改进工具										
绝望	阿伊努人	1	3	1	3	1	3	1	3	妥协 / 从一语转换为二语

表 10.2 个人、社区和国家的动机过程（第三部分）

有权国家的动机过程									
认同序列		态度结构							理想/谋略
		优越性		活力		吸引力		行动	
		一语	二语	一语	二语	一语	二语	一语	二语	
认同（个人）										
认同（社会）	阿尔及利亚（阿拉伯语/柏柏尔语）	1	1	1	1	1	1	1	3	凝聚力/接受一语阿拉伯口语，排斥二语柏柏尔语
	阿尔及利亚（口头/古典阿拉伯语）	1	3	1	1	1	3	1	3	凝聚力/接受一语口语，提倡二语古典阿拉伯语
	印度	3	3	3	3	3	3	3	3	多样/多元文化主义
意识形态	英国	3	1	3	1	3	1	3	1	精英主义/忽视多样性
形象	德国	3	1	3	1	3	1	3	1	竞争/推广德语
	日本	3	1	3	1	3	1	3	1	竞争/塑造有利形象
不安全感	法语新词	1	3	1	3	2	1	3	3	冲突/仇外
维持认同										
捍卫认同										
维持不公平	反罗姆语	3	1	3	1	3	1	3	1	冲突/压制罗姆语
纠正不公平	澳大利亚	3	3	3	1	3	3	3	3	多样/多元文化主义
融合										
改进工具										
绝望										

表 10.2 也显示出周围环境如何影响动机和政策。面临语言决策的无权社区并不都选择类似的政策。并非所有个人都从第一语言转换到地位更高的第二语言。各个国家在面对国际竞争时采取的应对方式也不一样，面对境内语言和文化的多样性所带来的挑战时也不会做出同样的反应。

这里，我们可以得出一个总的结论，即我们所探讨的案例看来支持社会心理学的发现：态度结构缺乏预示力。态度，尤其是基于情感要素的态度，未必能预示施为者将会采取的策略和行动。而直接导致有机体采取一定行动的动机也不一定与施为者表达出来的态度直接相关。这样的结论也许有点消极否定，但这在政治科学中却也不是什么罕见的观点。当然，并非所有的境况都完全是世俗的权术和算计，但很重要的一点是需要考虑个人、社区和国家的动机过程的总体结构，而不是仅仅考虑其公开表达的态度、公开表达的目标或公开表达的动机。

把我们的观点再推进一步，同时回到第七章所讨论的特里等人（1999）的观点上来，我们认为，国家、社区和个人实施的语言策略和政策代表了这些施动者在考虑了态度结构、周边形势、可能结果、可用手段后的计划行为和理智行动。认同尤其是社会认同的建构和持续重构，也即我们所谓的动态认同建构，及其后根据行动预期结果而产生的行动意愿，是语言政策动机的关键因素。

参考文献

Adams, L. L. and Brink, D. T. (eds.) (1990) *Perspectives on Official English. The Campaign for English as the Official Language of the USA.* Berlin: Mouton de Gruyter

Ager, D. E. (1996a) *Francophonie in the 1990s. Problems and Opportunities.* Clevedon: Multilingual Matters

Ager, D. E. (1996b) *Language Policy in Britain and France.* London: Cassells

Ager, D. E. (1999) *Identity, Insecurity and Image. France and Language.* Clevedon: Multilingual Matters. Multilingual Matters Series 112

Allard, R. and Landry, R. (1992) Ethnolinguistic vitality beliefs and language maintenance and loss. In W. Fase, K. Jaspaert and S. Kroon (eds) *Maintenance and Loss of Minority Languages.* Amsterdam/Philadelphia: John Benjamins Publishing Company. pp. 171-195

Ammon, U. (1995) German as an international language. In P. Stevenson. *The German Language and the Real World.* Oxford: Clarendon Press. pp. 25-53

Anderson, B. (1983, 1991) *Imagined Communities.* London: Verso

Argemin, A. (1996) Universal declaration of linguistic rights: responding to a need. *Contact Bulletin*, 13, 3, 4

Ashford, S. and Timms, N. (1992) *What Europe Thinks.* Aldershot: Dartmouth

Ayres-Bennet, W. (1996) *A History of the French Language through Texts.* London: Routledge

Baetens Beardsmore, H. (ed) (1992) *European Models of Bilingual Education.* Clevedon: Multilingual Matters

Bailey, R. W. (1991) *Images of English. A Cultural History of the Language.* Cambridge: Cambridge University Press

Baker, C. (1992) Bilingual Education in Wales. In H. Baetens Beardsmore (ed.) *European Models of Bilingual Education.* Clevedon: Multilingual Matters. pp. 7-29

Baker, K. (1993) *The Turbulent Years: My Life in Politics.* London: Faber

Bamgbose, A.(1994) Pride and prejudice in multilingualism. In R. Fardon and G. Furniss (eds) *African Languages, Development and the State.* London: Routledge. pp. 32-43

Basu, A. (1997) Reflections on community conflicts and the state in India. *The Journal of Asian Studies,* 56, 391-397

Benrabah, M. (1995) La langue perdue. *Esprit*, 208, 1, 35-47

Braselmann, P. (1998) *Sprachpolitik und Sprachbewusstsein in Frankreich heute.* Tübingen: Niemeyer

Brass, P. (1994) (2nd ed) *The Politics of India since Independence.* Cambridge: Cambridge University Press

Bühler, K. (1934) *Sprachtheorie: die Darstellungsfunktion der Sprache.* Jena: Fischer

Calvet, L.J. (1992) *Les langues des marchés en Afrique.* Paris: Didier Erudition

Chambers, J. K. (1995) *Sociolinguistic Theory.* Oxford: Blackwell

Clyne, M. (1991) *Community Languages: the Australian Experience.* Cambridge: Cambridge University Press

Clyne, M. (1995) *The German Language in a Changing Europe*. Cambridge: Cambridge University Press

Clyne, M. (1997) Managing language diversity and second language programmes in Australia. *Current issues in language and society*, 4, 2, 94-119

Contact Bulletin. Quarterly. Dublin: The European Bureau for Lesser Used Languages

Cooper, R. L. (1989) *Languages Planning and Social Change*. Cambridge: Cambridge University Press

Cortazzi, H. (1993) *The Japanese Achievement*. London: Sidgwick and Jackson

Cox, B. (1989) *English from 5 to 16*. London: National Curriculum Council

Croft, K. and Macpherson, R. J. S. (1991) Client demand, policy research and lobbying: major sources of languages administrative policies in NSW 1980-1986. A*ustralian Review of Applied Linguistics*, Series S, 8, 89-108

Crowley, A. (1989) *The Politics of Discourse. The Standard Language Question in British Cultural Debates*. London: Macmillan

Dawkins, J. (1991) *Australia's Language: the Australian Language and Literacy Policy*. Canberra: Australian Government Publishing Service

de Certeau, M., Julia, D., Revel, J. (1975) *Une politique de la langue*. Paris: Gallimard

DGLF. Annual. *Rapport au Parlement sur l'application de la loi du 4 août 1994*. Paris: Délégation Générale à la langue française. Available: www.culture.fr/dglf/rapport

Dörnyei, Z. and Otto, I. (1998) Motivation in action: a process model of L2 motivation. *Working Papers in Applied Linguistics, Thames Valley University, London*, 4, 43-691

Edwards, J. (1994) *Multilingualism*. London: Routledge

Erasmus, H. (1994) Esperanto as a second language alongside the native tongue. In Jenniges, R. *International Conference "Nations and languages, and the construction of Europe". Abstracts*. Leuven

Etat. *Etat de la Francophonie dans le monde*. Annual. Paris: La Documentation Française

Evans, P. B., Reuschmayer, D. and Skocpol, T. (1985) (eds) *Bringing the State back in*. Cambridge: Cambridge University Press

Fairclough, N. (1989) *Language and Power*. London: Longman

Fardon, R. and Furniss, G. (1994) *African Languages, Development and the State*. London: Routledge

Fase, W., Jaspaert, K. and Kroon, S (eds) (1992) *Maintenance and Loss of Minority Languages*. Amsterdam/Philadelphia: John Benjamins Publishing Company

Fasold, R. (1984) *The Sociolinguistics of Society*. Oxford: Basil Blackwell

Fasold, R., Yamada, H, Robinson, D. and Barish, S. (1990) The language-planning effect of newspaper editorial policy: Gender differences in The Washington Post. *Language in society*, 19, 521-539

Fishman, J. A. (1972) *Language and Nationalism*. Rowley, Mass: Newbury House

Fishman, J. A. (1991) *Reversing Language Shift*. Clevedon: Multilingual Matters

Fraser, A. (1995) (2nd ed) *The Gypsies*. Oxford: Blackwell

Fyle, C. B. (1994) Krio as the main lingua franca in Sierra Leone. In R. Fardon and G. Furniss (eds) *African Languages, Development and the State*. London: Routledge. pp. 44-54

Galbally, F. (Chair) (1978) *Migrant Services and Programs*. Canberra: Australian Government Publishing Service

Gardner, R. and Lambert, W. (1959) Motivational variables in second-language acquisition. *Canadian Journal of Psychology*, 13, 266-272

Gellner, E. (1983) *Nations and Nationalism*. Oxford: Blackwell

Giles, H. and St Clair, R. (1979) (eds) *Language and social Psychology*. Oxford: Basil Blackwell

Giles, H. and Smith, P. (1979) Accommodation theory: optimal levels of convergence. In H. Giles and R. St Clair (eds) *Language and Social Psychology*. Oxford: Basil Blackwell. pp. 45-65

Giordan, H. (ed) (1992) *Les Minorités en Europe*. Paris: Kimé

Girardet, R. (1983) *Le nationalisme français. Anthologie 1871-1914*. Paris: Seuil

Gottlieb, N. (1995) *Kanji Politics: Language Policy and Japanese Script*. London and New York: Kegan Paul International

Grassby, A. (1973) *A Multi-cultural Society for the Future*. Canberra: Australian Government Publishing Service

Grillo, R. (1989) *Dominant Languages: Language and Hierarchy in Britain and France*. Cambridge: Cambridge University Press

Grosfoguel, R. (1999) Puerto Ricans in the USA: a comparative approach. *Journal of Ethnic and Migration Studies*, 25, 2, 233-249

Guardian. *The Guardian*. Daily. London

Guibernau, M. (1997) Images of Catalonia. *Nations and Nationalism*, 3, 1, 89-111

Hall, R. A. (1974) *External History of the Romance Languages*. New York: Elsevier

Halliday, M. (1978) *Language as Social Semiotic*. London: Edward Arnold

Harding, S., Phillips, D. with Fogarty, M. (1986) *Contrasting Value in Western Europe*. London: Macmillan

Hellinger, M. (1995) Language and gender. In P. Stevenson. *The German Language and the Real World*. Oxford: Clarendon Press. pp. 279-314

Herriman, M. and Burnaby, B. (eds) (1996) *Language Policies in English-dominant Countries*. Clevedon: Multilingual Matters. Language and Education Library 10

Hewstone, M., Islam, M. R. and Judd, C. M. (1993) Models of crossed categorization and intergroup relations. *Journal of Personality and Social Psychology*, 64, 779-793

Hewstone, M., Stroebe, W. and Stephenson, G. M. (eds) (1996) 2nd edition. *Introduction to Social Psychology*. Oxford: Blackwell

Heywood, A. (1994) *Political Ideas and Concepts*. London: Macmillan

Hoffmann, C. (1995) Monolingualism, bilingualism, cultural pluralism and national identity: twenty years of language planning in contemporary Spain. *Current Issues in Language and Society*, 2, 1, 59-90

Homberger, N. H. (1998) Language policy, language education, language rights: indigenous, immigrant, and international perspectives. *Language in Society*, 27, 439-458

Honey, J. (1997) *Language is Power: the Story of Standard English*. London: Faber and Faber

Hudson, R. (1980) *Sociolinguistics*. Cambridge: Cambridge University Press

Japan Foundation. *Newsletter*. Available: www.jpf.go.jp. Consulted 14 June 1999

Jenniges, R. (1994) *International Conference "Nations and language, and the construction of Europe". Abstracts*. Leuven

Kallen, H. (1915) Democracy versus the melting pot. *The Nation*, 18 and 25 February 1915

Kaplan, R. B. and Baldauf, R. (1997) *Language Planning. From Practice to Theory*. Clevedon: Multilingual Matters. Multilingual Matters Series 108

Kedourie, E. (1961) *Nationalism*. London: Hutchinson

Kellas, J. (1991) *The Politics of Nationalism and Ethnicity*. London: Macmillan

Kingman, J. (1988) *Report of the Committee of Enquiry into the Teaching of English Language*. London: Her Majesty's Stationery Office

Knight, C. (1990) *The Making of Tory Education Policy, 1950-1986*. London: Falmer Press

Kohli, A. (1997) Can democracies accommodate ethnic nationalism: the rise and decline of self-determination movements. *The Journal of Asian Studies*, 56, 2, 325-343

Laitin, D. D. (1997) The cultural identities of a European state. *Politics and Society*, 25, 3, 277-302

Lakoff, R. (1975) *Language and Woman's Place*. New York: Harper and Row

Larsen-Freeman, D. and Long, M. H. (1991) *An Introduction to Second Language Acquisition Research*. London: Longman

Lawton, D. (1994) *The Tory Mind on Education 1979-1994*. London: The Falmer Press

Leitner, G. (1991) Europe 1992: a language perspective. *Language Problems and Language Planning*, 15, 3, 282-396

Light. I., Bernard, R. B., and Kim, R. (1999) Immigrant incorporation in the garment industry of Los Angeles. *International Migration Review*, 33, 1, 5-25

Lo Bianco, J. (1987) *National Policy on Languages*. Department of Education, Commonwealth of Australia

Lo Bianco, J. (1990) *The National Policy on Languages. December 1987-March 1990. Report to the Minister for Employment, Education and Training*. Canberra: Australian Advisory Council on Languages and Multicultural Education

Lodge, R. A. (1993) *French. From Dialect to Standard*. London: Routledge

Marenbon, J. (1987) *English, our English: The New "Orthodoxy'"Examined*. London: Centre for Policy Studies

Marsh, D. and Rhodes, R. A. W. (1992) *Policy Networks in British Government*. Oxford: Oxford University Press

Marshall, D. F. (ed) nd. *Language Planning. Festschrift in honour of Joshua A. Fishman*. Amsterdam: John Benjamin

Martyna, W. (1983) Beyond the he/man approach: the case for non-sexist language. In Thorne, B., Kramerae, C. and Henley, N. (eds) *Language, Gender and Society. Rowley, Mass: Newbury House*. pp. 25-37

Maslow, A. (1954) *Motivation and Personality*. New York: Harper and Row

Massana, A. M. (1992) Droits linguistiques et droits fondamentaux en Espagne. In Giordan, H. (ed) *Les Minorités en Europe*. Paris: Kimé. pp. 251-268

Massana, A. M. (1993) The Catalan language in the conflict between centralism and autonomy, 1850-1940. In Vilfan, S (ed) *Ethnic groups and Languages Rights*. Aldershot: Dartmouth. pp. 65-88

Milroy, J. and Milroy, L. (1985) *Authority in Language. Investigating Language Prescription and Standardisation*. London: Routledge and Kegan Paul

Ministry of Foreign Affairs of Japan. (1999) *Japan's Contribution to the World*. Tokyo: Kodansha Ltd

Miyawaki H. (1992) Some problems of linguistic minorities in Japan. In W. Fase, K. Jaspaert and S. Kroon (eds) *Maintenance and Loss of Minority Languages*. Amsterdam/Philadelphia: John Benjamins Publishing Company. pp. 357-367

Nahir, M. (1984) Language planning goals: a classification. *Language Problems and Language Planning*, 8, 294-327

NCO. (1994) *National Curriculum Order*. London: Department of Education and Science

Ozolins, U. (1993) *The Politics of Language in Australia*. Cambridge: Cambridge University Press

Parry, M. M., Davies, W. V. and Temple, R. A. M. (eds) (1994) *The Changing Voices of Europe*. Cardiff: University of Wales Press

Perera, K. (1993) Council for Linguistics in Education report on Cox. *British Association for Applied Linguistics Bulletin*

Phillipson, R. (1992) *Linguistic Imperialism*. Oxford: Oxford University Press

Poignant, B. (1998) *Langues et Cultures Régionales. Rapport au Premier Ministre*. Paris: La Documentation Française

Posner, R. (1994) Romania within a wider Europe: conflict or cohesion? In Parry, M. M., Davies, W. V. and Temple, R. A. M. (eds) *The Changing Voices of Europe*. Cardiff: University of Wales Press. pp. 23-33

Quell, C. (1997) Language choice in multilingual institutions: a case study at the European Commission with particular reference to the role of English, French, and German as working languages. *Multilingua*, 16, 1, 57-76

Reischauser, E. O. and Jansen, M. B. (1995) *The Japanese Today. Change and continuity*. Cambridge, Mass.: Belknap Press of Harvard University Press

Reynolds, H. (1996) *Aboriginal Sovereignty. Three Nations, one Australia*? St Leonard's: Allen and Unwin

Ricento, T. (1996) Language Policy in the United States. In M. Herriman and B. Burnaby (eds) *Language Policies in English-dominant Countries*. Clevedon: Multilingual Matters. Language and Education Library 10. pp. 122-158

Rosenfeld, R. A., Cunningham, D. and Schmidt, K. (1997) American Sociological Association elections, 1975-1996: exploring explanations for "feminization". *American Sociological Review*, October. 62, 746-759

Ruiz, R. (1984) Orientations in language planning. *National Association for Bilingual Education Journal*, 8, 15-34

Ryan, E. B. and Giles, H. (1982) *Attitudes towards Language Variation*. London: Edward Arnold

Salagnac, G. C. (1995) Le latin, langue véhiculaire. *Le Figaro*, 11.9.1995

Sanders, C. (ed) (1993) *French Today. Language in its Social Context*. Cambridge: Cambridge University Press

Siklova, J. and Miklusakova, M. (1998) Denying citizenship to the Czech Roma. *East European Constitutional Review*. Spring 1998, 58-64

Skocpol, T. (1985) Bringing the State back in: Current Research. In P.B.Evans, D. Reuschmayer and T. Skocpol (eds) *Bringing the State back in*. Cambridge: Cambridge University Press

Smith, A. (1991) *National Identity*. Harmondsworth: Penguin

Smith, M, J. (1993) *Pressure, Power and Policy. State Autonomy and Policy Networks in Britain and the United States*. Hemel Hempstead: Harvester Wheatsheaf

Smolicz, J. J. (1992) Minority languages as core values of ethnic cultures – a study of maintenance and erosion of Polish, Welsh and Chinese language in Australia. In W. Fase, K. Jaspaert and S. Kroon (eds) *Maintenance and Loss of Minority Languages*. Amsterdam/Philadelphia: John Benjamins Publishing Company. pp. 277-305

Sontag, S. (1973) The third world of women. *The Partisan Review*, 40, 2

Stahlberg, D. and Frey, D. (1996) Attitudes: structure, measurement and functions. In M. Hewstone, W. Stroebe and G. M. Stephenson. *Introduction to Social Psychology*. 2nd edition. Oxford: Blackwell. pp. 205-239

Stevenson, P. (1995) *The German Language and the Real World*. Oxford: Clarendon Press

Stora, B. (1994) *Histoire de l'Algérie depuis l'indépendance*. Paris: La Découverte

Swigart, L. (1995) *Practice and Perception: Language Use and Attitudes in Dakar.* PhD thesis, University of Washington, 1992. Ann Arbor, Michigan: University Microfilms International

Sydney Morning Herald. Daily. Sydney

Szulmajster-Celnikier, A. (1996) Le français comme affaire d'Etat. *Regards sur l'actualité*, 221, 39-54

Tames, J. (1993) *A Traveller's History of Japan*. Gloucester: Windrush Press

Terry, D. J., Hogg, M. A. and White, K. M. (1999) The theory of planned behaviour: self-identity, social identity and group norms. *British Journal of Social Psychology*, 38, 225-244

Thomas, G. (1991) *Linguistic Purism*. London: Longman

Thomas, A. (1997) Language policy and nationalism in Wales: a comparative analysis. *Nations and Nationalism*, 3, 3, 323-344

Thorne, B., Kramerae, C. and Henley, N. (eds) *Language, Gender and Society*. Rowley, Mass: Newbury House

Times Higher Education Supplement. Weekly. London: The Times

Tollefson, J. W. (1991) *Planning Language, Planning Inequality*. London: Longman

Truchot, C. (1991) Towards a language policy for the European Community. In D. F. Marshall (ed) *Language Planning. Festschrift in honour of Joshua A. Fishman*. Amsterdam: John Benjamin. pp. 87-104

Trudgill, P. (1983) *On Dialect: Social and Geographic Factors*. Oxford: Basil Blackwell

Vasecka, M. (1999) Romanies in Slovakia on the eve of the Millennium - a social or an ethnic problem? *South-East Europe Review for Labour and Social Affairs*, 2, 1 (April 1999), 47-54

Vilfan, S. (ed) (1993) *Ethnic Groups and Language Rights*. Aldershot: Dartmouth

Walter, H. (1988) *Le français dans tous les sens*. Paris: Robert Laffont

Wardhaugh, R. (1987) *Languages in Competition*. Oxford: Blackwell

Welsh Language Act (1993) *Welsh Language Act. c38*. London: Her Majesty's Stationery Office

Williams, C. H. (1994) *Called unto Liberty*! Clevedon: Multilingual Matters

Williams, C. (ed) (1991) *Linguistic Minorities, Society and Identity*. Clevedon: Multilingual Matters

Wynne-Jones, A. (1993) New Welsh Language Bill in 1993? *Contact Bulletin*, 10, 2, 1-3

Young, A. S. (1994) *Motivational State and Process within the Sociolinguistic Context. An Anglo-French Comparative Study of School Pupils learning Foreign Languages*. Aston University, Birmingham: Unpublished PhD thesis

Zentella, A. C. (1997) The Hispanophobia of the Official English movement in the US. *International Journal of the Sociology of Language*, 127, 71-86

译名表

Aboriginal and Torres Strait Island languages 土著和托雷斯海峡岛民语言

accommodation theory 调适论

acquisition planning 习得规划

acquisition 习得

actor 施为者

added value 附加值

Adenauer 阿登纳

affective component（态度的）情感因素

Ahmed Ben Bella 艾哈迈德·本·贝拉

aim 意旨

Ainu（日本）阿伊努人/语；虾夷人/语；乌塔利人/语

Algerian Arabic 阿尔及利亚阿拉伯语

Algiers 阿尔及尔

Alliance Francaise 法语联盟

Alsace 阿尔萨斯

American Sociological Association 美国社会学协会

Anderson 安德森

androcentric generic 男性中心的类指用法

Anglicism 英语化

Aosta Valley 奥斯塔山谷

archaizing 复古派（语言纯洁主义）

Arfé Report I《阿尔菲报告（一）》

Arfé Report II《阿尔菲报告（二）》

Armée Révolutionnaire Bretonne 布列塔尼革命军

Arthur Phillips 阿瑟·菲利普斯

Assamese 阿萨姆语

Assam 阿萨姆

attitude 态度

attitudinal space 态度空间

attitudinal structure 态度结构

attitudinal vitality scale 态度性活力指标

attribution theory 归因理论

Aussiedler 德裔回归移民

Australia's Language: the Australian Language and Literary Policy《澳大利亚语言：澳大利亚语言及识字政策白皮书》

Australian National Languages Policy《澳大利亚国家语言政策》

automatic reaction 自动反应

BAAL 英国应用语言学学会

Baldauf 巴尔道夫

Balearic islands 巴利阿里群岛

Basque 巴斯克语

Basu 巴苏

BBC 英国广播公司

Belfast 贝尔法斯特

Berber languages 柏柏尔语

Bernstein 伯恩斯坦

Bolzano 波尔扎诺省

Brahmaputra valley 布拉马普特拉河谷

Braselmann 布拉泽尔曼

Breton 布列塔尼语

Brian Cox 布莱恩·考克斯

British Council 英国文化委员会

Brittany 布列塔尼

Brummie 布拉米语

brute force 强力

Bullock report《布洛克报告》

Bundesrat 德国联邦参议院

calques 仿造

case 案例

Castilian 卡斯提尔语

Catalan Statute of Autonomy《加泰罗尼亚自治条例》

Catalan 加泰罗尼亚语

Catalonia 加泰罗尼亚

Celtic 凯尔特语

Center for Policy Studies（CPS）政策研究中心

Central Europe 中欧

Charlemagne 查理大帝

Charles la Trobe 查尔斯·拉·筹伯

Chedli Benjeddid 沙德利·本·杰迪德

Chevènement 谢维尼蒙

Cintegabelle 桑特加贝勒

Classical Arabic 古典阿拉伯语

Claude Erignac 克劳德·艾利纳克

CLIE 教育语言学委员会

Clyne 克莱恩

Cockney 考克尼方言（伦敦方言）

codification 语码化；符码化

codified 语码化的；符码化的

cognitive component（态度的）认知因素

colonialism 殖民主义

colonisation 殖民化

Committee for Linguistics in Education 教育语言学委员会

Committee of the Regions 地区委员会

Common Agricultural Policy《共同农业政策》

communicative mechanism 交流机制

community language planning 社区语言规划

community language 社区语言

community 社区

comparative advantage 比较优势

conative component（态度的）意动因素

conditions 条件

Confederation of Australian Industry 澳大利亚工业联合会

Congress Party（印度）国民大会党

Conservative Party 保守党

Conservative Political Centre 保守党政治中心

consociational democracy 协和式民主

Constitutional Council（法国）宪法委员会

contamination 污染

Convergence and Unity Party (CiU) 汇合党

cooperation 合作

Cornish 康沃尔语

Cornwall 康沃尔

corporatism 社团主义

corpus planning 本体规划

Corsica（法国）科西嘉

Corsican 科西嘉语

Council for Aboriginal Reconciliation 土著居民和解委员会

Council of Europe 欧洲委员会；欧洲理事会

Council of Ministers 部长理事会

cultural cringe 文化尴尬

cultural diplomacy 文化外交

cultural exclusion 文化排除

cultural homogeneity 文化同一性

Czech Republic 捷克共和国

Daiwa Foundation 大和基金

decision-making process 决策过程

Derek Fatchett 德里克·法彻特

Devanagari 梵文

dialectal variation 方言变异

Dictionnaire des termes officiels de la langue française《官方法语术语词典》

discourse community 话语社区

Disneyfication 迪斯尼化

Dr. J. Honey J. 霍尼博士

Dr. John Marenbon 约翰·马仁邦博士

Dr. Sheila Lawlor 希拉·劳勒博士

Dravidistan 达拉维斯坦邦

dynamic identity construction 动态认同建构

dynamic identity testing 动态认同检验

Economic and Social Council 经济和社会委员会

Eddie Mabo 埃迪·马勃

Edicts of Villers-Cotterêts《维莱—科特雷法令》

educational equity 教育平等

Edwads 爱德华兹

Edward Heath 爱德华·希思

elaboration（语言的）完善化

elite dilution 精英贬值；精英稀释

elitism 精英主义

elitist 精英派（语言纯洁主义）

end 目的

environment 语境

environmental characteristic 环境特征；语境特征

ethnic nationalism 种族民族主义

ethnographic 人种学派（语言纯洁主义）

ethnolinguistic identity theory 民族语言认同理论

European Bureau for Lesser-Used Languages (EBLUL) 欧洲较少使用语言管理局

European Charter for Regional or Minority Languages

institutionalized multilingualism 制度化多语制

instrumentality 工具性

integration 融合性

intention 用意

interaction 互动

interlocutor 会话者

international English 国际英语

Iron Curtain 铁幕

James Britton 詹姆斯·布里顿

James Callaghan 詹姆斯·卡拉汉

Japan Exchange and Teaching Programme（JET）日本交换与教学项目

Japan Foundation 日本国际交流基金会

Japanese Language Institute 日本语言学院

John Menaduc 约翰·梅纳杜

Jordi Pujol 约尔迪·普约尔

Joseph Banks 约瑟夫·班克斯

Jospin 若斯潘

Kallen 卡伦

Kannada 坎纳达语

Kaplan 卡普兰

Karl Rudolf Fischer 卡尔·鲁道夫·费希尔

Karnataka 卡纳塔卡邦

Kashmiri 克什米尔语

Kashmir 克什米尔

Kedourie 克杜里

Keith Joseph 基斯·约瑟夫

Kenneth Baker 肯尼斯·贝克

key variable 关键变量

Keynesianism 凯恩斯主义

Khalistan 卡利斯坦邦

Killilea Report《济利里报告》

Kingman model 金曼模式

Kingman Report《金曼报告》

Knowledge About Language（KAL）语言知识

Kohli 科利

Konkani 孔卡尼语

Ladin 拉登语

LAGB 大不列颠语言学学会

Laitin 莱廷

Lambert 兰伯特

language acquisition 语言习得

Language and Woman's Place《语言和女性地位》

language attitude 语言态度

language behaviour 语言行为

language code 语码；语言符码

Language in the National Curriculum（LINC）全国语言课程设置委员会

language loss 语言丧失

language maintenance 语言维持

language planner 语言规划者

language planning 语言规划

language policy-maker 语言政策制定者

language policy 语言政策

language purification 语言纯洁化

language revival 语言复兴

language shift 语言转换

language spread 语言传播

language variety 语言变体

Law of Linguistic Normalization《语言规范化法》

Lawton 劳顿

laxism 放纵主义

Liechtenstein 列支敦士登

Likert scale 李克特量表

Lille 里尔

LINC Reader《全国语言课程设置读本》

lingua franca 通用语

linguistic purism 语言纯洁主义

Lo Bianco Report《白朗克报告》

Loi Deixonne《戴克索思议案》

Lonely Planet 孤独星球

Macdonaldisation 麦当劳化

Madras 马德拉斯邦

Maghreb Arabic 马格里布阿拉伯语

Maithili 迈蒂利语

maîtres chez nous 做自己家的主人

Malayalam 马拉雅拉马语

Marathi 马拉地语

Maslow 马斯洛

Mercator European Research Centre on Multilingualism and Language Learning 墨卡托欧洲多语制及语言学习研究中心

regional language 地区语言；区域语言

Renan 勒南

representative democracy 代议制民主

reversing language shift 逆向语言转换

Robin Lakoff 罗宾·拉考夫

Roman Gaul 罗曼高卢语

Rosenfeld 罗森菲尔德

Ryan 瑞安

S4C 威尔士第四电视频道

Sanskrit 梵语

Schleswig-Holstein 石荷州

Schools Curriculum and Assessment Authority（SCAA）学校课程设置和评价专家委员会

Schools Examinations and Assessment Authority 学校考试和评价专家委员会

Scottish Parliament 苏格兰议会

second language 第二语言

self-determination theory 自决论

self-efficacy theory 自我效能理论

self-worth theory 自我价值理论

semantic change 语义变化

sense of autonomy 自治感

Serments de Strasbourg《斯特拉斯堡誓言》

Setting 场景

Shiraoi 白老地区

Sikh 锡克教徒

Sindhi 信德语

Sindh 信德省

Sir Ron Dearing 荣·迪林爵士

Slovak State Language Law《斯洛伐克国家语言法》

Smith 史密斯

Smolicz 西莫里茨

social division 社会分层

social fragmentation 社会分裂

social identity theory 社会认同理论

social justice 社会公正

social mobility 社会流动性

Sociologists for Women in Society 美国女性社会学者协会

solidarity 凝聚

Sontag 桑塔格

speech act 言语行为

speech event 言语事件

speech pattern 言语模式

spin doctor 政治化妆师

standard English 标准英语

standard language 标准语；标准语言

standardisation 标准化

statistical population 统计总体

status planning 地位规划

status 地位

Statute of Pleading《诉讼条例》

style manual 文体手册

subject 主语

subjective ethno-linguistic vitality（SEV）主观民族语言活力

Suntory Foundation 三得利基金会

Swahili 斯瓦希里语

Tahiti 塔希提

Tamil Nadu 泰米尔纳德

Tamil 泰米尔族

target 指标

technocratic 技术专家治国

Telugu 泰卢固语

Terry 特里

the Academy 法兰西学院

The Observer《观察家报》

Thomas 托马斯

Tollefson 托尔夫森

Toubon Law《杜邦法案》

Toulouse 图卢兹

Trentino（意大利）特伦蒂诺大区

tri-lingual solution 三语方案

Trudgill 特鲁吉尔

two-language solution 双语方案

U.S. English 美国英语

Universal Declaration of Linguistic Rights《世界语言权利宣言》

Urdu 乌尔都语

Valencian 瓦伦西亚语

Valencia 瓦伦西亚

value-free 价值无涉

译后记

2011年1月初，中国语言战略研究中心聘我当兼职研究员，研究中心主任徐大明教授希望我和他一起做语言规划方面的译丛，于是就出现了外研社的这套"语言资源与语言规划丛书"。根据我们的设计，这套丛书应该有多重目标，其中最主要的两条就是推广语言资源观和拓展语言规划研究的国际视野。过去十年里，我国语言规划研究迎来了发展的黄金时期，出现了大量的研究论文与论著，"语言规划学"在李宇明等学者的呼吁与推动下也呼之欲出。总体来看，新世纪语言规划研究有三大特点：一、语言规划研究出现了系统化、理论化的倾向。二、语言规划研究基本具备了独立的学科特性，其研究对象、研究内容、研究方法等都有了比较明确的界定。三、语言资源论异军突起。这一时期的语言规划研究不仅数量剧增，而且也产生了核心理念的转变，那就是语言规划的"资源论转向"。李宇明教授曾指出："从文化和信息化的角度看，语言多、方言多不仅仅是问题，也是财富，是资源。"徐大明教授也提出，语言规划实质上就是语言资源的管理。这一资源论转向创造了一个契机，让我们能够突破过去单一的语言问题观，合理评价语言权力观，从而推动我国语言规划研究向纵深发展。然而，纵观中国的语言规划研究，有一个明显的缺憾，那就是对国外语言规划研究成果的引进不够全面、不成体系。对国外语言规划理论的引进主要见诸于零星的小幅书评和译介，较为系统的论述有周庆生等编译的《国外语言政策与语言规划进程》等。然而，国际上语言规划方面的论述已蔚为大观，亚洲、欧洲、美洲、非洲、澳洲都有许多值得我们借鉴与学习的经验和教训。美国和加拿大虽为友好邻邦，且都是主要由移民构成的社会，但采取的文化和语言政策却非常不一样。我们的邻邦印度号称有1625种语言，其中33种语言各自拥有超过100万的母语言说者，各种语言如何在国家语言规划和政策中争得一席之地也是一个很有趣的研究课题。欧洲一体化进程中的语言问题与对策以及《欧洲区域或少数民族语言宪章》的诞生与发展成为研究超国家组织语言政策的一个典型个案。非洲有其土著语言，也有殖民者的语言，如今民族国家早已纷纷独立，后殖民语境下其语言政策出现了何种走向？澳洲具有独特的历史，也铸就了其与众不同的语言文化，其语言规划与语言政策也自有其独特之处。目前，对这些地区和国家的语言规划研究已经比较成熟、比较发达，我们有必要对此加以系统引进、客观评述与合理应用。这就算本译丛的缘起吧。

《语言规划与语言政策的驱动过程》一书是第一批进入我们视野的。该专著从动机这一角度切入语言规划研究，考量了语言规划与语言政策中最核心的因素之一，其语言资料丰富而翔实，政策分析中肯而透彻，立论既有高度又有深度，是值得引进的一本好书。然而，鬼使神差，本来安排的译者因为临时有事，不能承担翻译任务，情况紧急就把我推到了前台，由我承担了本书的具体翻译工作。2011 年 7 月，我得到国家留学基金委全额资助，前往加州大学伯克利分校访学，9 月底收到了外语教学与研究出版社寄来的书稿，开始着手翻译，至 2012 年 8 月 9 日才交上了最后一章的译稿，这还没算上后面的几轮修改和译名表的编撰，真可谓"持久战"。然而，翻译学术著作本该就是细活儿、慢活儿，即使翻译自己喜欢的书，想快也快不了。而我在翻译上又是一个"胆小鬼"，碰到不确信的地方总想弄明白再下手翻译。在此期间，我又应北卡罗莱纳州立大学邀请，前往北卡做了一段时间的研究，由于是一次驱车横跨美国的大迁徙，颠沛流离之间也影响了翻译的进度。幸好得到外研社王琳编辑的敦促和鼓励，总算未辱使命，打完了这场持久战。至于战绩如何，还是留着读者朋友们去评说吧。

借此机会，我也向在此翻译过程中帮助过我、支持过我的师长、朋友和亲人表示感谢。首先要感谢的是徐大明教授。他是本套丛书的发起人，没有他就没有这套丛书，也就没有这本译著。整个翻译过程中，他扮演的是一个亦师亦友的角色，既有精神上的支持与鼓励，更有学术上的点拨和帮助。在此，我要特别感谢他对书名及核心术语的翻译问题所给予的指导。本书作者丹尼斯·埃杰教授和我交换过数十次邮件，多次来信解答我的疑问，跟我探讨语言规划的问题，并慷慨为本书写序，我在此向他致以最诚挚的谢意！这里也要特别感谢姚小平教授和王琳编辑，承蒙姚小平教授审阅了全部译稿并提出了多处的修改意见，王琳编辑认真尽职，编辑工作做得特别仔细，还帮助添加了个别注疏。此外，蔡永良教授在翻译过程中给予了指点和支持，张治国教授帮助审阅了本书的译名表，张璐博士解答了本书中法国语言政策方面的多个问题，方小兵博士惠阅了译稿并提出了一些修改建议，在此一并致谢！

翻译期间，我的妻子王育平博士不仅在生活上照顾我，在精神上鼓励我，还积极地参与到我的翻译中来，跟我探讨具体的翻译问题、帮我审阅和修正译稿。我也要感谢我的女儿，翻译占用了很多本该属于她的时间。在此，我把这本译著送给她们母女！

吴志杰

2012 年 10 月于北卡罗莱纳州立大学